中华人文自然百科

青少年爱国主义教育读本

ZHONGHUA RENWEN ZIRAN BAIKE

主编◎宋保平

地 理 卷

北京师范大学出版集团
BEIJING NORMAL UNIVERSITY PUBLISHING GROUP
北京师范大学出版社

图书在版编目(CIP)数据

中华人文自然百科：地理卷/宋保平主编. —北京：北京师范大学出版社，2011.4（2014.5重印）
（中华青少年爱国主义教育读本）
ISBN 978-7-303-11563-1

I. ①中… Ⅱ. ①王… Ⅲ. ①科学知识—青少年读物②地理—中国—青少年读物 Ⅳ. ①Z228.2②K92-49

中国版本图书馆CIP数据核字（2010）第186713号

本书以图文并茂的形式展示给青少年读者，多彩的图片为其增色，在此感谢FOTOE图片库、时代图片公司、易图软件科技有限公司及其他作者。书中有部分图片，由于作者姓名及地址不详，烦请与本书编辑部联系，以便奉寄稿酬。

营销中心电话　　010-58805072 58807651
北师大出版社少儿网站　http://child.bnup.com
北师大少儿出版　　http://weibo.com/bsdsercb

出版发行：北京师范大学出版社 www.bnup.com
　　　　　北京新街口外大街19号
　　　　　邮政编码：100875
印　　刷：北京盛通印刷股份有限公司
经　　销：全国新华书店
开　　本：185 mm×260 mm
印　　张：18.5
字　　数：384千字
版　　次：2011年4月第1版
印　　次：2014年5月第2次印刷
定　　价：76.00元

策划编辑：倪　花　郭兴举　　责任编辑：倪　花　赵一如
美术编辑：毛　佳　　　　　　装帧设计：北少芳草
责任校对：李　菡　　　　　　责任印制：陈　涛

青少年是祖国含苞待放的花朵和充满希望的未来。因此，时刻关注青少年的健康和茁壮成长，当是我们全社会义不容辞的责任和义务。

西安诺德科技有限公司认识到培养青少年的社会责任，有志于推进素质教育，为了让青少年认识我们伟大的祖国，丰富他们的知识，培养他们的爱国主义情操，制作一套《锦绣中华素质教育系统》大型科技教育软件。2008年初，在北京邀请了数十名有关专家、学者和优秀教师以及计算机技术人员，为这套软件进行研讨论证。该套软件主要是为广大青少年了解中华悠久的历史、文化、地理、民族等而制作的，内容十分丰富，并且图文并茂。初步命名为青少版《中华知识库》，并报送教育部基础教育资源中心，征求意见。教育部基础教育资源中心当即邀请在京的有关专家学者对这一教育软件进行了认真审阅，我曾经参加了这次会议。经过讨论，大家一致认为这是一套以服务中小学教育为目标，以弘扬爱国主义、中华优秀传统文化及推进素质教育为目的而精心设计的教育软件，对于激发青少年学生的民族自豪感和责任感具有重要意义。因此，给予了高度评价和热情鼓励，并提出了一些建设性的意见。

作为知识库软件，可以在网站上传播，随意应用，但又觉得在当前它替代不了纸质传媒的优势。因此，西安诺德科技有限公司又邀请了北京和西安的10多位专家学者讨论，决定撰写一套青少年版"中华百科全书"大型丛书。经过多次论证，历时数载，撰写成了现在的《中华人文自然百科》。

编写丛书，和编制知识库有很大的不同。经过专家在原知识库的基础上重新设计，并经过多次讨论修改，精雕细琢，历经数年，现在已经完成，即将付梓，正式发行。

　　我曾经参加过这套丛书的策划和多次讨论，对该书的内容较为了解，全书包括中国历史、文学、艺术、科技、民族、地理、动物、植物共分8卷，约百余万言。内涵丰富，充分揭示了我们中华民族博大精深的传统文化，展现了我们中国人民聪明智慧和勤劳勇敢的民族精神，显示了我们中国人口众多、地域广阔、物产丰饶的鲜明特点，以及众多民族和谐共处的美好画卷。全书充分考虑到青少年的特点，篇幅适当，叙述扼要，文字简结，通俗易懂，图文并茂，生动有趣。全套书共收录词目约4500条，图片约3800幅，都是彩色印装。全书融思想性、科学性、知识性与趣味性于一体。我看了都爱不释手。我想一定会受到广大青少年读者的欢迎。我深深感到，当前青少年被升学的辅导材料充塞了头脑，社会上缺少青少年喜爱的读物。本丛书的出版填补了这个空白，一定会让广大青少年读者从中汲取到有益的精神食粮，成为青少年朋友的可读和应读之书。

　　是为序。

邝成远

2010 年10 月

地理一词，始见于《周易·系辞》，"仰以观于天文，俯以察于地理"。地理是指一个地区的山川、气候、河流、生物等自然环境以及物产经济、交通联系、村镇人口等区域状况，"地有山川原隰各有条理，故称理也"（唐·孔颖达）。以区域性和综合性为特征专门研究地理的地理学，在我国有着十分古老的历史。战国成书的《尚书·禹贡》，不仅划天下为九州，而且就山川、湖泽、土壤、植被、田赋、特产和运输进行了区域分析和比较。《管子·地员》论述了战国时的土地分类，涉及土壤、植物等地理内容。西汉末年的《山海经》以"经"为纲，以"列"为目，记述多达447个山名。北魏郦道元的《水经注》、唐玄奘的《大唐西域记》、明徐霞客的《徐霞客游记》等，无一例外地昭示着一个中国优秀文化传统——重视地理的认知和总结，地理往往被视为人们的基本知识和基本技能，"求天下奇闻壮观，以知天地之广大"（宋·苏辙）。

中国是一个国土疆域十分辽阔、自然环境非常复杂、地理特征差异明显的国家。山地之高，"举头红日近，回首白云低"（宋·寇准）；水脉之长，"君不见黄河之水天上来，奔流到海不复回"（唐·李白）；江南佳丽，"春来南国花如绣，雨过西湖水似油"（元·卢挚）；塞外大漠，"四面边声连角起，千嶂里，长烟落日孤城闭"（宋·范仲淹）。

亲爱的青少年读者朋友，《中华人文自然百科》地理卷是为你们奉上的一道有关我国地理知识的大餐。它以地理知识体系为目，图文结合，重点介绍了我国的自然地理知识，不仅包括了国土、地形、地貌、气候、河湖、植被和海疆等内容，而且展示了我国的世界遗产、风景名胜区、地质公园、自然保护区、湿地保护区和森林公园这些自然景观最美的地方。"欲问吴江别来意，青山明月梦中情"（唐·王昌龄），我不知如此编排可否满足你们的需要。但我想，在你们之中，一定会有众多的仁者和智者，热爱和喜欢祖国的山水，共同的自然情结会成为我们心灵沟通的基础。

地理知识未必震撼你的心灵，编写本书未必要教化你的人生，但应当向你传递快乐和愉悦，获得知之足、行之需。因此希望我、你和书，也能够"举杯邀明月，对影成三人"，成为徜徉于祖国山水的挚友。

宋保平

2010年1月

季风性气候

众多的河湖

中国的植被

中国的海疆

丰富的自然资源

中国的世界遗产

自然保护区

辽阔的国土

中国的国土

中国的陆疆

中国的领海

辽阔的国土

❈ 中国的国土

中国疆域辽阔，陆地领土面积约960万km²，与整个欧洲的面积差不多。在世界各国中，仅次于俄罗斯和加拿大，居世界第三位。

我国疆界绵长，陆上国界线长达约20 000km；大陆海岸线长18 000km，沿海分布着台湾岛、海南岛、舟山群岛和南海诸岛屿6 000多个。

中国国土最北点为黑龙江省漠河以北的黑龙江主航道的中心线上，位于北纬53°31′；最南端为南沙群岛曾母暗沙，位于北纬3°51′。南北纵跨纬度近50°，相距约5 500km，高纬度的夜空夏至前后北极光闪烁，低纬度的岛屿终年热带风光绚丽。中国国土最西点为新疆乌恰县西部的帕米尔高原，位于东经73°22′；最东点为黑龙江省抚远县乌苏里江汇入黑龙江处，黑瞎子岛东南，位于东经135°03′。东西横跨经度近62°，相距约5 200km，时差在四小时以上。当黑瞎子岛居民在窗前迎来早晨第一缕阳光的时刻，也许乌恰县的牧民还在深夜的帐篷中熟睡。

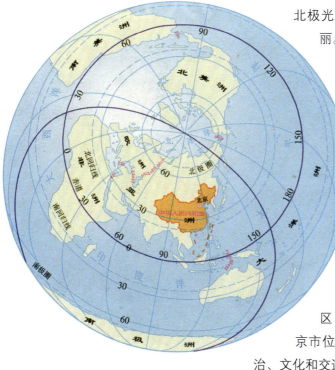

我国共设有三十四个一级行政单元，包括二十三个省、五个自治区、四个直辖市和二个特别行政区。北京市位于华北平原北部，是我国的首都，政治、文化和交通中心。

黑瞎子岛

黑瞎子岛

　　黑瞎子岛位于中俄边界黑龙江和乌苏里江交汇处主航道西南侧，地处国土最东端。由黑瞎子岛、银龙岛、明月岛3个岛系共93个岛屿和沙洲组成，总面积约为327km^2。黑瞎子岛与俄国的哈巴罗夫斯克（伯力）隔江相望，平均海拔约40m，地理位置极为重要，扼守着黑龙江——乌苏里江航道的咽喉。

曾母暗沙

　　曾母暗沙是一座位于中国南海的岛礁，地处北纬3°58′，在澄平礁西南约52海里，是中国领土的最南点。曾母暗沙的主体是丘状珊瑚暗礁，面积2.12km^2，终年没于水下，最浅处水深21m，邻近赤道，属典型的赤道气候。

曾母暗沙

帕米尔高原

帕米尔高原

帕米尔高原位于中国最西端，昆仑山脉、喀喇昆仑山脉、天山山脉、兴都库什山脉等多条山脉交会于此，是一个巨大的"山结"式高原。古称葱岭，"帕米尔"源于塔吉克语，为"世界屋脊"之意。帕米尔高原海拔在4 000~7 700m之间，有公格尔山（7 719m）和慕士塔格山（7 546m）等高峰。高原东部相对高差较小，山体浑圆，河谷宽浅。高原西部切割强烈，山高谷深。高原属高寒气候，自然景观垂直变化明显，山峰积雪覆盖冰川发育，河谷多见灌丛茅草植被。

漠河

漠河又称墨河，因河水黑如墨而得名，位于中国最北端，北临黑龙江主航道中心线，与俄罗斯阿穆尔州和赤塔州隔江相望，有"金鸡冠上之璀璨明珠"的美誉。漠河位于高纬度地带，夏至昼长夜短，昼长可达16小时55分钟，有时甚至出现黎明与晚霞同现天空的极昼现象——"白夜"奇景，因而有"白夜"和"北极光"两大天然奇景。

漠河北极村

✤ 中国的陆疆

中国陆地疆界，东起鸭绿江河口，南止北仑河口，长达22 230km，与14个国家接壤，自东北起依次为朝鲜、俄罗斯、蒙古、哈萨克斯坦、吉尔吉斯斯坦、塔吉克斯坦、阿富汗、巴基斯坦、印度、尼泊尔、不丹、缅甸、老挝和越南。

我国实行和平睦邻友好政策，本着友好协商、互谅互让的精神，先后与缅甸、尼泊尔、蒙古、朝鲜、阿富汗、老挝、巴基斯坦、俄罗斯等多个邻国签订了边界条约和边界协定，完成了勘界定标工作。

中俄边境第41号中国界碑

临边省份

我国陆疆临边的省份有辽宁、吉林、黑龙江、内蒙古、甘肃、新疆、西藏、云南和广西九个省区，132个县、市、旗。其中新疆的陆地疆界最长，达5 660km，毗邻八个国家。内蒙古（4 200km）、西藏（3 850km）和云南（3 210km）也都是陆疆边界较长的省区。

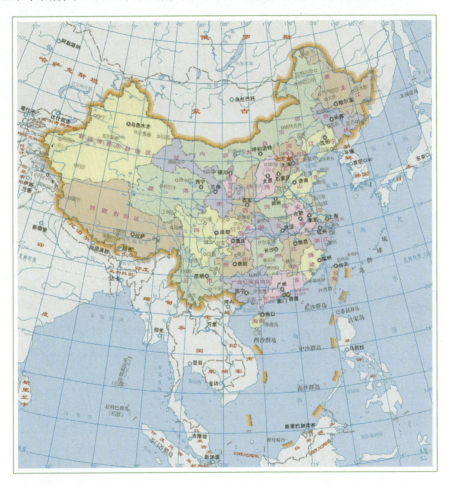

边界口岸

随着睦邻友好关系的建立，我国边境贸易有了极大的发展，与俄罗斯、朝鲜、蒙古、哈萨克斯坦、越南有铁路相连，与巴基斯坦、尼泊尔、缅甸、老挝等国有公路沟通，与邻国开通了一系列边界口岸，如新疆的阿拉山口和霍尔果斯、西藏的樟木、云南的瑞丽和景洪、广西的凭祥和东兴、内蒙古的满州里和二连浩特、黑龙江的黑河和抚远、吉林的集安和图们、辽宁的丹东等，对于边疆贸易往来、文化交流和人员来往都起到促进作用。

中国最大边界口岸——满洲里口岸

国际河流

　　我国陆地边境地区有15条主要国际性河流，东北边境有鸭绿江、图们江、乌苏里江和黑龙江，西北边境有额尔齐斯河、伊犁河和阿克苏河，西南边境有噶尔藏布河—印度河、雅鲁藏布

鸭绿江

江—布拉马普特拉河、怒江—萨尔温江、澜沧江—湄公河、元江—红河、左江和北仑河。这些国际河流贯通我国与邻国，不仅是重要的边境通道，而且在国际航运、水资源利用和生态安全等方面关系重大。在维护相邻国家共同利益的前提下，合理开发和利用这些国际河流，对于我国边境地区的发展意义重大。

❋ 中国的领海

　　我国不仅是一个陆地大国，也是一个海洋大国。从鸭绿江口向南，直至北仑河口，拥有大陆岸线长达18 000km。沿海散布的大小岛屿有6 530多个，形成的岛屿岸线长达14 250km。

　　1958年9月，我国在《中华人民共和国关于领海的声明》中宣布，中国领海宽度为12海里。领海宽度的量算主要采用直线基线法，在岸线平缓地带也兼用低潮基线法。根据领海权声明，我国拥有的领海面积为370 000km^2。根据《联合国海洋法公约》的规定，我国周围海区除主权管辖的领海外，还有主权利益涉及的专属管辖的专属经济区，总的管辖海域面积达到 3.0×10^6 km^2。

　　辽阔的"蓝色"国土，需要我们增强海权意识，树立海洋观念，开发海洋国土，维护海洋权益，推动我国海洋事业的发展。

领海

　　领海是沿海国从其全部海岸的基线（领海基线）向外延伸，划定一定的宽度，归属其主权管辖之下的海域。领海是一个沿海国家的重要组成部分，沿海国的主权及于领海的上空、海床和海底下层。

　　关于领海宽度，国际上无统一规定，各沿海国根据本国地理特点、经济发展和国防安全的需要自行确定。各国现有领海宽度从3海里到200海里不等。

领海基线

领海基线是领海宽度的起算线，主要有：（1）低潮基线，多用于海岸平直的国家；（2）直线基线，以海岸或岛屿的某些点连接的直线，多用于岸线曲折和沿岸多岛屿的国家；（3）群岛基线，连接群岛最外缘各点的直线，但基线内水面与陆地的面积比例不得超过1∶1。

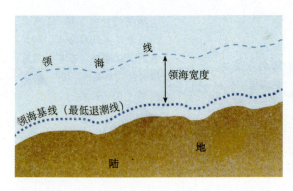 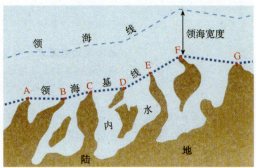

公海

公海又称国际海域，是指各沿海国主权管辖范围以外的海洋水体。公海属全球全人类所共有，各国都有平等使用公海水域的权利。

海洋专属经济区

海洋专属经济区是世界海权斗争中提出的一个概念，主张沿海国有权在领海以外，根据国家的地理地质条件、自然资源状况和国家经济发展的需要，划定一定的海区作为专属经济区。该区域的外缘界限最宽不超过200海里，该国对经济区的一切自然资源拥有所有权和专属管辖权，但允许其他国家正常的飞行和航行以及敷设海底电缆和管道。

海洋专属渔区

海洋专属渔区又称为"渔业专属水域"，是沿海国在领海之外所划定的一定范围的海域，行使渔业和水产资源的管辖权，对于外国渔船进入该水域作业，必须遵守该国制定的相应法律和规定。

多样的地形

中国的地形

中国的地势

中国的山脉

喜马拉雅山脉

昆仑山脉

天山山脉

唐古拉山脉

秦岭山脉

大兴安岭

太行山脉

祁连山脉

横断山脉

台湾山脉

南岭山脉

中国的山地

中国的峡谷

中国的高原

中国的盆地

中国的平原

中国的丘陵

多样的地形

❈ 中国的地形

  中国辽阔的大地上，五种基本地形类型均有分布。高原雄伟，山岭起伏，平原广阔，丘陵低缓，还有四周群山环抱、中间低平的大小盆地。多种多样的地形，为我国农业生产的全面发展提供了有利条件，也使工业生产的发展有了一定基础。我国山区面积广大，给交通运输和农业发展带来一定困难，但山区可提供林产、矿产、水能和旅游资源，为改变山区面貌、发展山区经济提供了资源保证。

❈ 中国的地势

  中国的地形大势西高东低，像阶梯一样作半环状向着太平洋逐级降低。由两条山岭组成的地形界线，明显地把大陆地形分成为三级阶梯。

  青藏高原平均海拔在4 000m以上，是世界上最大的高原之一，也是中国地势最高一级阶梯。越过青藏高原北缘的昆仑山—祁连山和东缘的岷山—邛崃山—横断山一线，地势迅速下降到海拔1 000～2 000m，局部地区可在500m以下，进入中国地势的第二级阶梯，分布着一系列的山地、高原和盆地。以大兴安岭至太行山，经巫山向南至武陵山、雪峰山一线为界，向东直到海岸，这里是一片海拔500m以下的丘陵和平原，为我国地势的第三级阶梯。从海岸线向东，则是一望无际的碧波万顷、岛屿星罗棋布、水深大都不足200m的浅海大陆架区，也可以把它视作中国地势的第四级阶梯。

❈ 中国的山脉

  若干条山岭和山谷组成的山体，沿着一定的方向延伸很长，好像脉络，被称为山脉。我国山脉众多，大致呈网格状分布，纵横交错的山脉构成我国地形的"骨架"。东西走向的山脉主要有三列：最北一列是天山—阴山—燕山山

脉，是中国北方最长的东西走向山系；中间的一列是昆仑山—秦岭—大别山山系，南列是南岭山系。东北—西南走向的山脉也有三列：西列是大兴安岭—太行山—巫山—雪峰山，中列是长白山—武夷山；东列是位于台湾岛上的台湾山脉。西北—东南走向的山脉主要分布在西部，自北而南有阿尔泰山脉、祁连山脉、冈底斯山脉、喀喇昆仑山脉和喜马拉雅山脉。南北走向的山脉，自北向南有贺兰山、六盘山和横断山脉等。

主要山脉走向
—— 东西走向山脉
—— 西北—东南走向山脉
—— 南北走向山脉

✤ 喜马拉雅山脉

喜马拉雅山脉是世界上最高大最雄伟的山脉，耸立在青藏高原南缘，其主要部分在我国和尼泊尔交界处。全长约2 500km，宽度达200～300km。由几列大致平行的褶皱山脉组成，呈向南凸出的弧形，平均海拔高度6 000m，海拔7 000m以上的高峰有40座，8 000m以上的高峰有11座。主峰珠穆朗玛峰海拔8 844.43m，为世界第一高峰，"珠穆朗玛"为藏语"女神第三"的音译。中国登山队于1960年5月25日和1975年5月27日从北坡登上珠峰峰顶，把五星红旗插上了"世界之巅"。

喜马拉雅山脉位置图

喜马拉雅山脉——珠穆朗玛峰

希夏邦马峰

希夏邦马峰

希夏邦马峰地处喜马拉雅山褶皱带北部，海拔8 012m，是唯一一座全部山体在中国境内的8 000m级山峰。它坐落在喜马拉雅山脉中段，其东面是海拔7 703m的摩拉门青峰，西北面是7 292m岗彭庆峰，它们都在西藏聂拉木县境内。"希夏邦马"在藏语里意思为"气候严酷"。然而，虔诚的藏族人民也有许多神话和歌谣，称颂它为吉祥的神山。这里是喜马拉雅山脉现代冰川作用的中心之一，冰川上布满了纵横交错的冰雪裂缝和时而发生的巨冰雪崩。

南迦巴瓦峰

"南迦巴瓦"藏语意为"直刺蓝天的战矛"，主峰高7 787m，高度排世界第15位，是7 000m级山峰中的最高峰，有冰山之父的美誉。南迦巴瓦峰山脚处温泉众多，植物异常繁密，是开发旅游、登山、探险、漂流的理想区域和从事地学、生物学科考察的最佳

南迦巴瓦峰

场所。南迦巴瓦峰充满了神奇的传说，主峰高耸入云，据传说山顶上有神宫和通天之路，居住在峡谷的人们对这座陡峭险峻的山峰充满无比的推崇和敬畏。

✤ 昆仑山脉

昆仑山脉西起帕米尔高原，东部横贯在新疆和西藏之间，全长2 500m，平均海拔5 500～6 000m，宽130～200m。最高峰在青新交界处，名为布格达板峰，海拔6 860m，是青海省最高点。被称为"万山之祖"的昆仑山，陡峻、雄伟、壮观，矿产资源丰富，其势如巨蟒蜿蜒于亚洲中部，故有"莽昆仑"与"亚洲脊柱"之称，古人称它为"地之中心""通天之山"。

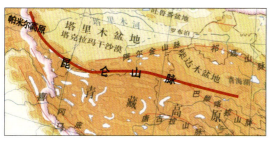

昆仑山脉位置图

昆仑山脉——布格达板峰

可可西里山

可可西里山

　　可可西里山位于西藏东北部及青海西南部，为昆仑山脉中段的南支，蒙古语意为"青色的山梁"。可可西里山东连接巴颜喀拉山，为年轻的褶皱山地，山脉呈东西走向，长500km，平均海拔6 000m。海拔5 500～6 000m以上的山地，有现代冰川发育。山地间有两个宽谷湖盆带，地势较平坦。主峰岗扎日峰，海拔6 305m，是长江北源楚玛尔河的源地。东、西两侧海拔较低，青藏公路经过此山的东段。

巴颜喀拉山

巴颜喀拉山

　　青海南部的巴颜喀拉山是昆仑山脉东段的南支，藏语即"祖山"的意思。山势高耸，群山起伏，雄岭连绵，景象恢弘。大部分地区海拔均在4 500～6 000m之间，空气稀薄，气候酷寒，一年之中竟有八个月时间飞雪不断，由于相对高度较小，加之地域辽阔，这里的山峰显得并不险峻，浑圆粗犷，远看似山，近看像川，山岭之间犹如平原一般广袤平坦。《山海经》曾有巴颜喀拉山是黄河发源地的记载。

❖ 天山山脉

　　天山山脉横贯我国新疆中部，西端伸入哈萨克斯坦境内，长约2 500km，我国境内约有1 500km，平均海拔约3 000～5 000m，是亚洲中部的大型山脉。著名高峰有托木尔峰（7 435.3m）、汗腾格里峰（6 995m）、博格达峰（5 445m），高峰顶部白雪皑皑，雄伟壮观，庄严神秘，故有"雪海"之称。天山山脉在抬升运动中，发生了地壳的断裂下陷，层峦叠嶂之间分布着许多断陷盆地和谷地，如伊犁河谷地、焉耆盆地、哈密盆地、吐鲁番盆地等。位于吐鲁番盆地中的艾丁湖湖面海拔为−154m，是我国大陆的最低点。

天山山脉位置图

托木尔峰

托木尔峰位于天山西段，海拔7 435.3m，为天山最高峰，1985年正式对外开放。托木尔峰地形崎岖，峰峦峻拔，冰雪嵯峨，凌空峭壁，千仞攒空，奇丽壮观，白雪皑皑，云缠雾绕，景象壮丽，奇特的自然景观犹如鬼斧神工，巧夺天工。山峰下的别迭里山口是古代中西陆路交通重要通道。托木尔峰也是我国最大的现代冰川分布区。

托木尔峰

博格达峰

博格达峰

博格达峰海拔5 445m，坐落在新疆阜康县境内，是天山山脉东段著名高峰，由3个峰尖紧依并立而成，终年冰雪皑皑。山峰顶部基岩裸露，岩石壁立；中部则为冰雪覆盖，常年不化；峰顶以下则为冰川陡谷，地势险要。山脚下是著名风景游览胜地"天池"，湖水清澈，绿如碧玉，倒映着参天云杉镶银色的雪峰，可将登山旅游融为一体，所以备受登山爱好者和旅游者的青睐。

✻ 唐古拉山脉

唐古拉山脉位于西藏自治区东北部与青海省交界处，藏语意为"高原上的山"，又称当拉山或当拉岭，是长江和怒江的分水岭，也是长江、怒江、澜沧江的发源地。山体宽150 km以上，长约700km，山顶是约5 000m的准平原，山脊已在5 300m雪线以上，现在还有小规模更新世冰川残留，刃脊、角峰、冰川地形普遍。唐古拉山脉气温较低，年平均气温在-4℃左右，有多年冻土带分布。在宽广的山谷之间，分布着众多河谷和湖盆草坝，水草丰美，是天然的优良牧场。植被以高寒草原为主，混生有垫状植物。青藏公路从唐古拉山口穿过。

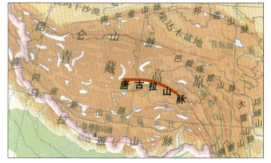

唐古拉山脉

各拉丹冬雪山

各拉丹冬雪山是唐古拉山脉中最高的一组雪山群，主峰位于青海省那曲安多县，海拔6 621m，是唐古拉山脉最高峰。各拉丹冬雪山群南北长约50km，东西宽达20km，6 000m以上的山峰20余座，冰雪覆盖面积将近600km²，大小冰川合计105条。在东面的山脚下，有一片冰塔群，被人们称为岗加巧巴，意为"百雪圣灯"，形状各异，犹如精工细雕的水晶塔，五颜六色，纵横交错，高耸林立在山下的地平线上。

各拉丹冬雪山

冻土带

冻土地貌景观

冻土是指温度在零摄氏度以下，含有冰的各种岩石和土壤。一般可分为短时冻土（数小时/数日以至半月）、季节冻土（半月至数月）以及多年冻土（数年至数万年以上）。我国的高纬度多年冻土，主要集中分布在大小兴安岭，面积为38 × 10⁴～39 × 10⁴km²，属于亚欧大陆多年冻土南缘。高海拔多年冻土，分布在青藏高原、阿尔泰山、天山、祁连山、横断山、喜马拉雅山，以及东部某些山地，如长白山、黄岗梁、五台山、太白山等。冻土含有丰富的地下冰，是一种对温度极为敏感的土体介质，具有流变性，其长期强度远低于瞬时强度。正由于这些特征，在冻土区修筑道路和构筑物，就必须面对"冻胀"和"融沉"两大危险。

❈ 秦岭

秦岭位置图

秦岭横贯我国中部，西起甘肃省东南部的临洮，中贯陕西省南部，东达河南省的崤山、熊耳山－嵩山和伏牛山地区。山脉所邻的关中平原为春秋战国时秦国领地，遂称为秦岭。狭义之秦岭仅仅指秦岭的陕西段。秦岭为东西走向的古老褶皱山系，全长1 600km，宽度200～300km，海拔2 000～3 000m。秦岭呈现明显的南北不对称：北坡断层陷落，坡度陡峻，沟谷深切，山体雄伟，势如屏蔽，古有"九州之险"之称；南坡长而和缓，沟长而水远。秦岭最高峰是太白山的拔仙台，海拔3 763.2m。位于西安市南40km的终南山自古风景秀丽，唐代诗人咏有"终南阴岭秀，积雪浮云端，林表明霁色，城中增暮寒"的诗句。秦岭是我国重要的地理分界线。我国最冷月0℃等温线和800mm等年降水量线通过秦岭，是暖温带和亚热带气候的分界线，秦岭是黄河水系和长江水系的分水岭。

太白山

太白山位于秦岭山脉的中段，眉县、太白、周至三县交界处，是秦岭的主峰，也是我国大陆东部的第一高峰。太白山为花岗岩山地，自然地理条件独特，具有高耸入云的雄伟气势、瞬息万变的气候环境和种类多样的动植

太白冰斗湖——大爷海

物，植物的垂直变化明显。李白诗曰："太白与我语，为我开天关。愿乘冷风去，直出浮云间。举手可近日，前行如无山。""太白积雪六月天"是著名的关中八景之一。在山体上部，保留有大量第四纪冰川遗迹，冰湖荡漾，石海起伏，槽谷绵延，角峰耸立，素有"冰川地貌博物馆"之称。

太白积雪

华山

华山位于秦岭东段，陕西省华阴市境内，北临渭河平原和黄河，南依秦岭主脉，是一座由整块花岗岩巨石形成的山峰，古人云："山高五千仞，削而成四方"。华山有五峰，中峰玉女、东峰朝阳、西峰莲花、南峰落雁、北峰云台，远望"芙蓉片片"，"又若花状"，古语"花"与"华"相通，故称华山。华山山势雄伟，崖峻路峭，壁立千仞，群峰挺秀，以险峻称雄于世，自古以来就有"奇险天下第一山"的说法。华山是华夏民族

华山北峰南望

的地标，著名的五岳之一，是古代帝王封禅祭祀的名山，位于华阴市区东郊的西岳庙有"小故宫"之称。华山多道教宫观，山麓玉泉院和山颠镇岳宫为国家重点道观。

✤ 大兴安岭

　　大兴安岭北起黑龙江漠河，南至西拉木伦河，东北—西南走向，长约1 800km，地势南北两端高中部低，平均海拔500～1 500m。山脉北段较宽，达300km，南段仅宽97km。东坡较陡，西坡则向蒙古高原和缓倾斜。主峰为黄岗梁，海拔2 035m。大兴安岭为我国火山活动的主要分布区，位于山地东北的五大连池火山群有"火山博物馆"之称。大兴安岭是松辽平原与蒙古高原的分界线，是辽河水系、松花江和嫩江水系与黑龙江源头诸水及支流的分水岭，也是我国季风与非季风区及内、外流水系的重要分界线之一。大兴安岭是我国最北、面积最大的现代化国有林区。

大兴安岭山脉位置图

大兴安岭

✤ 太行山脉

　　太行山脉，又名五行山、王母山、女娲山，北起河北的拒马河谷，南达豫北黄河北岸，西接山西高原，东临华北平原，绵延500km。太行山脉是古老地块基础上断裂抬升的断块山地，地势北高南低，大部分海拔在1 200m以上，2 000m以上的高峰有河北的小五台山、灵山、东灵山等。太行山脉东陡西缓，山中多雄关要隘，著名的有位于紫荆关、娘子关等。山中悬崖高耸，流曲深邃，峡谷毗连，多瀑布湍流。

太行大峡谷

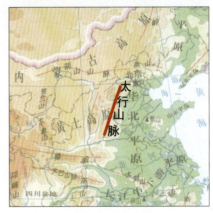

太行山脉位置图

恒山

　　恒山位于浑源县城南10km处，西衔雁门关，东依太行山，莽莽苍苍，横亘塞上，巍峨耸峙，气势雄伟，是海河支流桑干河与滹沱河的分水岭。恒山海拔2 017m，号称108峰，东西绵延150km，似自西南向东北奔腾而来，一座座海拔达2 000m以上的山比肩而立，重重叠叠，气势博大雄浑。恒山为五岳之北岳，是历史文化名山，悬空寺依翠屏山危崖而建令人胆战心惊，

❋ 祁连山脉

九天宫殿堂巍峨使人感慨万分。登上恒山，苍松翠柏、庙观楼阁、奇花异草、怪石幽洞构成了著名的恒山十八景。

恒山逶迤

王屋山

王屋山位于太行山脉南段，河南省济源市城北45km处。山有丘陵环抱，谷深洞幽，其状若王者之屋，故名。王屋山西接中条山，东临太行山，山势连绵，风景秀丽。王屋山是历史文化名山，主峰相传为轩辕黄帝祈雨设坛之处，故称天坛山，海拔1 715.7m，东西有日精、月精二峰。王屋山也是道教十大洞天之首，宫观庙宇，多见于山中。王屋山是愚公的故乡，愚公挖山的故事因《列子》的记载和毛泽东在《愚公移山》中的引用而家喻户晓。

王屋山

祁连山脉位于青藏高原的东北边缘，西起当金山口，东到乌鞘岭，绵延近1 000km，宽200~500km，由一系列西北—东南走向的平行山脉和之间的宽谷组成。祁连山脉属褶皱断块山，山峰多，海拔4 000~5 000m，最高峰疏勒南山的团结峰海拔5 808m。海拔4 500m以上的山峰终年积雪，古冰川冰碛地貌广泛分布于北坡2 700~2 800m以上地区。祁连山的山间谷地非常宽阔，河谷平原约占祁连山区面积的三分之一，形成了广袤的山地牧场。蓝天白云之下，雪峰耸立，山腰林密，谷地草绿，牛群、马群、羊群徜徉于绿草之中，形成一幅和谐的山地画卷。

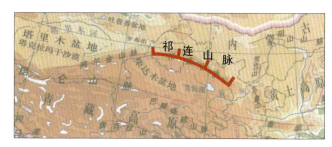

祁连山脉位置图

乌鞘岭

乌鞘岭，藏语称"哈香日"，位于甘肃省天祝县中部，属祁连山脉北支的东南端，东西长约17km，南北宽约10km，主峰海拔3 562m，《志书》对乌鞘岭有"盛夏飞雪，寒气砭骨"的记述。乌鞘岭为陇中高原和河西走廊的天然分界，是半干旱区向干旱区过渡的分界线，是太平洋水系和河西走廊内流河的分水岭，河西走廊之门户，古丝绸之路之要道，张骞出使西域、唐玄奘印度取经都曾途经其岭，兰新公路、铁路经此。乌鞘岭山地草场资源丰富。

祁连山脉——乌鞘岭

日月山

日月山

　　日月山位于青海湖东侧，最高点海拔4 877m，是内地赴西藏大道之咽喉。山体呈现红色，古代称为"赤岭"。相传当年文成公主远嫁吐蕃，曾驻驿于此，她在峰顶回首东望，取出临行时皇后所赐"日月宝镜"观看，镜中顿时生出长安的迷人景色，不慎失手，把"日月宝镜"摔成两半，故改称日月山。日月山是青海内外流域水系的分水岭，是农业区和牧业区的天然分界线，有"草原门户""西海屏风"之称。东西两侧形成了明显不同的景象：其东绿荫蔽日，田畴纵横；其西草原广袤，牛羊成群。

❋ 横断山脉

　　横断山脉是位于四川、云南两省西部和西藏自治区东部一系列南北向平行山脉的总称。横断山脉为一系列南北平行延伸、高山深谷相间的山地。山势北高南低，海拔多在4 000～5 000m；谷势由北向南逐渐加深，高差一般在1 000～2 000m以上。山岭自西而东依次有伯舒拉岭、高黎贡山、怒山、宁静山、云岭、沙鲁里山、大雪山、邛崃山等。山高谷深，横断东西间交通，故名。山岭褶皱紧密，断层成束，怒江、澜沧江、金沙江、雅砻江、大渡河等许多大河都延着大断裂发育。玉龙雪山海拔5 596m，为中国纬度最南的现代冰川分布区。横断山地，相对高差大，气候垂直变化显著，谓"一山有四季，十里不同天"。

横断山脉——玉龙雪山

横断山脉位置图

邛崃山

邛崃山位于四川盆地西侧，南北绵延约250km，是岷江和大渡河的分水岭，四川盆地和青藏高原的地理界线。自北向南主要有霸王山、巴朗山、夹金山和二郎山等山。山体褶皱强烈，山峰峻峭，山脊海拔达5 000m以上，有现代冰川呈放射状分布，并有古冰川遗迹。山脉近南北向，东陡西缓，多深邃峡谷，水力资源丰富。邛崃山东侧降水丰富，有"华西雨屏"之称；西坡云少雾散，气候干燥，植被稀疏。邛崃山是四川大熊猫、金丝猴等多种珍稀动植物重要分布区，建有卧龙、蜂桶寨、喇叭河等自然保护区。

邛崃山

岷山

岷山自甘肃省南部延伸至四川省西北部，大致呈南北走向，全长约500km，主峰雪宝顶海拔5 588m，是四川著名山峰之一，峰顶终年积雪，山腰岩石嶙峋，沟壑纵横，高山湖泊星罗棋布，较大的海子有108个。山峰的西、北、南三面悬崖峭壁直插云霄，东面坡度较缓。岷山是长江水系和黄河水系的分水岭之一，岷江、白水江等发源于岷山东侧，白河、黑河发源于岷山西侧。岷山区域内多森林和堰塞湖，是大熊猫、川金丝猴等濒危动物的主要分布区之一，风景秀丽，著名景点有九寨沟、黄龙寺等。

四姑娘山

四姑娘山位于小金县与汶川县交界处，是横断山脉东部边缘邛崃山系的最高峰，由四座连绵不断的山峰组成，其高度分别为6 250m、5 664m、5 454m、5 355m，常年冰雪覆盖，如同四位头披白纱、姿容俊俏的少女。山峰尖削陡峭，直插云天，冰雪覆盖，银光照人。四姑娘山自然景观优美。山麓森林茂密，绿草如茵，清澈的溪流潺潺不绝，宛如南欧风光，人称"东方阿尔卑斯"。山谷地带气候温和，雨量充沛，山花遍野、溪流清澈。山顶地势险峻，冰川延伸，白雪皑皑。

岷山主峰雪宝顶　　　　　　　　　　　　　四姑娘山

贡嘎山

贡嘎山位于四川省康定以南，周围聚集了20余座海拔6 000m以上的高峰。主峰耸立于群峰之巅，海拔7 556m，高出其东侧大渡河6 000m，被喻为"蜀山之王"。山地冰川发育规模较大。东坡最大的海螺沟冰川长14.2km。在长期冰川作用下，山峰发育为锥状大角峰，狭窄的山脊犹如倾斜的刀刃，坡壁陡峭，岩石裸露，南坡相对高差6 556m，因而造就了生物、气候分布的多样性和垂直变化，形成了带谱完整，层次鲜明，世界罕见的生态景观。

贡嘎山

❖ 台湾山脉

台湾山脉是台湾岛上山脉的总称，是第三纪喜马拉雅造山运动形成的年轻山系。它自西向东依次是阿里山山脉、雪山山脉—玉山山脉、中央山脉和台东山脉。台湾山脉山势雄伟，海拔在3 000m以上的高峰有62座，超过3 500m的高峰有22座。玉山雄伟高大，主峰海拔3 997m，是我国东部最高山峰。材用、药用和化工用植物资源非常丰富，是中国重要林区之一。位于台东山脉和中央山脉之间的台东大纵谷，南北长约150km，东西宽约5km，为一大型断裂地堑式谷地。沿玉山山脉和阿里山山脉分布许多断层，断层线上形成断陷山间盆地和湖泊，是火山、地震多发区之一。台湾山地是我国少数民族——高山族的聚居区。

台湾山脉位置图

台湾阿里山

中央山脉

中央山脉为台湾五大山脉之一，位于台湾岛中央偏东，全长约340km，东西宽约80km，纵贯全岛，为全岛最长的山脉，有"台湾屋脊"之称，所以又称为"脊梁山脉"。它将台湾全岛分成了西大、东小不对称的两部分。山脉以东地势较险峻，直逼太平洋；而西部则较宽缓，形成由山地、丘陵到平原的变化。同时中央山脉也成为全岛各水系的分水岭。

中央山脉

阿里山山脉

阿里山山脉为台湾岛最西的一列山脉，近南北走向。北起鼻头角，南到高雄附近，全长280km。山岭高度1 000~2 000m，最高峰大塔山海拔2 663m。由于大断层通过阿里山山脉的东侧，造成了东坡陡、西坡缓的地势。也因地底分布许多断层和褶曲等地质构造，造成这里的山地和丘陵区广大，山地两侧形成埔里、鱼池、日月潭等盆地。日月潭为台湾著名游览胜地。

阿里山山脉

玉山山脉

玉山山脉延伸于台湾岛的中南部，和中央山脉平行，走向东北—西南，逐渐低缓。北端与雪山山脉相连，南至屏东平原，全长约120km。山体巍峨挺拔，耸入云霄，远望峰顶冬季积雪如玉而得名，有三大突出特点：一是"高"，主峰高达3 997m，五峰合称为"五岳朝天"；二是"雪"，玉山高耸云天，气温很低，成为世所罕见的"热带雪山"奇观；三是"险"，五峰之间，乱山重叠，断崖壁立，深壑纵横，枯林迷乱，若非攀登好手，绝难到达峰巅。

玉山山脉

❋ 南岭

南岭是我国大陆最南一列东西向的山脉，东西绵延1 400km，实际是相对独立、互不连贯、东北—西南走向的多组山岭。自西向东有著名的越城岭、都庞岭、萌渚岭、骑田岭、大庾岭五组山岭，故又称五岭。南岭山脉是长江水系和珠江水系的分水岭，岭间夹有低谷盆地和山口。南岭西段的盆地多由石灰岩组成，喀斯特地貌典型。南岭东段的盆地多由红色砂砾岩组成，经风化

南岭位置图

侵蚀形成大量的丹霞地貌。南岭对于阻挡寒潮的南下有一定作用，岭北为中亚热带气候，岭南为南亚热带气候，是我国一条重要的地理分界线。

南岭

越城岭

越城岭呈东北—西南走向，延伸于广西壮族自治区东北部和湖南省边界，长200km，一般海拔1 500m左右，最高峰真宝顶海拔2 123m，为广西第二高峰，南岭为山地"五岭"之首。越城岭古称始安岭、全义岭，是湘江、漓江、资水、浔江的分水岭。山体断裂明显，高峰耸峙，雄伟壮观，是典型的断块山地。与都庞岭间有湘桂谷地，湘桂铁路经此。越城岭是广西重要林业基地，亚热带植物种类繁多，植被覆盖面积广，水源涵养条件好，溪沟密布。

越城岭

都庞岭

都庞岭位于湖南省江永县、道县与广西壮族自治区灌阳县的交界处，呈东北—西南延伸构成两省区的界山，平均海拔约为800~1 200m。最高峰为韭菜岭，海拔2 009m，位于湖南道县境内，为永州市最高点，湖南第二高峰。境内峰高岭峻，河谷深邃，切割强烈，山峦叠嶂，植被茂密。

都庞岭

骑田岭

骑田岭位于湖南省南部的郴州市宜章县境内，秦代称作阳山。骑田岭主峰为二尖峰，海拔1 654m，为湘江支流耒（lěi）水和北江西源武水分水岭。附近的折岭关，一向为湘、粤通道，京广铁路从其东侧通过。

骑田岭

❈ 中国的山地

山地即多山的地带和区域，由多条山脉、山岭和中间夹杂的盆地、谷地组成。我国是个多山的国家，山地面积广大。许多大山千姿百态，雄伟壮丽，不少山峰悬崖峭壁，直插云霄。有些山地森林茂密，满目苍翠。有些山岭冰雪覆盖，一片银白。我国山地主要有：秦巴山地、长白山地、冀北山地、豫西山地、鄂西山地、皖西山地、准噶尔西部山地等。广大的山地，不仅把祖国江山装扮得雄伟壮丽、多姿多彩，而且给我们提供了丰富的农林矿产资源。

中国地形图

秦巴山地

秦巴山地指秦岭山脉和大巴山脉及其之间的地区，东临豫东平原及鄂西北山地，西过甘肃的漳县、武都、文县。大巴山蜿蜒于四川和陕西两省，向东延伸至湖北西北部。秦巴山地有众多的小盆地和山间谷地相连接，其中以汉中盆地、安康盆地最为著称，这里有得天独厚的优势，土地肥沃，气候温和，河流纵横，阡陌交错，是陕南的主要产粮区。秦巴山区又是长江上游地区重要的生态屏障区，水、热、林、草资源及土特产品、矿藏等自然资源极为丰富，对于长江和黄河中游的水源涵养、水土流失防治、动植物保护有着十分重要的意义。

陕南秦巴深山

豫西山地

豫西山地为秦岭余脉所在，呈扇形展开，由五条支脉组成，绵延数百千米，众多的高峰均在2 000m以上。其最北的第一支为灵宝境内的小秦岭，主峰海拔2 413.8m，为省内的第一高峰。第二支为崤山，主峰海拔1 902.6m。第三支为熊耳山，主峰海拔2 094.2m。第四支为外方山，主峰海拔2 153.1m。最南的一支为伏牛山，主峰海拔2 219.6m，是黄河、淮河、长江三大水系的分水岭，也是南阳盆地的屏障。豫西山地，峰峦起伏，山高谷深，气候湿润，雨量适中，森林覆盖率高，药材资源丰富，有天然药库之称。

鄂西山地

鄂西山地由大巴山、武当山、荆山、巫山等山脉组成，从鄂西北一直延伸至鄂西南，万山重叠，连绵不断。境内山势高峻，群峰挺拔，其中神农顶海拔高达3 105.4m，被称为"华中屋脊"。山地具有丰富的矿藏资源、水利资源、森林资源，且野生动物资源种类繁多，也是茶树原产地之一。这里自然景色秀丽，名胜古迹众多，有全国著名的武当山风景区和长江三峡风景区等。

皖西山地

皖西山地是指安徽省西南部和湖北、河南两省接壤的地区，西有桐柏山，中为大别山，东有霍山，大别山为山地的主体，所以又称为大别山区。平均海拔500～1 000m，1 500m以上的高峰多座，最高峰白马尖峰1 774m，山体多为西北走向，山中河谷深切，山间分布的断陷盆地多呈椭圆状。

❈ 中国的峡谷

长江三峡

峡谷是流水侵蚀而形成的深而狭窄的谷地，横剖面多呈V形，谷底比较狭小，谷坡峭壁陡立，沟谷比降大水流湍急，多见激流、瀑布、跌水、深潭等景观。峡谷景观多给人以深邃、幽静、秀丽、险峻的心理感受。在我国地势三级阶梯的过渡地带，往往形成大江大河的干流峡谷。如青藏高原边缘的雅鲁藏布江大峡谷、长江上流金沙江大峡谷、怒江峡谷、澜沧江峡谷、黄河上游的龙羊峡等峡谷。在二级阶梯形成的著名峡谷有：鄂渝交界处的长江三峡、黄河中游的晋陕大峡谷等。我国山地众多，峡谷多见，著名的如大宁河小三峡、武夷山"一线天"、焦作云台山红石峡等。峡谷地段，蕴藏着丰富的水能资源，是修建水库坝址的理想地段。

金沙江大峡谷

金沙江古称绳水、淹水、泸水，为长江上游青海省玉树县巴塘河口至四川宜宾一段，以产金沙得名。它从海拔4 000m的青藏高原到海拔1 000m的云贵高原，深切横断山脉，形成了众多的峡谷段，峡谷总长度超过1 000km。其中举世闻名的虎跳峡段，两岸山体高度在5 000m以上，岭谷高差达3 000m，在16km的距离内江流落差达196m，江面最窄处不足30m，峡谷景观气势宏伟。金沙江东川段水道约63km，河床平均海拔700m左右，两岸峭壁连绵、谷深流急、多险滩暗礁。

金沙江大峡谷——虎跳峡

雅鲁藏布江大峡谷

雅鲁藏布江大峡谷是雅鲁藏布江切断了世界上最高的山脉喜马拉雅山脉，形成的最壮美的世界第一大峡谷。峡谷北起密林县的大渡卡村（海拔2 880m），南到墨脱县巴昔卡村（海拔115m），全长504.9km，平均深度5 000m，最深处达6 009m，水流落差达2 000m，拥有数千万千瓦的水能蕴藏量，为世界上水能资源最丰富、最集中的地区之一。整个峡谷地区冰川、绝壁、陡坡、泥石流和巨浪滔天的大河交错在一起，环境十分恶劣，许多地区至今仍无人涉足，堪称"地球上最后的秘境"。

雅鲁藏布江大峡谷

澜沧江梅里大峡谷

澜沧江梅里大峡谷位于云南德钦县境内，长150km，峡谷江面海拔2 006m，最大高差达4 734m，江面束窄，水流湍急。大峡谷不仅以谷深而长闻名，且以江流湍急而著称。冬日清澈而流急，夏季混浊而澎湃，年径流量达8.38亿立方米。过去人们跨越这条汹涌深邃的大江靠的是篾索桥。新中国成立后，在该段江面架设了"红星桥"和"向阳桥"。滇藏公路穿越梅里大峡谷，站在海拔4 292m的白马雪山垭口，俯视雄险如削的深峡幽谷，可眺望晶莹峻峭的梅里雪山群峰。

澜沧江梅里大峡谷

中国四大高原位置图

❖ 中国的高原

高原是指海拔较高、地面坦荡或起伏不大、边缘比较陡峻、面积广大的地形区。它以海拔较高区别于平原，以完整的大面积隆起区别于山地。高原素有"大地的舞台"之称，它是在长期连续的大面积的地壳抬升运动中形成的。我国高原面积广阔，著名的有青藏高原、内蒙古高原、黄土高原和云贵高原，它们均分布于地势的第一、第二级阶梯之上，海拔都在1 000m以上。各个高原的地质构造历史不同，所形成的地貌和自然景观也各不相同。

青藏高原

青藏高原位于我国西南部，包括西藏、青海、四川西部和新疆南部山地等广大地区，东西长2 700km，南北宽1 400km，面积$2.4 \times 10^6 km^2$，平均海拔达4 000m以上，是世界上地势最高的大高原。高原周围大山环绕，南有喜马拉雅山，北有昆仑山和祁连山，西为喀喇昆仑山，东为横断山脉。高原内还有唐古拉山、冈底斯山、念青唐古拉山等。这些山脉海拔大多超过6 000m，不少山峰超过8 000m，冰川广布，是亚洲许多大河的发源地。高原内部被山脉分隔成许多盆地、宽谷，湖泊众多，青海湖、纳木湖等都是内陆咸水湖，盛产食盐、硼砂、芒硝等。

青藏高原

黄土高原

黄土高原位于黄河中游地区，东起太行山，西至乌鞘岭，南连秦岭，北抵长城，面积约 $5 \times 10^5 km^2$，占世界黄土分布的70%，为世界上最大的黄土堆积区。海拔1 000~2 000m，黄土层厚度在50~80m，最大厚度为180~200m。黄土颗粒细，土质松软，含有丰富矿物质，利于耕

黄土高原

作，盆地和河谷农垦历史悠久，是中国古代文化的摇篮。但由于缺乏植被保护，加之夏天雨季集中，且多暴雨，水土流失严重，地面被分割得支离破碎，沟壑纵横。近年来退耕还林，种树种草，沟壑梁峁披上绿装，生态环境得到改善。黄土高原的煤炭、石油、天然气、铝土等沉积型矿产储量丰富。

云贵高原

云贵高原位于我国西南部，包括云南省东部和贵州省大部以及广西西北部和川湘交界地区，海拔1 000~2 000m，是中国的第四大高原。云贵高原在古生代到中生代的海洋环境下，沉积了巨厚石灰岩，分布面积占高原的50%以上，是世界上岩溶地貌最完美、最典型的地区之一。高原地形崎岖不平，地下和地表分布着奇异的石林、孤峭的石峰、深透的洞穴、忽隐忽现的地下河流。在连绵起伏的山岭之间，分布着许多大大小小的盆地，当地称作"坝子"，地面比较平坦，土层深厚而肥沃，一般都是农业比较发达、人口城镇比较集中的地方。

云贵高原上的梯田

内蒙古高原

内蒙古高原，东起大兴安岭以西，西至河西走廊的西北端马鬃山，南起祁连山和长城一线，北至国界，面积约 $1.0 \times 10^6 km^2$，为我国第二大高原。高原海拔1 000m左右，除阴山、贺兰山等几列山脉以外，很多地方是地势坦荡，起伏和缓，一望无际。其中锡林郭勒、乌兰察布高原地势较高，呼伦贝尔、乌珠穆沁、居延海盆地地势较低。东部的呼伦贝尔高原和锡林郭勒高原是典型的温带草原，水草丰茂，是很好的天然牧场。西部的阿拉善高原和南部的鄂尔多斯高原则是沙漠、戈壁广布的荒漠高原。南部有断陷平原和盆地，河套平原有"塞上江南"之称，是引黄河水灌溉的重要农业区。

内蒙古高原

中国四大盆地位置图

✤ 中国的盆地

　　盆地是指四周高中部低的似盆状地形区。盆地一般均为地质构造的断陷区域。我国盆地数量多，分布广，大小差异很大。其中面积超过100 000km^{2}的大盆地有塔里木盆地、准噶尔盆地、柴达木盆地、四川盆地，被称为我国的四大盆地。除柴达木盆地在第一阶梯上之外，其余三个盆地均在第二阶梯上。除四川盆地为季风区的外流盆地外，其余则为气候干旱的内流盆地。各盆地物产丰富，矿产资源种类多，储量大。

塔里木盆地

　　塔里木盆地位于新疆南部，天山、帕米尔高原和昆仑山、阿尔金山环绕，东部与戈壁和疏勒河谷相接，平面呈菱形，是中国最大的内陆盆地，东西长约1 500km，南北最宽处约为600km，面积5.3×10^{5}km^2。地势西南高东北低，海拔1 000m左右，内部比较平坦，从外向内依次为砾石戈壁—洪积冲积平原—沙漠的环状地貌。高山山麓的砾石戈壁地带，地表由粗砂和砾石组成，水流暗伏，景色荒凉。进入平原区，河流出露，水源充足，为灌溉绿洲，也是古代"丝绸之路"上沟通亚欧大陆的一段"绿色通道"。中部的塔克拉玛干沙漠是我国面积最大的沙漠，沙丘、沙垄、沙山一望无际，低洼处形成盐湖沼泽。位于盆地北缘的塔里木河，是我国最大的内流河。

准噶尔盆地

　　准噶尔盆地位于新疆北部，阿尔泰山脉与天山山脉之间，是中国第二大盆地。盆地东西长1 120km，南北最宽处约800km，面积约3.8×10^{5}km^2，平面呈不等边三角

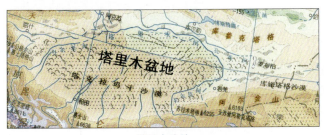

塔里木盆地

准噶尔盆地

形，内部海拔500～1 000m，东高西低。西南部的艾比湖湖面海拔189m，是准噶尔盆地的"盆底"。中部是古尔班通古特沙漠，中国第二大沙漠，固定和半固定沙丘占优势，多风蚀地貌。盆地边缘为山麓绿洲，南缘冲积扇平原广阔，是新垦农业区。

柴达木盆地

柴达木盆地位于青海省西北部，是青藏高原上的陷落盆地，昆仑山脉、祁连山脉、阿尔金山脉、日月山环绕，为封闭内陆盆地。盆地东西长约800km，南北宽约350km，面积约$2.0×10^5km^2$。盆底内部海拔2 600～3 000m，是中国海拔最高的高原型盆地。盆地内部大部分为戈壁、沙漠，东部多沼泽、盐湖。柴达木，蒙古语即"盐泽"之意。察尔汗盐池是中国最大的盐湖，面积约1 600km²，储盐量达250亿吨，可供全国人民食用8 000年之久。柴达木盆地还具有丰富的石油、石棉以及各种金属矿藏，被人们誉为青藏高原的"聚宝盆"。

柴达木盆地

四川盆地

四川盆地面积$1.8×10^5km^2$，是我国最大的外流盆地。盆地内部海拔多在500m以下，地势向南倾斜，南部长江沿岸降到230m左右。盆地东部有许多东北—西南走向的低山丘陵，中部为方山丘陵，主要由紫红色砂岩、页岩组成，有"紫色盆地"之称。由岷江及支流冲积而成的成都平原，像一把扇子斜铺在盆地的西部，地势低平，土质肥沃。西北部建有都江堰水利工程，灌溉便利，农业发达，是四川盆地的重要粮仓，自古有"天府之国"的美誉。

四川盆地

吐鲁番盆地

吐鲁番盆地是天山东部的山间盆地，吐鲁番是维吾尔语"低地"的意思，为一个典型的地堑盆地，大部分地面在海拔500m以下，位于"盆底"的艾丁湖湖面低于海平面154m，是我国陆地海拔最低点。盆地中部有一条东西向红色砂岩构成的低山，山上岩石裸露，夏季骄阳照射在红色砂岩上，红光反射，犹如火焰，这就是自古有名的"火焰山"。《西游记》中所写的"火焰山"神话故事，就是以此山为题材的。吐鲁番盆地盛产长绒棉、甜瓜、水果，品种优异，尤其是哈密瓜和吐鲁番的葡萄驰名中外。

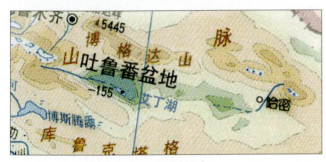

吐鲁番盆地

❖ 中国的平原

平原是指海拔较低、地势平坦的地形区，海拔多在500m以下，一般多分布在河流中下游和沿海地区，大多是由于河流泥沙冲积形成的。海拔在0～200m的叫低平原，在200～500m的叫高平原。我国平原主要分布在东部的第三级阶梯上，地势平坦，土壤肥沃，水源充足，农业发达，是我国人口、城市、经济的最主要分布区。规模较大的有三大平原，自北而南为东北平原、华北平原、长江中下游平原。此外还有内蒙古高原上的宁夏平原和河套平原，黄土高原上的关中平原及四川盆地西部的成都平原等。

东北平原

东北平原位于我国的东北部，西为大兴安岭，北为小兴安岭，东为长白山地，南临渤海，面积约$3.5×10^5km^2$，是中国面积最大的平原，海拔多在200m以下，地势低平开阔。东北部为三江平原，地处黑龙江、松花江、乌苏里江三江汇流的三角地带，大部分海拔不足50m，地势低平，排水不畅，沼泽广布。西北部是松嫩平原，南部是辽河平原，合称松辽平原，南北长

中国三大平原位置图

1 000km，东西宽400km，是东北平原的主体，海拔在250m以下。松嫩平原地势略高，海拔120~200m，为缓岗浅谷的波状起伏地形。辽河平原海拔在50m以下，地势低平，滨海和河口有沼泽盐碱地。东北平原地势坦荡，黑土肥沃，是我国十分重要的粮食产区。

东北平原

华北平原

华北平原是中国第二大平原，西起太行山脉和伏牛山地，东到黄海、渤海和山东丘陵，北起燕山山脉，西南到桐柏山和大别山，东南至苏、皖北部，与长江中下游平原相连，面积约$3.1 \times 10^5 km^2$。华北平原由黄河、淮河、海河冲积而形成广袤的冲积平原，故又称黄淮海平原。华北平原由西部缓斜平原、中部低平原和滨海平原三部分组成，大部分海拔在50m以下，地势低平，东部滨海平原海拔在10m以下。华北平原气候温和，土地平坦，开发历史悠久，自古号称"中原大地"，工农业发达，人口稠密，是我国重要的粮棉产区和政治、文化、交通中心。

华北平原

长江中下游平原

长江中下游平原位于长江三峡以东，北接淮阳低山和华北平原，南接江南丘陵与浙闽丘陵。沿长江干流东西延伸，呈宽窄不等的狭长带形，主要由长江及其支流的泥沙冲积而成，面积$1.9 \times 10^5 km^2$。长江中下游平原地势低平，海拔大部分在50m以下，主要部分有湖北的江汉平原、湖南的洞庭湖平原和江西的鄱阳湖平原及长江三角洲，其中长江三角洲海拔在10m以下，河汊纵横交错，湖荡星罗棋布，有"水乡泽国"之称。这里热量丰富，雨水充沛，土肥水足，农业生产发达，素称"锦绣江南""鱼米之乡"。

长江中下游平原

❖ 中国的丘陵

丘陵是指海拔一般在500m以下，相对高度不超过200m，起伏不大，坡度较缓的地形区。我国丘陵地形分布十分广泛，约占土地总面积的10%。在我国的山地、高原和盆地的边缘地带均有丘陵分布，特别在东部第三级阶梯地区相当多见，主要有吉东低山丘陵、辽东低山丘陵、辽西低山丘陵、山东丘陵、江淮丘陵、江南丘陵、闽浙丘陵、两广丘陵、川东丘陵。丘陵地区地貌多样，山峦起伏，谷盆相间，林木茂密，村庄错落，风景独秀。尤其是一些名山奇岭，成为举世瞩目的风景区。

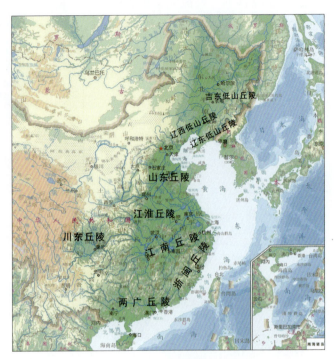

中国丘陵位置图

辽东丘陵

辽东丘陵位于辽宁省东部的辽东半岛上，西临渤海，东靠黄海，南面隔渤海海峡与山东半岛遥遥相望，面积约33 500km²。辽东半岛是长白山脉的南延部分，其主干是千山山脉，自东北向西南斜贯，长约340km，地势逐渐降低，由海拔1 000m降至200m以下，延伸入海，成为辽东半岛的脊梁。千山山脉的东西两侧为海拔400m以下的丘陵地形，面积广大。辽东丘陵为古老岩系构成的断块低山丘陵。山中奇峰叠起，塔寺棋布，共有峰峦999座，自古有"无峰不奇，无石不峭，无寺不古"之誉。

辽东丘陵

山东丘陵

山东丘陵位于黄河以南，大运河以东的山东半岛上，是山东省中部和东部低山丘陵的总称，由胶东丘陵、胶莱谷地和鲁中南丘陵组成。胶东丘陵又称崂山丘陵，较高的花岗岩山丘海拔600m左右，其间的浅丘广谷不足200m。鲁中南低山丘陵为一盾形高地，北部突兀在丘陵之上的少数山峰海拔在500~1 000m，虽海拔高度不大，但气势雄伟，如东岳泰山海拔1 524m，巍峨挺拔，自古就有"登泰山而小天下"之誉。鲁中南丘陵西南边缘形成许多湖泊，如东平湖、独山湖、微山湖等，分布的方山丘陵当地称为"崮子"，如孟良崮、抱犊崮等。山东丘陵是我国温带水果的重要产地，如烟台苹果、莱阳梨等都非常著名。

山东平阴县洪范池镇

江南丘陵

江南丘陵是长江以南、南岭以北、武夷山和天目山以西、雪峰山以东区域的丘陵总称，包括湘、赣两省中南部和浙西、皖南地区的大片低山和丘陵，面积约$3.7 \times 10^5 km^2$，海拔多在200~600m之间，地势起伏和缓，谷底宽广，丘陵中多名山大川，山岭海拔多在1 000m左右，主要山脉有浙西的天目山、皖南的黄山等。江南丘陵红色盆地众多，丹霞地貌发育。低山、丘陵生长亚热带林木，马尾松林、杉木林和毛竹林广布，也是我国茶叶生产的主要地区。

江南丘陵

东南沿海丘陵

东南沿海丘陵是我国东南沿海一带低山、丘陵的总称，由浙闽丘陵和两广丘陵组成，地势西北高东南低，多红岩盆地，物产主要为热带和亚热带作物。沿海岸线漫长曲折，多岛屿和天然良港。浙闽丘陵是指杭州以南、福建全省、广东东北的丘陵山地，包括雁荡山、武夷山、天目山、仙霞岭、括苍山、戴云山等低山丘陵，海拔200~1 000m，少数山峰超过1 500m。大部分由火山流纹岩组成，经过风化、侵蚀形成雁荡山、天台山等名峰，丘陵海拔一般为50~200m，呈波状起伏。两广丘陵又称岭南丘陵或华南丘陵，指南岭以南的低山、丘陵，广东境内多为花岗岩丘陵和红色砂岩丘陵，广西境内以石灰岩丘陵为主，地势较低，多在200~400m，以丘陵、宽谷为主，少数山地可达1 000m左右。

复杂的地貌

喀斯特地貌

黄土地貌

冰川地貌

风沙地貌

火山地貌

丹霞地貌

重力地貌

海岸地貌

三角洲地貌

复杂的地貌

❋ 喀斯特地貌

　　喀斯特地貌又称岩溶地貌，是指可溶性岩类在水的溶蚀作用和伴随的机械作用下，形成的地表和地下的各种地貌形态。"喀斯特"一词源于克罗地亚伊斯特拉半岛上的喀斯特石灰岩高原。

　　喀斯特地貌的地表形态，随水的溶蚀作用的强弱而不同，初始阶段溶蚀形成崎岖不平、犬牙交错的石芽与石沟（大型石芽被称为石林），进一步溶蚀形成高差加大的峰丛、峰林和孤峰，溶蚀的最后阶段，石灰岩山峰减少形成溶蚀洼地、溶蚀平原。同时地表岩溶地貌还具有落水洞、漏斗、竖井（大型竖井被称为天坑）、天生桥等地貌形态。岩溶地貌的地下形态主要为各种形式的溶洞，溶洞中有钟乳石、石笋、石瀑布、石幔、石柱等地貌类型，同时形成地下河、地下湖、地下瀑布、地下泉等。

　　中国喀斯特地貌分布广泛，类型之多，为世界罕见。广西、贵州、云南等地广泛分布着各种形态的喀斯特地貌，是世界上喀斯特地貌发育最典型的地区之一。

喀斯特地貌——石林

桂林—阳朔山水

以山水甲天下著称的桂林—阳朔一带，是一种喀斯特中度溶蚀而发育的峰林谷地和孤峰平原，也是亚热带喀斯特地形的典型代表，主要是以峰丛、峰林、孤峰、溶蚀洼地、天生桥等地表喀斯特景观著称于世，获得"桂林山水甲天下，阳朔山水甲桂林"的赞誉。这里的山，平地拔起，千姿百态；漓江的水，蜿蜒曲折，明洁如镜；山多有洞，无洞不奇，洞幽景奇，瑰丽壮观；洞中怪石，鬼斧神工，琳琅满目，于是形成了"山清、水秀、洞奇、石美"的桂林"四绝"，百里漓江，百里画卷，美不胜收。

桂林—阳朔山水

织金洞

织金洞

织金洞位于贵州织金县城东北，是我国著名的喀斯特溶洞型风景名胜区，洞中遍布石笋、石柱、石芽、石钟乳等40多种堆积物，形成千姿百态的岩溶景观。洞道纵横交错，地下湖错置其间，钟乳石丰富多彩。金洞既是一座地下艺术宝库，又是一座岩溶博物馆，被誉为"岩溶瑰宝""溶洞奇观""溶洞之王"。最大的景观是金塔宫内的塔林世界，在16 000m²的洞厅内，耸立着100多重金塔银塔，隔成11个厅堂，塔林之间石笋、石藤、石幔、石帏、石钟、石鼓、石柱遍布，与塔群遥相呼应。

大石围天坑群

大石围天坑群位于广西乐业县同乐镇刷把村，是世界上罕见的旅游奇观，被称为"天坑博物馆""世界岩溶胜地"。大石围天坑垂直深度约613m，东西宽约600m，是一处典型的喀斯特竖井奇观，集独特奇绝的地下溶洞、地下原始森林、珍稀动物及地下暗河于一体。天坑底部林中有洞，洞中有河，河流湍急，地下溶洞中巨大的石笋、石柱、石瀑、石帘等千姿百态，晶莹剔透，令人惊叹。

大石围天坑

黎平天生桥

黎平天生桥位于贵州省黎平县德凤镇，是目前发现的最大天然石拱桥，不假人工，天设地造，其拱形完整，拱腹圆滑光洁，宏伟壮观。据实测，该桥面平均宽度118m，跨度103.71m，腹至正常水面高度33.64m，无愧于"世界之最"的称号。桥下河水终年流淌不息，清澈见底。桥上林木丛生，郁郁葱葱。天生桥桥身有石洞数个，洞中有无数蝙蝠栖息其中。桥顶和桥壁两侧的石柱、石笋、石岩，千姿百态。绝壁之上，古松怒立，植被葱茏，环境幽深绝伦。

黎平天生桥

❋ 黄土地貌

黄土地貌是发育在黄土地层（包括黄土、状土）上的地表形态。黄土是第四纪时期在风力作用下形成的陆相淡黄色粉砂质土状堆积物，具有多空隙、富含碳酸钙、垂直节理发育、渗水性强、易湿陷等特点。在流水侵蚀、重力崩塌等作用下，呈现出沟壑纵横、支离破碎的地表形态。黄土地貌类型主要有黄土沟间地貌（包括黄土塬、梁、峁、垌地、坪地等）、黄土沟谷地貌（有细沟、浅沟、切沟、悬沟、冲沟、坳沟、河沟等）和黄土潜蚀地貌（陷穴、黄土桥、黄土柱等）。中国是世界上黄土分布最广、厚度最大的国家，其范围北起阴山山麓，东北至松辽平原和大、小兴安岭山前，西北至天山、昆仑山山麓，南达长江中、下游流域，面积约$6.3 \times 10^5 km^2$。其中以黄土高原地区最为集中，占中国黄土面积的72.4%，发育了世界上最典型的黄土地貌。

黄土地貌

黄土塬

黄土塬为黄土沟间地貌的主要类型之一，平坦而宽阔，塬面倾斜不足2°，塬边倾斜3°～5°，周围被沟谷深切环绕，是未经破坏、保存完整、接近原始的黄土沉积地面。目前面积较大的塬有陇东董志塬、陕北洛川塬和会宁白草塬。塬的成因多样：在山前倾斜平原上黄土堆积所成，如秦岭中段北麓和六盘山东麓的缓倾斜塬（称为靠山塬）；河

黄土塬

流高阶地被沟谷分割黄土堆积而成，如晋西乡宁、大宁一带的塬；在平缓分水岭上黄土堆积形成，如延河支流杏子河中游的杨台塬；在原来缓倾斜平地、盆地上黄土堆积形成，如董志塬、洛川塬。黄土塬顶面平缓，水土侵蚀微弱，是黄土高原地区重要的农业耕作区。

黄土梁

黄土梁为长条状的黄土高地。黄土梁的顶部宽度不大，横剖面略呈穹状，延伸长度不等，由几十米到数百米至数千米，梁的坡度多在1°~5°之间，梁顶以下有明显的坡折。梁顶倾斜者为斜梁，梁顶平坦者为平梁，丘与鞍状交替分布的梁称为峁梁。平梁多分布在塬的外围，是黄土塬为沟谷分割生成，又称破碎塬。六盘山以西黄土梁的走向，反映了黄土下伏地层构成的古地形走向，其梁体宽厚，长度可达数千米至数十千米；六盘山以东黄土梁的走向和基岩面起伏的关系不大，是黄土堆积过程中沟谷侵蚀发育的结果。

黄土梁

黄土峁

黄土峁

黄土峁为沟谷分割的穹状或馒头状黄土丘陵，平面上呈椭圆或圆形，峁坡多成凸形坡，坡度可达20°左右。峁顶的面积不大，以3°~10°向四周倾斜，并逐渐过渡为坡度为15°~35°的峁坡。若干个峁大体排列在一条线上的为连续峁，大多是河沟流域的分水岭，由黄土梁侵蚀演变而成。单个的叫孤立峁，或者是黄土堆积过程中侵蚀形成，或者是受黄土下伏基岩形态控制形成。

黄土潜蚀地貌（黄土柱、桥、陷穴等）

黄土潜蚀地貌是由于流水沿着黄土中的裂隙和孔隙下渗时，对黄土中的碳酸钙产生溶解侵蚀，破坏了黄土的原有结构或使土粒流失、产生洞穴，最后引起地面崩塌所形成的地貌形态总称。黄土碟为湿陷性黄土碟形洼地，由流水下渗侵蚀黄土，土层逐渐压实，形状为圆形或椭圆形，深至数米，直径10~20m，常形成在平缓的地面上。黄土陷穴为黄土区土粒流失而形成的地下空

黄土潜蚀地貌

间，由流水沿黄土层节理裂隙进行潜蚀作用而成。黄土柱为黄土沟边残留的柱状土体，由流水不断地沿黄土垂直节理进行侵蚀和潜蚀以及黄土的崩塌作用形成，高度一般为几米到十几米。

❄ 冰川地貌

在高寒地区，积雪在厚度增加的重压下，逐渐变为具有可塑性的冰川冰，并在重力作用下缓慢流动，就形成了的"冰的河流"——冰川。按冰川所处的位置、形状和规模，可分为大陆冰川和山岳冰川两种。中、低纬度的高山雪线以上形成的冰川称为山岳冰川。按冰川的补给、消融和运动速度，可以分为海洋性冰川和大陆性冰川。我国的现代冰川全为山岳冰川，大部分属于大陆性冰川。

由于冰川形成、运动、消融过程中的侵蚀、搬运、堆积作用，而塑造的地貌就被称为冰川地貌，按成因分为冰蚀地貌和冰碛地貌两类。冰蚀地貌一般分布于冰川上游，即雪线以上位置，形态类型有角峰、刃脊、冰斗、冰坎、U形谷、峡湾、冰蚀洼地、冰川槽谷及羊背石、冰川刻槽等。冰碛地貌分布于冰川下游，形态类型包括终碛堤、侧碛堤、中碛堤、冰碛丘陵、冰碛台地和底碛平原、鼓丘、漂砾扇，以及由冰水沉积物组成的冰砾阜、蛇形丘、冰水阶地台地和冰水扇等。地球陆地表面有11%的面积为现代冰川覆盖，主要分布在极地、中低纬的高山和高原地区。第四纪冰期，大陆冰盖连绵分布，给地表留下了大量古冰川地貌遗迹。

冰川角峰、刃脊和U形谷景观

中国冰川分布

我国是世界上中低纬度现代冰川最发育的国家之一，大致分布于东经104°（四川九寨沟雪宝顶）以西至帕米尔高原，北纬27°（云南丽江玉龙雪山）以北至阿尔泰山之间的极高山、高山地区，冰川总面积约58 651km²，占亚洲冰川总面积的40%。我国冰川海拔多在5 000m以上，其中80%为大陆性冰川。大陆性冰川主要分布在阿尔泰山、天山西段、喀喇昆仑山、喜马拉雅山西段和中段北坡、念青唐古拉山嘉黎以西地段、唐古拉山东段、巴颜喀拉山、阿尼玛卿山和祁连山东段。海洋性冰川主要分布在念青唐古拉山嘉黎以东地段、川西滇北的横断山脉以及喜马拉雅山东段。天山和昆仑山冰川数量最多，天山山脉冰川数量约占冰川总数的21.7%。

青藏高原冰川面积占西部冰川总面积的82.6%。我国最长的冰川是天山山脉库马里河上游的南依诺列切克冰川，长63.5km。世界第二高峰乔戈里山峰北侧的音苏盖提冰川，是我国境内的第二大冰川，长41.5km。

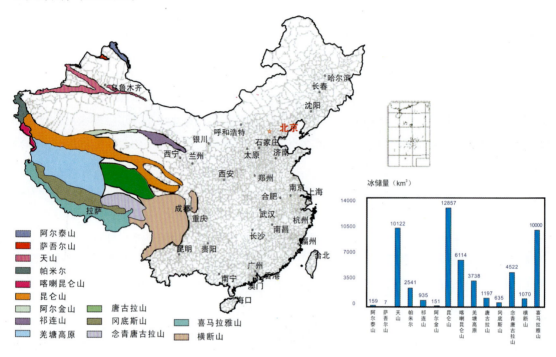

阿尔泰山
萨吾尔山
天山
帕米尔
喀喇昆仑山
昆仑山
阿尔金山　唐古拉山
祁连山　冈底斯山
羌塘高原　念青唐古拉山
喜马拉雅山
横断山

冰储量（km³）

中国冰川分布图

绒布冰川

　　绒布冰川地处珠穆朗玛峰，海拔5 300~6 300m的广阔地带。这里是我国大陆性冰川的活动中心，大小冰川多达217条，其中最大、最为著名的是多条山谷冰川相汇合的复式山谷冰川——绒布冰川，全长22.4km，冰舌平均宽14km，面积达86.89km²。冰川的补给主要靠印度洋季风带来的降水形成。冰川上有千姿百态、瑰丽罕见的冰塔林、冰茸、冰桥等，千奇百怪，美不胜收，又有高达数十米的冰陡崖和步步陷阱的明暗冰裂隙，还有险象环生的冰崩雪崩区。

绒布冰川

海螺沟冰川

海螺沟冰川

海螺沟冰川是贡嘎山东坡众多冰川中的一条，是地球上同纬度的海拔最低的冰川。冰川长14.7km，面积16km²，最高海拔6 750m，最低海拔2 850m，落差达3 900m。冰川如同一条银色的长龙，从贡嘎山上飞奔而下，浩浩荡荡，气势磅礴。在U形峡谷里伸入落叶松林达6km，形成冰川与森林共生的奇绝景观。冰川上有我国至今发现的最高最大冰瀑布，是黄果树瀑布的15倍，气势宏伟壮观。

✤ 风沙地貌

风沿地表运动时，会对地表松散物产生侵蚀、搬运和堆积等作用，由此形成的地貌称为风沙地貌。因为风的吹蚀、磨蚀而形成的地貌为风蚀地貌，主要类型有风蚀壁龛、风蚀蘑菇、风蚀柱、风蚀谷、风蚀洼地、风蚀残丘、风蚀城堡、雅丹地貌等。因为风力搬运物质的堆积而形成的地貌被称为风积地貌，由于风力的搬运作用具有强烈的分选性，往往以物源区为中心依次形成戈壁、沙漠和黄土堆积。狭义的风积地貌指沙状物质堆积形成的沙漠地貌。风沙地貌主要分布在干旱气候区，那里日照强，昼夜温差大，物理风化强烈。降雨少而蒸发量大，植被稀疏矮小，地表裸露，风大而频繁，风力作用就成为塑造地貌的主要外力。我国的风沙地貌在北方干旱、半干旱地区分布广泛，其中以新疆、内蒙古的面积最广，地貌类型最丰富。

风蚀城堡

风蚀城堡是风蚀地貌的奇特地表景观之一，大部分见于岩性软硬相间（主要是砂岩和页岩相间）、近似水平产状的沉积岩分布的地区。这些沉积岩垂直裂隙发育，在强劲风力的长期吹蚀下，形成了许多层状墩台，相对高度多为10~30m，墩台顶部平坦，周边见棱见角，如砌如筑，远望似乎是人工堆砌城堡的残迹，故称风蚀城堡。准噶尔盆地西北部的乌尔禾"风城"最为典型。每当大风起兮，城堡中发出怪异奇特的吼声，人们形象地称其为"魔鬼城"。

风蚀城堡地貌

雅丹地貌

雅丹地貌形成于湖积平原上。干涸的湖盆底部，巨厚的土状沉积物发生龟裂，盛行风不断吹蚀使裂隙和空间扩大，形成与盛行风向平行、宽浅不一、相间排列的风蚀垄岗和风蚀沟槽，地表支离破碎，崎岖不平。该种风蚀地貌在新疆罗布泊附近的雅丹地区最为典型，故称其为雅丹地貌。雅丹一词源于维吾尔语，是"险峻的土丘"之意。

雅丹地貌

沙漠

沙漠是指覆盖大量沙质物质的地表形态，是最主要的风积地貌类型。一般以为沙漠荒凉无生命，有"荒沙"之称，因此沙生动植物往往具有奇特性和神秘性。沙漠的沙体形态多样，按照几何形态有新月形沙丘、抛物线沙丘、梁窝状沙丘、格子状沙丘、蜂窝状沙丘、金字塔沙丘以及各种沙丘链、沙垄等，极具观赏性。沙漠的风沙移动往往侵袭耕地、村庄、道路，治理沙漠是沙区人们不懈奋斗精神的真实写照。我国是世界上沙漠最多的国家之一，主要分布于北方地区，广袤千里，呈一条弧形带绵亘于西北、华北和东北的土地上。

中国沙漠位置图

库布齐沙漠

戈壁

戈壁是指地势起伏平缓、地面覆盖砾石的荒漠，是荒漠的一种类型，是因为地面的细砂质、黏土质的物质已被风刮走，剩下粗大的砾石残留地面，因而为砾质荒漠或石质荒漠。这些砾石因为受挟带砂粒气流的磨蚀，呈现带有棱角的石块，表面有毛细管带出的黑色铁锰沉淀物，在戈壁阳光下发出油漆一样的闪亮，被称为荒漠岩漆。戈壁地面上缺水，植物稀少，景色荒凉。我国的戈壁主要分布在干旱区盆地的边缘、山地的山麓地区。

戈壁

塔克拉玛干沙漠

塔克拉玛干沙漠位于塔里木盆地的腹部，东西长约1 000 km，南北宽约400km，总面积337 600km^2，是中国最大的沙漠，"塔克拉玛干"就是"山下面大荒漠"的意思，被称为"死亡之海"。塔克拉玛干沙漠的流动沙丘面积占80%以上，沙丘高度一般在70~80m，最高达300m左右。沙丘类型复杂多样，复合型沙山和沙垄宛若憩息在大地上的条条巨龙，金字塔型沙丘群呈蜂窝状、羽毛状、鱼鳞状。变幻莫测沙漠中有两座红白分明的高大沙丘，名为"圣墓山"，分别由红沙岩和白石膏组成，山上的风蚀蘑菇，奇特壮观。

塔克拉玛干沙漠

古尔班通古特沙漠

古尔班通古特沙漠位于准噶尔盆地的中部，是中国的第二大沙漠，面积48 800km^2。该沙漠分为四个部分：西部为索布古尔布格莱沙漠，东部为霍景涅里辛沙漠，中部为德佐索腾艾里松沙漠，其北部为阔布北—阿克库姆沙漠。和塔克拉玛干沙漠不同，古尔班通古特沙

古尔班通古特沙漠

漠绝大部分为固定和半固定的沙丘，其面积占整个沙漠面积97%，形成中国面积最大的固定、半固定沙漠。固定沙丘上植被覆盖度40%～50%，半固定沙丘达15%～25%，沙漠内植物种类较丰富，可达百余种。沙漠下蕴含着丰富的石油资源。彩南油田是中国投入开发的第一个百万吨级自动化沙漠整装油田。

腾格里沙漠

腾格里沙漠是我国第四大沙漠，位于内蒙古自治区阿拉善左旗西南部、甘肃省中北部和宁夏西端。沙漠南越长城，东抵贺兰山，西至雅布赖山，面积约36 700km²，海拔1 200～1 400m。"腾格里"为蒙古语，意为茫茫流沙如渺无边际的天空。沙漠内部沙丘、湖盆、盐沼、草滩、山地及平原交错分布。沙漠中有大小湖盆422个，其中有251个积水，主要为泉水补给和临时集水，大部分为第三纪残留湖，是居民的主要聚居地。1958年开始在沙漠的南端沙坡头进行治沙工作，营造防护林带成百条，封沙育草，从而使通过沙漠的包兰铁路通行无阻，是中国治沙的一项巨大成就。

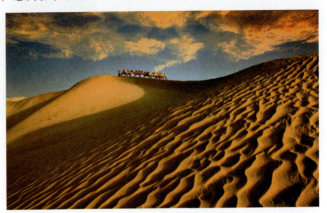

腾格里沙漠

✿ 火山地貌

火山地貌泛指地壳内部岩浆喷出而形成的各种地貌形态。岩浆喷发时，有大量的气体、液体和固体物质，通过火山通道（火山喉管）从地壳深部喷发出来。大量的固体物质随气体喷到空中再落到地面堆积，岩浆流动凝结，逐层叠加由此形成锥形山体，被称为火山，是火山地貌的主要形式。除此而外，岩浆喷发还可以形成熔岩丘陵、熔岩垄岗、熔岩台地、熔岩高原以及熔岩洞穴、熔岩堰塞湖、火口湖等，都属于火山地貌之列。流动性大的岩浆形成的火山锥坡度和缓为盾形火山，流动性差的岩浆形成的火山锥坡度较大为锥形火山，黏性极大的岩浆则形成穹状火山或钟状火山，后续的岩浆喷发冲破了原有的火山口壁形成马蹄形火山口为破火山，大型火山锥体上形成新的火山口并喷发则形成寄生火山。

火山的形成

在距地表50～250km的地球内部，岩石在一定温度压力条件下产生熔融并与母岩分离，形成富含挥发性成分、具有一定流动性、高温黏稠的岩浆，通过地壳岩石的孔隙或裂隙等薄弱地带向上运移。如果上覆岩层致密结实，岩浆运动就会停止，并逐渐冷却凝结成固体岩石。如果地壳覆盖层的强度不足，岩浆将通过薄弱带冲破地壳喷出地表，由此形成火山喷发。岩浆通过地壳的裂隙在大范围内漫溢出地表为裂隙式喷发，多形成熔岩台地、熔岩高原。岩浆沿着一定的管形通道喷发出地表为中心式喷发，可以形成各种火山锥，又可以分为宁静式中心喷发和爆炸式中心喷发，前者岩浆中挥发性成分较少表现为岩浆从火山口漫溢向四周，后者富含挥发性气体表现为突然的剧烈爆炸喷发。

火山构造图

火山的类型

根据火山活动情况，分为活火山、休眠火山和死活山。活火山指有史以来有过活动或周期性发生喷发的火山，我国近期火山活动以台湾岛大屯火山群的主峰七星山最为有名。死火山指史前曾喷发过，但有史以来一直未活动过的火山。休眠火山指有史以来曾经喷发过，但长期以来处于相对静止状态的火山。如我国白头山天池，曾于1327年和1658年两度喷发，目前虽然没有喷发活动，但从山坡上一些深不可测的喷气孔中不断喷出高温气体。

休眠火山——白头山天池

中国火山群位置分布图

火山分布

全世界有516座活火山，其中69座是海底火山，主要分布在环太平洋火山带、地中海—喜马拉雅—印度尼西亚火山带、大洋中脊火山带和红海—东非大陆裂谷火山带。以太平洋地区最多。我国的火山可分为两个带：东部火山活动带属于环太平洋火山带的组成部分，主要形成了五大连池火山群、长白山火山群、镜泊湖火山群、锡林郭勒火山群、大同火山群、大屯火山群、雷琼火山群；西部火山活动带属于地中海—喜马拉雅火山带的组成部分，主要形成了腾冲火山群、昆仑山火山等。我国境内的新生代火山锥约有900座，以东北和内蒙古的数量最多，有600～700座。最近一次喷发的火山是位于新疆于田县的卡尔达火山。

大同火山群

大同火山群

大同火山群是我国第四纪火山群之一，分布于大同盆地东部，在约900km²范围内拥有30余座完整漂亮的火山锥体。大同火山群锥体大部是由熔岩和火山碎屑物组成的层状火山锥，熔岩主要为基性橄榄玄武岩。火山喷出物常夹于更新世古大同湖的湖相沉积物中，也见于古桑干河的冲积物、风积物、坡积物以及黄土层中。最为著名者如金山、黑山、狼窝山、阁老山、双山、马蹄山、老虎山和昊天寺山等。

五大连池火山群

五大连池火山群位于黑龙江省北部五大连池市境内，地处小兴安岭西侧中段，拥有14座火山锥，其中12座属于史前喷发的火山，两座是1719—1721年（清康熙五十八年至六十年）喷发的火山。后者的岩浆喷发，堵塞了白河而形成5个相连的堰塞湖，故称五大连池。这群火山是至今仍在活动的火山，火山大多呈现出截顶圆锥形，少数为复合截顶圆锥形。火山锥边部大多有缺口，火山的规模一般较小。现在仍可看到火山喷发形成的熔岩地貌，火山锥、火山口、熔岩台地、熔岩堰塞湖以及绳状、枕状和球状熔岩等形态。其中药泉山火山周围，至今仍多处涌出含硫、氦等物质的泉水。

五大连池火山群

大屯火山群

大屯火山群位于台湾岛最北部，北临太平洋，南接竹东丘陵，西南与台北盆地相连，面积430km²，由16个火山喷发口造成的圆锥形山体组成。大屯山居于群山之中，海拔1 090m，顶上漏斗状的火山口，直径360m，深60m，雨季积水成湖称为"天池"。在大屯山东南有座更高大的火山，顶上有7座小峰，如七仙女下凡，亭亭玉立，故名七星山，又称阳明山，海拔1 120m，是大屯火山群中最新的火山，山顶上巨大的爆裂火口仍不断吐出硫气浓烟。小观音山，海拔1 072m，顶上火山口直径有1 100～1 300m，深300m，是大屯火山群中最大的火山口。

台湾大屯火山群

腾冲火山群

腾冲火山群位于云南省西部，腾冲县城至马站街一带，分布在南北长约87km，东西宽约33km的地

腾冲火山群

带中。腾冲地区的火山有70余座。其中打鹰山海拔达2 614m，相对高度600m，是一个多次喷发的复式火山锥。腾冲城西的马鞍山是由三个破火山口组成的葫芦状复式火山锥。腾冲地区现代火山活动的主要表现形式，为强烈的地热温泉活动。全县有79个汽泉、热泉、温泉群，都分布在火山的边缘，其中出水温度在90℃以上的有10处。硫磺塘为一直径3m的水池，水温达96℃，犹如烧开的大锅。黄瓜箐热气沟地面到处喷冒热气，沟道被雾气笼罩，溪流经过地面就被加热。澡塘河由泉流汇集而成，终年水温达40℃左右。

镜泊湖火山群

镜泊湖火山群在黑龙江省宁安县，共有13个火山口。其中火山口森林地区包括火山口森林火山、大干泡火山、五道沟火山、迷魂阵火山4个多次喷发的复式火山，喷发于一万多年前，火山锥体内壁塌陷十分陡峭，火山口内生长着茂密的原始森林。最大的3号火山口，直径约500m，深度约200m。喷发的熔岩沿沟谷倾泻而下，形成了200km²的沟谷熔岩台地。台地之下发现多条熔岩隧道，单个延伸最长者近2 000m。"洞天一品"是一个宽5～10m，高2.5～6m隧道的美称，根据通道顶、壁尚存的熔岩乳滴推测原为3号火山口的一个熔岩隧道。岩浆堵塞了牡丹江河谷，形成熔岩堰塞湖—镜泊湖和熔岩瀑布—吊水楼瀑布，都是非常著名的旅游景点。

镜泊湖—吊水楼瀑布

✣ 丹霞地貌

丹霞地貌

丹霞地貌属于红层地貌，它是指红色砂岩经长期风化剥离和流水侵蚀而发育的地貌形态。侏罗纪至第三纪时期，在内陆坳陷或断陷盆地形成了巨厚的陆相红色砂砾岩系，岩性强弱相间，岩层水平，垂直节理发育。在以后的地质构造抬升运动中，这些红色岩系经受了风化剥蚀、散流冲蚀、河流切蚀等作用过程，塑造出平顶的红色城堡式方山丘陵或单斜山地、孤立红色石峰、陡峭红色悬崖陡壁以及

各种形态的奇洞怪石，景观形象奇特，观赏价值突出。以粤北地区的丹霞山最为典型，所以称为丹霞地貌。到2008年为止，在中国已发现丹霞地貌780多处，广泛分布于全国各地，典型的代表有福建泰宁、武夷山、云南丽江老君山、贵州赤水、江西龙虎山、青海坎布拉、广东丹霞山、广西桂平白石山、四川青城山等。

川东紫红层丘陵

四川盆地是大型的红层盆地，面积达$2.6 \times 10^5 km^2$以上，盆地内为海拔400~800m的红层丘陵。盆地的紫红色泥砂岩形成于上侏罗纪到白垩纪，厚度达3 000~5 000m。白垩纪末的燕山运动，除西部发生沉陷外，中东部地层抬升，避免了以后地层的覆盖。在降水和地表水流的侵蚀下，盆地东部为北东向的梳状平行褶皱丘陵岭谷，两翼陡峻、顶部平缓的背斜山岭之间为宽平的向斜谷地；盆地中部有方山式丘陵、穹隆式丘陵、岭脊式丘陵等；盆地西部为成都平原。所以四川盆地又有"紫色盆地"之称。

丹霞山

丹霞山位于广东仁化盆地之中，历史上居广东四大名山鼎湖山、西樵山、罗浮山之首，被誉为岭南第一奇山。由红色砂砾岩构成，以赤壁丹崖为特色，因"色如渥丹，灿若明霞"称为丹霞山，是丹霞地貌的得名之地。丹霞山砂砾岩，岩性坚硬，透水性强，岩层水平，垂直节理发育，河流切割，形成峡谷环绕的岗丘，相对高差在200~400m，顶部平齐，周坡陡峭，大者为方山，小者如宝塔，高大为峰为岩，矮小为石为柱，有大小石峰、石墙、石柱、天生桥等680多座，群峰如林，疏密相生，高下参差，错落有序。地层中钙质的淋湿形成丹霞岩洞36处，悬挂于赤壁之上。锦江秀水纵贯南北，沿途丹山碧水，如一方红石雕塑园，被誉为"中国红石公园"。

武夷山丹霞地貌

武夷山的丹霞地貌以福建省西北崇安盆地最为典型。崇安盆地属于断陷倾斜盆地，总面积达99 975km²，下部为白垩纪红层，上部叠置早第三纪红层，总厚度在

丹霞山

武夷山——九曲溪

2 000m以上。经长期风化剥离和流水侵蚀，在下第三系地层上发育了完美的单斜式丹霞地貌。在九曲河沿岸，有"六六奇峰翠插天"的三十六峰，在山地东坡逆倾岩层塑造出雄伟的赤壁丹崖，崖面垂直溶沟平行密布，"三三秀水清如玉"的九曲溪横切红层多陡坎险滩，崖壁之上有层排的岩洞，河流岸边屹立的孤峰、石柱比比皆是。

武夷山——天游峰

❋ 重力地貌

重力地貌是地表风化松动的岩块和碎屑物，在重力作用下，通过块体向下运动过程而产生的各种地貌的总称。重力地貌类型分为侵蚀类型和堆积类型，前者以陡崖为主，后者主要有倒石堆、石流坡（岩屑坡）、滑坡台阶、滑坡鼓丘、泥石流扇、泥石流阶地和石冰川等。重力地貌的形成原因包括自然因素和人为因素。自然因素指地壳抬升形成相对高差，各种风化作用生成松散的地表形态，受流水侵蚀、潜蚀与溶蚀作用产生临空面而增加了岩土减力，降水下渗导致层间滑动性增大，地震使岩体、土层发生震动等。人为因素指各种经济活动，破坏了坡面的自然稳定状态。重力作用下，块体向下的运动方式有土屑蠕动、土溜、岩屑滑动、崩塌、错落、滑坡、泥石流等，大多数运动速度较快，容易发生重力地质灾害。

石流坡

我国山区面积占国土总面积的2/3，地表的起伏强化了重力作用的影响，加上人类的不合理的经济活动的扩大，地表结构遭到严重破坏，使滑坡和泥石流成为一种分布较广的自然灾害。

地质灾害

地质灾害是指在自然或者人为因素的作用下形成的，对人类生命财产、环境造成破坏和损失的地质作用（现象），如崩塌、滑坡、泥石流、地裂缝、地面沉降、地面塌陷、岩爆、坑道突水、突泥、突瓦斯、煤层自燃、黄土湿陷、岩土膨胀、砂土液化、土地冻融、水土流失、土地沙漠化及沼泽化、土壤盐碱化，以及地震、火山、地热害等。我国是世界上地质灾害多发的国家之一，灾害种类多，分布广，影响大。据统计，20世纪80年代末至90年代初，崩塌、滑坡、泥石流等15种主要地质灾害所造成的经济损失每年达100多亿元，有300~400人

地质灾害——地裂缝

死亡；90年代中期以来，每年造成死亡的人数超过1 000人，经济损失高达200多亿元。引发这些地质灾害除自然原因外，主要是人为因素。

滑坡

　　滑坡又称地滑，是指斜坡上的土体或者岩体，受河流冲刷、地下水活动、地震及人工切坡等因素影响，在重力作用下，沿着一定的滑动面或软弱带，整体地或者分散地顺坡向下滑动的自然现象。滑坡产生滑动的岩体土体为"滑坡体"，后部留下半圆形陡峭的"滑坡壁"，下滑速度的差异和分裂会形成"滑坡台阶"，前缘形成突出的"滑坡舌"，前部会因为挤压鼓起张裂为"滑坡鼓丘"，滑坡面的树木发生倾斜为"滑坡醉树"。滑坡会破坏或掩埋坡上和坡下的农田、建筑物和道路，造成人员伤亡。

秭归滑坡

泥石流

泥石流

　　泥石流是山区沟谷中，由暴雨、冰雪融水等水源激发的，含有大量的泥砂、石块的特殊洪流。泥石流中泥石体积占总体积15%以上，高者可达80%，其特征往往突然暴发，混浊的流体沿着陡峻的山沟，前推后拥、奔腾咆哮而下，地面为之震动，山谷犹如雷鸣。泥石流流动的全过程一般只有几小时，短的只有几分钟，在很短时间内将大量泥砂、石块冲出沟外，在宽阔的堆积区横冲直撞，漫流堆积，常常给人类生命财产造成重大危害。

崩塌

　　崩塌又称崩落，是指陡峻山坡上岩块、土体在重力作用下，发生突然的急剧的倾落运动。崩塌多发生在坡度大于45°以上的斜坡上。崩塌的物质，称为崩塌体，为土质者称为土崩，为岩质者称为岩崩，大规模的崩塌谓之"山崩"。崩塌可以发生在任何地带，山崩限于高山峡谷区内。崩塌体与坡体的分离界面称为崩塌面，崩塌面往往就是倾角很大的临空面，多受节理、片理、劈理、层理和破碎带的控制。崩塌体的运动方式为倾倒、崩落，碎块在运动过程中滚动或跳跃，最后在坡脚处形成堆积地貌——崩塌倒石堆。

崩塌

❋ 海岸地貌

海岸地貌是指海岸带在波浪、潮汐、洋流等海水动力作用和风力、生物作用的配合下，所形成的各种地貌的总称。根据海岸地貌的基本特征，可分为海岸侵蚀地貌和海岸堆积地貌两大类。海岸侵蚀地貌是岩石海岸在波浪、潮流等不断侵蚀下所形成的各种地貌，主要形式有海蚀岬角、海蚀拱（海穹）、海蚀穴、海蚀洞、海蚀崖、海蚀平台、海蚀柱、海蚀窗等。海岸堆积地貌是近岸物质在波浪、潮流和风的搬运下沉积形成的各种地貌，主要是各种形式的海滩、沙洲、沙堤、沙嘴等。

海岸地貌

海岸带

海岸带是海洋和陆地相互作用的地带，即由海洋向陆地的过渡地带。海岸带由三个部分组成：潮间带——高潮水位和低潮水位之间的地域，是承受海水反复淹没的地带，也是海洋水动力作用最强的地带；海岸陆地带——位于高潮水位线以上，虽然少有海水的淹没，但大气运动、地下水等也会对其生态环境产生影响的地带；水下岸坡带——低潮水位线以下的浅水部分，海浪、洋流等海水运动会对底部形态产生影响的地带。海岸带作为第一海洋经济区，其生态系统具有复合性、边缘性和活跃性的特征。

海岸类型

按照海岸的构造运动，可以划分为上升海岸和下降海岸，前者岸线多平直并在有河流注入时形成三角洲，后者多表现为海湾、岬角众多的曲折岸线。按照地质构造线与岸线的关系可以划分为纵向海岸和横向海岸，前者岸线与构造线平行多为平直岸线（有断层时成陡峭的断层海岸），后者岸线与构造线相交多见半岛、海湾、岬角相互交错的曲折岸线。按照海岸的组成物质可分为：（1）基岩海岸——岩石直逼海岸，地势陡峭，岸线曲折，水深浪大，礁石众多，海蚀地貌发育，山海相连。辽东半岛、山东半岛、杭州湾以南沿海多见此类海岸；（2）砾质海岸——属于海浪、海流作用的堆积海岸之一，岸滩组成物质为粒径（≥2mm）较大的砾石，滩面狭窄，面积较小，坡度较陡；（3）沙质海岸——岸滩由粒径较小（0.1~2mm）的细沙组成，源于河流泥沙的输入和波浪、海流的搬运，多形成于一些海湾之中或凹岸，岸滩宽长，岸坡较小，岸线较平直；（4）泥质海岸——由粒径极小的粉砂、黏土组成的岸滩，滩面广阔，岸坡平缓，岸线平直，多分布于沿海平原地区，如渤海湾西岸、江苏北部沿海等；（5）生物质海岸——包括由热带造礁珊瑚虫遗骸聚积而成珊瑚礁海岸和由红树科植物与淤泥质潮滩组合而成红树林海岸，华南沿海有一定分布。

北戴河

北戴河地处河北省秦皇岛市市区西南的渤海之滨，因戴河流经附近而得名。在长达22.5km的海岸线上，沙滩和礁石相互交错，海湾和岬角依次排开。沙滩松软洁净，堪称北方第一。礁石造型奇特，引人无限遐思。海湾浅浅碧水，浴场沙软潮平，岬角拔地而起，观鸟观海观日出，使人们产生返璞归真的感觉。北戴河夏无酷暑，冬无严寒，温和湿润，凉爽宜人，适于避暑，是一个优良的天然海水浴场。

北戴河

大连金石滩

金石滩位于大连市金马新区东南部的黄海之滨，三面环海，呈元宝状，东部半岛8km的海岸线上，浓缩了距今6亿—3亿年间的地质奇观，形成了百余处海蚀岸、海蚀洞、海蚀柱等海蚀地貌景观。这里礁石林立，形状怪异，海光山色，是一处大自然鬼斧神工雕塑的神奇世界，因此，被人们称为"神力雕塑公园"。金石滩不但拥有奇特的海蚀地貌，还有号称全国最大，长约4 000m、宽60～100m的海滨浴场，蔚蓝的大海、碧绿的草地、茂密的森林和金黄色的海滩组合成美丽的海滨风光，是国家级风景名胜区、国家级地质公园和国家级休闲度假区。

大连金石滩

北海银滩

银滩位于北海市南部海滨，西起侨港镇渔港，东至大冠沙，由西区、东区和海域沙滩区组成，东西绵延约24km，海滩宽度在30～3 000m之间，总面积约38km²。沙滩均由高品位的石英砂堆积而成，在阳光的照射下，洁白、细腻的沙滩会泛出银光，故称银滩。北海银滩度假区内，海域海水纯净，陆岸植被丰富，环境优雅宁静，空气格外清新，以"滩长平、沙细白、水温净、浪柔软、无鲨鱼"为特点，被誉为"中国第一滩"。可容纳国际上最大规模的沙滩运动娱乐项目和海上运动娱乐项目，是我国南方最理想的滨海浴场和海上运动场所。

北海银滩

海南亚龙湾海滩

亚龙湾海滩位于海南三亚市东南，三面青山相拥，一面呈月牙形向大海敞开。沙滩平缓宽阔，绵延超过7 000m，浅海区宽达50~60m。沙粒洁白细软，蔚蓝的天，蔚蓝的海，海天交融，景色壮丽。海水清澈，能见度7~9m，是个理想的纯天然没有污染的海滨泳场。亚龙湾年均气温25.5℃，终年可进行海水浴、日光浴、沙滩活动、潜水和多种水上运动。亚龙湾的沙子是珊瑚和贝壳风化后形成的沙滩，平缓宽阔，洁白细软，还建有贝壳馆、蝴蝶谷等，将海洋文化和热带文化充分地展示出来。

海南亚龙湾海滩

三角洲地貌

三角洲又称河口平原，是河水从上游挟带的大量泥沙在河口堆积而形成的特殊地貌。三角洲的形成必须具备两个条件：一是河流来沙量比较丰富，为三角洲形成提供物质基础；二是河口附近无强大的波浪和海流作用，泥沙不会被挟带搬运。三角洲一般的平面形状呈三角形，指向上游的三角洲起点为顶点，面向海洋的岸线为底边。但是由于河流水文的差异、河口地质构造运动的不同和海洋水文的作用，三角洲往往呈现多种形态。尖头形三角洲：底边呈向海洋延伸出的尖头凸出，它是河流以一个主水道入海，泥沙不断堆积延伸的结果，如长江三角洲。扇形三角洲：河流在三角洲分散为众多的河汊和水道，从顶点向海呈放射状水系，三角洲岸线的底边成弧形向海推进，如黄河三角洲。鸟爪形三角洲：河口无强大沿岸流和海潮作用，河流挟带丰富泥沙，并分成几股入海，分流水道向海延伸出很长的沙嘴、沙堤，整体如鸟爪，如密西西比河三角洲。三角洲是地质变迁、沧海桑田的历史见证者，也是世界各国经济、文化发展最活跃的地区之一，土层深厚，水网密布，表面平坦，土质肥沃，有利于农耕文化的发展。三角洲地区对形成石油和天然气也相当有利，世界上许多著名的油田都分布在三角洲地区。因此又有“黄金三角洲”之称。

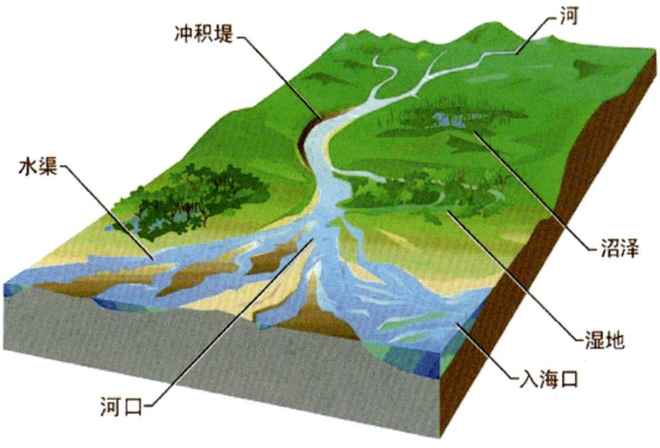

三角洲

长江三角洲

长江三角洲的顶点位于镇江、扬州一带，北至小洋口，南临杭州湾，面积约50 000km²，是长江中下游平原的一部分，海拔多在10m以下，间有海拔200~300m的低丘（如惠山、天平山、虞山、狼山等）散布。长江三角洲是由长江带下的大量泥沙堆积而成的。在距今大约两三千万年前，长江口地区还是一个三角形的港湾，水面辽阔，潮汐很强。长江每年带下的4.8亿吨泥沙要向大海倾泻，由于入海口的流速减小，使得大部分泥沙在河口地区逐渐沉积下来，最终形成一个尖头形三角洲。长江三角洲属亚热带季风气候，雨量充沛，水道纵横，湖荡棋布，向有水乡泽国之称。土地肥沃，农业产水稻、棉花、小麦、油菜、花生、蚕丝、鱼虾等，是中国人口最稠密的地区之一。在长江下游和沪宁线两旁有许多重要城镇，如上海、苏州、常州、无锡、镇江、扬州、泰州、南通等。其中，上海是中国最大的工商业城市，世界著名的外贸港口，苏州、无锡等是风景游览地和新兴的工业城市。

长江三角洲示意图

黄河三角洲

黄河三角洲地处渤海之滨的黄河入海口，是黄河携带的大量泥沙沉积而成。黄河是一条多沙河流，中上游每年的输沙量达到16亿吨，其中12亿吨经河口入海，使黄河三角洲成为生成最快的三角洲。现在的黄河三角洲是1855年黄河由大清河河道入海形成的，以宁海为顶点，北到徒骇河口，南到小清河口，150多年泥沙堆积，面积已经达5 500km²。黄河三角洲呈现典型的扇形三角洲形态，形成了大致以西南—东北方向为轴，以黄河河系为骨架，中间高两侧低，倾斜凸于渤海之滨的扇形平原。整个三角洲地带地势海拔

黄河三角洲示意图

在10m以下，平缓舒展，无大起伏和大沟壑，扇面内有缓岗、河滩高地、浅平洼地、微斜平地、海滩低地等微地貌类型，点缀在平缓的黄河三角洲上。黄河三角洲地区海拔4m以上部分，土壤脱盐较好，已经发展为农耕区，但4m以下的沿岸低地土壤盐渍化还比较严重为荒地。黄河三角洲拥有丰富的石油资源，其开发利用对国民经济发展具有重要意义。

珠江三角洲

珠江三角洲是由西江、北江共同冲积成的大三角洲与东江冲积成的小三角洲组成的放射形汊道复合三角洲，呈倒置三角形，面积约11 000km²，平均海拔50m左右。三角洲平原上坡度平缓，河道纵横，散布有160多个基岩孤丘，是一个发育在海湾内的丘陵性三角洲平原。珠江流域每年的来沙量仅有1亿吨左右，但海湾四周有山地丘陵包绕，台风、风暴潮侵袭不强，又是多岛屿的浅海湾，有利于泥沙沉积。目前三角洲较大的水道近百条，分别由八个口门入海，各个口门分水分沙条件不同，海岸的淤涨速度不一，快者每年可达百米，慢者每年不足十米。

珠江三角洲示意图

季风性气候

季风

气温

降水

气候类型

气象与气象灾害

季风性气候

✿ 季风

　　季风是指在大范围区域内，冬、夏季盛行风向相反或接近相反的现象。季风形成的主要原因是海洋与陆地之间热力性质的季节性差异，引起气压差的季节性变化：夏季海洋温度低气压高，陆地气温高气压低，导致风从海洋吹向陆地；冬季则相反，风向从陆地吹向海洋。与此同时，太阳辐射的季节变化、大气环流的季节移动和高大地形区的干扰，都对季风的形成和强化起作用。

川西高寒草原

　　全球季风明显的地区，主要集中在40°N～35°S、30°W～160°E的范围内，如东亚、南亚、东南亚、非洲中部以及澳大利亚北部等地区。中国背靠辽阔的欧亚大陆，面对浩瀚的太平洋，西有高耸的青藏高原，中纬度地区一年中太阳辐射和大气环流的变化又很大，所以是世界上季风现象和季风气候最为显著的地区之一，塑造出冬季寒冷干燥南北温差大、夏季普遍高温多雨的气候特征。

西双版纳热带风光

亚热带浙闽丘陵

冬季风

冬季风一般指季风地区冬季由大陆冷高压吹出的风，风力较夏季风强。盛行风向在中国华北为西北风，黄河以南为东北风。强烈时，往往带来寒潮天气，气温急剧下降。冬季风到达中国长江以南，通常会造成雨雪天气。一般在9月初影响中国北方地区，10月中旬后影响我国大部分地区。冬季风使我国冬季更加寒冷、干燥，加剧了南北的温差。

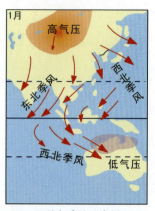

亚洲冬季风示意图

夏季风

夏季风一般指季风地区夏季由海洋吹向大陆的盛行风。中国西南一带盛行西南季风，中国东部地区盛行东南季风。通常夏季风在3月初影响中国华南沿海，然后以渐进和急进两种方式向北推进，7月到达黄河以北，为夏季风极盛期。9月初开始由北向南撤退，10月中旬完全撤出中国大陆。中国夏季风主要来源于热带和副热带海洋，含有丰富的水汽，故夏季风往往与降水密切相关，到达各地的日期，基本上是这些地区雨季的开始日期。高温期与多雨期一致，十分有利于农业的发展。

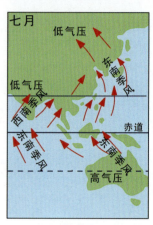

夏季风

中国的季风区和非季风区

中国季风区与非季风区分界线

中国作为世界上季风显著的国家之一，习惯上把能够明显受到夏季风影响的地区称为季风区，而把不受或很少受到夏季风影响的地区称为非季风区。因此，夏季风影响所达的最北、最西为季风区与非季风区的分界线，大体在大兴安岭—阴山—贺兰山—巴颜喀拉山—冈底斯山一线。该线以东、以南的广大地区为我国的季风区，该线以西、以北的地区为我国的非季风区。

❈ 气温

气温是表示大气冷热程度的物理量，一般是指地面气象观测规定高度（中国为1.5m）上的空气温度。气温是地面气象观测中的所要测定的常规要素之一。气温有定时气温（基本站每日观测4次，基准站每日观测24次）、日最高气温、日最低气温。我国气温记录一般采用摄氏度（℃）为单位。根据观测的气温资料，可以计算出日平均气温、月平均气温、年平均气温、有效积温、活动积温以及温度日较差、年较差等数据，绘制气温分布变化图，揭示一地气候的大气温度特征。

中国的气温分布

我国地域辽阔，南北所跨热量带多，因此气温的南北差异十分明显。黑龙江北部年平均气温为-5℃，而南海诸岛则在25℃以上，南北相差约30℃。不同的季节，各地的气温分布也具有不同的特征。1月份我国最北部为-30℃以下，而台湾岛南部和海南岛南部则在20℃以上；冬季气温南方高、北方低，南北温差很大，超过50℃。7月份中国绝大部分地区进入全年最热月，除青藏高原、天山及大、小兴安岭外，全国大部分地区月平均气温都在20℃～30℃之间，南北温差小，气温普遍高。

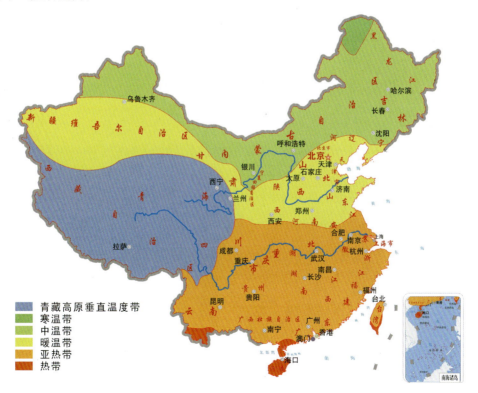

中国温度带分布图

寒温带

寒温带是年平均气温低于0℃，同时最热月的平均气温高于10℃的地区。一般≥10℃的积温在1 600℃以下。寒温带与寒带的区分在于寒带的最热月的平均气温低于10℃。此温度带亦被称为"亚寒带"。我国仅有黑龙江北部的少部分地区属于寒温带。

中温带

中温带夏季温暖、冬季寒冷，冬季长达5个月，一般≥10℃的积温在1 600℃~3 400℃，年均温约10℃。我国中温带的南界基本上是天山—长城一线，东北的吉林省全部、黑龙江省、辽宁省的大部分地区，干湿季分明，全年湿度较大，属于中温带的湿润、半湿润区。内蒙古自治区的大部以及新疆的北部，属于中温带的半干旱、干旱区。

暖温带

暖温带一般≥10℃的积温在3 400℃~4 500℃，冬季虽冷，但作物能两年三熟。我国暖温带位于天山—长城一线以南，昆仑山—祁连山—秦岭—淮河一线以北，大致处于北纬32°~43°间。包括北京、天津两市和山东省的全部、山西、辽宁、河北、河南和陕西等省的大部分以及安徽、江苏、甘肃和宁夏的一部分。非季风区的暖温带主要为河西走廊和新疆的南部。

亚热带

亚热带的气候特点是夏季与热带相似，但冬季明显比热带冷。最冷月在0℃以上，一般≥10℃的积温在4 500℃~8 000℃，冬季虽有冰雪，但无霜期在8个月以上。我国的亚热带位于秦岭—淮河以南，雷州半岛以北，横断山脉以东（22°~34° N，98° E以东）的广大地区，涉及16个省市（包括台湾省），约占全国国土面积的1/4。我国的亚热带地区，雨量远比同纬度的地区充沛，生物资源丰富，四季长青，土壤肥沃，生物生产力高，农作物高产优质，是我国主要的农林产区。

热带

天文热带是地球上南北回归线之间（23° 26′ N~23° 26′ S）地区的总称，无极昼极夜现象，且一年至少发生一次阳光直射。从气候热带的概念来看，在热带地区最冷月均温在18℃以上。我国的热带一般≥10℃的积温在8 000℃以上，包括海南省全部、台湾省南端、广东省雷州半岛、云南省西双版纳的南部地区，是我国热带作物和热带经济林的重要产区。

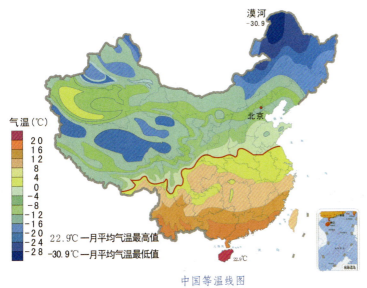

漠河
-30.9

北京

气温（℃）

20
16
12
8
4
0
-4
-8
-12
-16
-20
-24
-28

22.9℃—一月平均气温最高值
-30.9℃—一月平均气温最低值

22.9℃

中国等温线图

秦岭—淮河线

秦岭和发源其东部的淮河，大致位于32°N~34°N之间，构成了我国南方和北方地理分界线。1月0℃等温线通过秦岭—淮河一线，秦岭—淮河以南1月平均气温在0℃以上冬季基本上不结冰，秦岭—淮河以北1月平均气温在0℃以下冬季一般结冰。秦岭—淮河还是800毫米等降水量线的界线，秦岭—淮河以北雨季集中而短促，主要在七八月份，秦岭—淮河以南雨季要长得多。秦岭—淮河以南为亚热带常绿阔叶林，秦岭—淮河以北为温带落叶阔叶林。秦岭—淮河以南以水田为主，秦岭—淮河以北以旱地为主。

中国最热的地方

中国夏季气温分布有两个突出的高温区。其中吐鲁番盆地是中国夏季最炎热的地区，这里海拔很低，地形封闭，气候干燥，素有"火洲"之称，极端最高气温达49.6℃（1975年7月13日），为全国之冠。另一个就是长江中下游地区和四川盆地东部，这是我国面积最广阔的夏季高温区，特别是号称"三大火炉"的南京、武汉、重庆，极端最高气温可达43℃~44℃。

吐鲁番盆地

中国最冷的地方

中国冬季气温分布有三个突出的低温区。大兴安岭北部是全国最冷的地区，1月平均气温在-30℃以下，黑龙江省的漠河低于-50℃的极低气温记录达4次之多。1962年2月13日曾观测到-52.3℃的最低气温，有"中国北极村"之称。其次是新疆北部阿尔泰山西北端，1月平均气温在-28℃以下，1960年1月21日富蕴地区曾观测到-51.5℃的最低气温。再就是藏北高原，1月平均气温为-18℃~-20℃。

漠河北极村

❋ 降水

　　降水是指从云中降落到地面上的液态水和固态水及其过程，降水常见的形式为降雨和降雪，另外还有冰雹和霰。降水的衡量指标主要有降水量、降水强度、降水变率、降水距平等。降水量是指降落地面、未经蒸发、流失、渗漏而形成的平均积水厚度。降水强度是指单位时间内的降水量，多用mm/小时、mm/日来表示。降水变率是表示降水平均变化情况的度量，可以分为绝对降水变率和相对降水变率。降水距平是该年该月降水量距该月多年降水量平均值的差值，反映降水时段的变化情况。

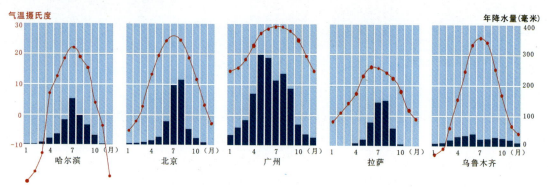

中国五城市气温曲线——降水柱状图

中国季风活动与雨带推移

　　我国降水主要来源是夏季风，因此降水有显著的季节性。季风活动导致锋面移动进而导致雨带的推进和退缩。四五月间来自海洋湿热的夏季风在华南形成锋面雨带，6月带着丰富水汽的夏季风徘徊于长江中下游地区形成"梅雨"，七八月夏季风推动雨带远达华北、东北广大地区。直到九十月间，随着冬季风势力增强，夏季风退出我国大陆，我国大部分地区的雨季也随之结束。总体来看，南方雨季长、降水多，北方雨季短、降水少。夏季风势力年际的强弱变化，影响雨带推进速度，中国降水量的年际变化也很大。

五月东部地区主要雨带图

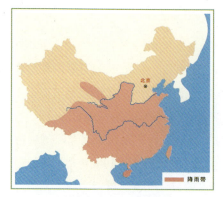

六月东部地区主要雨带图

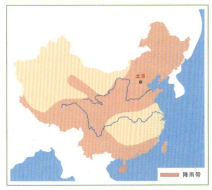
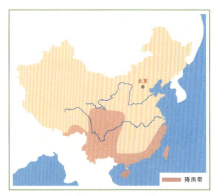

七月、八月东部地区主要雨带图　　　　　　　　九月东部地区主要雨带图

中国降水的空间分布

　　总体上来说，中国的降水明显具有从东南沿海向西北内陆递减的特点。各地区差别很大，沿海多于内陆，南方多于北方，东部多与西部，山区多于平原，山地中暖湿空气的迎风坡多于背风坡。若用400毫米年降水量线把中国分为两部分，可以清楚地看到：线东南地区为夏季风影响的地区，属于湿润地区；线西北地区为基本不受夏季风影响的地区，属于干旱地区。年降水量大于1 600mm的地区有中国台湾、福建、广东大部、浙江、江西、湖南、广西和四川、云南、西藏的一部分。年降水量在800～1 600mm的地区包括淮河、汉水以南的长江中下游地区和广西、四川、贵州的大部分地区和中国背

靠辽阔的欧亚大陆，东北平原及长白山地。年降水量在400～800mm的地区在秦岭—淮河以北，有秦巴山地、黄土高原、华北平原、山东丘陵、青藏高原东南边缘、大小兴安岭山地等。年降水量在200～400mm的地区主要是内蒙古高原、青藏高原的东部草原区以及天山、阿尔泰山迎风坡的低山地带。西北广大内陆地区和青藏高原西部，年降水量都在200mm以下。

中国降水的季节分配

　　我国由于季风气候的影响，降水的季节性变化很大，各地降水量季节分配很不均匀，具有夏秋季多，冬春季少的特点。我国季风区降水类型主要为锋面雨，随着雨带的季节性移动，全国大多数地方5～10月的降水量一般要占全年降水量的80%。春季长江以南广大地区，雨量剧增，春雨占全年降水量

中国年降雨量分布图

的40%以上。夏季，愈往北雨量愈加集中，北方大部分地区夏季降水量占全年降水量的50%以上。秋季，降水量占全年比重较大的地区有两个，一是海南岛和台湾岛，秋雨可达全年雨量的30%～40%；二是黄土高原南部至贵州高原北部，秋雨占全年降水量的30%左右。冬季，全国大部分地区降水量只占全年10%以下。

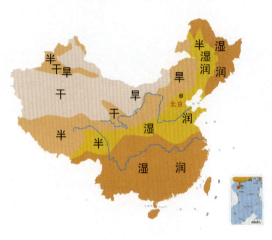

中国干湿地区的划分

中国干湿地区的划分

干湿状况的评价指标是最大可能蒸发量和降水量的比值，称为干燥度。我国各地干湿状况差异很大，秦岭—淮河以南、青藏高原东南部及以东地区和东北山地，干燥度小于1.00，属于湿润地区；东北平原、华北平原、关中平原等，干燥度在1.00～1.49之间，为半湿润地区；内蒙古高原中东部、黄土高原、青藏高原和天山山地的大部分地区，干燥度在1.50～4.00之间，为半干旱地区；内蒙古高原西部、塔里木盆地、准噶尔盆地、柴达木盆地，干燥度大于4.00，属于干旱地区。

中国的雨极

我国台湾省的东北部，夏季吹东南风，冬季吹东北风。这些越过海洋的气流，在台湾山脉的抬升作用下，形成了丰沛的地形雨。加之每年夏秋季节强劲台风带来的降水，这里就成了我国名副其实的"雨极"。特别是台北东南的火烧寮，多年平均降水量6 557.8mm（1906～1944年），1912年的年降水量更是高达8 409mm，为中国气象台站观测到的最高降水纪录。

中国的雨极——火烧寮

中国的干极

深居内陆的塔里木盆地、柴达木盆地西部、吐鲁番盆地等，年降水量只有10～25mm，极端稀少。据观测，全国少雨中心在吐鲁番盆地西侧的托克逊（海拔不到1m）。这里近20年平均年降水量只有6.3mm，而且降水的年际变化极大，最多的1958年雨量为45.4mm，而最少的1968年仅有2.9mm，是全国年降水量的最低值。

吐鲁番盆地

❄ 气候类型

气候是一个地区常年大气状况的一般状态，也是常年各种天气过程的综合表现。影响气候的因素主要是太阳辐射、地面性质、大气环流以及人类活动。根据气候的主要属性，如热量、降水等，将气候划分为不同的种类，就形成了气候类型。中国的气候，不仅具有季风气候显著、大陆气候典型的特征，而且气候类型复杂多样，区域气候差异明显。复杂多样的气候，使世界上大多数农作物和动植物都能在中国找到适宜生长的地方，使中国农作物与动植物资源都非常丰富。

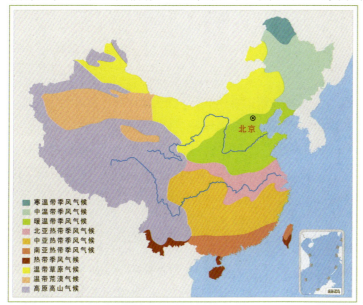

图例：
- 寒温带季风气候
- 中温带季风气候
- 暖温带季风气候
- 北亚热带季风气候
- 中亚热带季风气候
- 南亚热带季风气候
- 热带季风气候
- 温带草原气候
- 温带荒漠气候
- 高原高山气候

中国气候类型图

寒温带季风气候

主要分布于我国大兴安岭北端，由于来自大陆及海洋风的交替影响，年平均气温在0℃以下，气温年较差近50℃，≥10℃的积温低于1 600℃。冬季气候寒冷，干燥而漫长；夏季降水集中，雨量充沛，气候湿热，日照时间长，适宜耐寒生物的生长；春、秋两季因冬夏季风交替气候多变，春季多风干燥易发生森林火灾，秋季降温急剧常有早霜和冻害发生。

中温带季风气候

主要分布于我国松辽平原、长白山地、大兴安岭东坡，气候四季分明。春季干燥多风，夏季温和多雨，秋季凉爽晴朗，冬季寒冷积雪。年平均气温3℃~5℃，无霜期一般120~130天，全年日照时数多在2 400~2 800小时。降水量由东向西减少，年平均降水量在400~600mm之间，光、热、水条件能够满足农作物一年一熟的需要。

暖温带季风气候

分布于北纬35°~41° 亚欧大陆东岸，主要在我国华北地区。暖温带季风气候的基本特征：一是风向随季节交替明显。冬季受极地大陆气团控制，寒冷而干燥。夏季受热带海洋气团影响，暖热而多雨。二是年降水量较丰富，年降水量在500~800mm，降水季节分配不均，夏季降水量约占年降水量的60%~70%，降水的年际变率较大。

亚热带季风气候

分布在南北纬25°～35°大陆东岸，是热带海洋气团和极地大陆气团交替控制和互相角逐交缓的结果。在我国青藏高原以东、秦岭—淮河以南地区最为典型。1月平均气温普遍在0℃以上，7月平均气温一般为25℃左右，冬夏风向有着显著变化，年降水量一般在800mm以上，主要集中在春季和夏季。

热带季风气候

分布于北纬10°～25°之间的大陆东岸，在我国主要分布于中国台湾南部、雷州半岛南部、广西南部、海南岛、云南西双版纳等地区。热带季风终年高温，年平均气温在22℃以上。我国云南的西双版纳，因其北部有高大山地、高原阻挡冷空气南侵，最冷月气温一般也在16℃以上。另一个特点是年降水量大，旱雨季明显，降水集中在夏季。在一些迎风海岸，因地形作用，年降水量一般在1 500～2 000mm以上。

温带草原气候

我国的温带草原气候主要分布在内蒙古高原。该区域经向地带性明显，从东北到西南形成草甸草原→典型草原→荒漠草原过渡的特点。气候温和，降水偏少，水资源短缺，分布不平衡。该地区年平均温度-2℃～6℃，≥10℃年积温2 000℃～3 000℃，无霜期150～200天，年降水量为250～400mm，从东南向西北递减。植被多以禾本科植物为主，生态环境脆弱，土地荒漠化强烈。

温带荒漠气候

温带荒漠气候主要分布在我国西部干旱地区。降水稀少，年降水量一般小于250mm，其中一半以上地区不到100mm，但年日照时数却高达2 600～3 400小时，光热资源丰富，气温的日较差和年较差都很大。温带荒漠气候区，蒸发旺盛，植被贫乏，荒漠化、盐渍化强烈，生态环境十分脆弱。

高原气候

一般指高原条件下形成的气候，我国主要分布于青藏高原大部。青藏高原平均海拔在4 000m以上，气压低含氧量少，光照充足太阳辐射量多。全年气温偏低，1月在0℃～13℃，7月在8℃～18℃，但是日变化较大，被称为"一年无四季，一日见四季"。高原降水差异悬殊，东南部迎风坡可在900mm以上，高原内部降水稀少，大部分地区在50～900mm之间。另外，由于青藏高原地表气温年变化和周围同高度的自由大气不同，其冬、夏季的温度梯度方向有差别，从而导致青藏高原奇特的高原季风现象。

山地气候

山地和丘陵的气候，除受纬度和海陆的影响外，还因山的海拔、走向、大小、坡度、坡向等因素的影响而具有独特的气候，称为山地气候。山地气候有五大特点：第一，大气压按指数律随海拔的增加而降低。第二，气温随海拔的增加而降低，平均而言，每上升100m气温降低0.6℃。第三，降水量和降水日数随山地海拔高度增加而增加，迎风坡雨量多于背风坡。第四，风速随山地海拔升高而增大，有时会产生山谷风、布拉风、焚风、坡风、冰川风等局地环流。第五，在湿度方面，水汽压随海拔高度增加而降低。

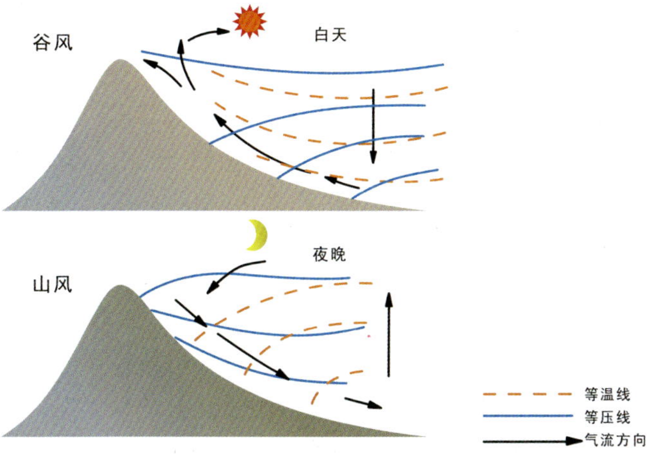

山谷风示意图

气象与气象灾害

气象是指发生在天空中的风、云、雨、雪、霜、露、虹、晕、闪电、打雷等一切大气的物理现象。而大气对人类的生命财产和国民经济建设及国防建设等造成的直接或间接的损害，被称为气象灾害。我国是气象灾害频繁的国家，具有种类多、范围广、频率高、持续时间长、群发性突出、连锁反应显著、灾情重等特点。干旱、暴雨洪涝以及热带气旋（台风）是我国最为常见、危害程度最为严重的气象灾害。旱灾是我国气象灾害中损失最为严重的一类灾害，暴雨洪涝灾害是仅次于旱灾的气象灾害。

梅雨

中国的梅雨是指夏初6月上中旬~7月上中旬产生于江淮地区的连阴雨。因正值梅子成熟之际，故称梅雨。又因气温低，湿度大，万物易生霉，又俗称“霉雨”。梅雨期间雨量丰沛，相对湿度大，日照时间短，地面风力小。降水多属连续性降水，有时有阵雨或暴雨，是夏季风和锋面在江淮地区活动的重要

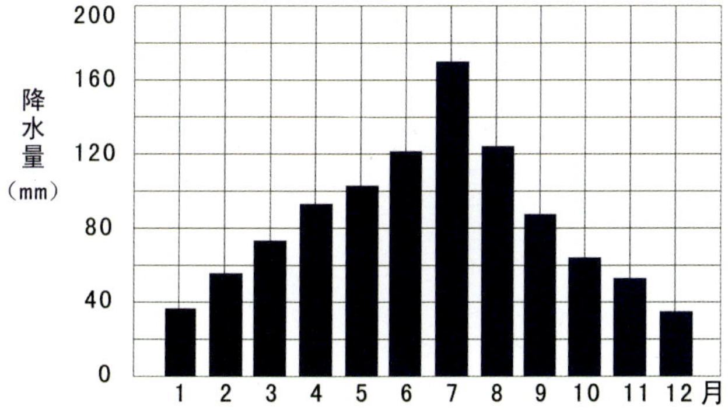

合肥各月平均降水量分布图

表现。由于西太平洋副热带高压的强弱和位置不同，梅雨出现的早晚和雨期的长短变动很大。适时适量的梅雨，有利于农业的丰收。而梅雨过晚、雨期过短、雨量过少或空梅，则易出现干旱，"黄梅无雨半年荒"。

江淮地区——三河镇景观

春旱

土地龟裂

中国的春旱是指根据农业生产的特点和习惯，春季发生在各地的干旱。一般华南地区将2~4月总降水量≤200mm称为春旱；浙闽一带将2月至梅雨开始，这期间出现的干旱称为春旱；长江中下游地区的春旱则指冬春之交时出现的干旱；华北地区的春旱是指出现在3~5月的干旱；西北及黄土高原，春旱指的是出现在4~5月的干旱。春旱的起因主要是气候的变化，而人类大量燃烧煤炭、石油等化石能源，向大气中排放二氧化碳等温室气体，也促进了全球变暖。加之春季气温回升快，蒸发较强，夏季风微弱，雨季尚未到来，降水稀少，对农业生产的危害极其突出。

伏旱

中国的伏旱是指盛夏伏天期间出现于长江中下游及四川盆地东部地区的干旱。伏旱发生于梅雨期之后，通常为7月中旬~8月中旬的三伏时段内。伏旱期间阳光充足，骄阳似火，高温闷热，晴朗少雨，蒸

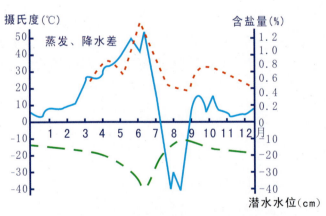

各月蒸发与降水差

发旺盛，旱情灾害严重。伏旱是副热带高压控制的结果。当副热带高压增强北进到北纬25°附近，长江中下游地区尽管空气中水汽很多，但缺乏凝结、成云、降雨的条件，旱情严重，对农业的影响很大。此间若有台风来临，则为极好的抗旱水源。

湖北省咸宁市大旱时秧田干旱情景

寒潮

寒潮是一种降温范围广、强度大、持续时间长的强冷空气活动。我国的寒潮标准是：长江中下游及其以北地区48小时内气温下降10℃以上，长江中下游最低气温达4℃以下，陆上伴有5～7级风，海上伴有6～8级风。影响我国的冷空气主要路径有三条：西路自西伯利亚南下，经新疆、青海、河西走廊，沿青藏高原东侧南下，经常可达华南地区。中路自蒙古侵入中国，经河套地区、华北平原南下，直达长江中下游及江南地区。这路寒潮影响中国的次数最多、强度最大。东路自贝加尔湖以东侵入中国，经内蒙古、东北地区南下，在北纬35°以北入海。中国的寒潮多发生于10月～翌年4月，平均每年超过5次。寒潮过境会带来大风、降温、雨雪等恶劣天气，并伴有霜冻和结冰现象，造成沙尘暴，对我国农业生产和环境危害很大。

侵入中国的寒潮路径

台风

台风是形成于北太平洋西部（东经150°以西）热带洋面上的较强的气旋性涡旋。国际上，台风划分为四类：热带低压（8级以下）、热带风暴（8～9级）、强热带风暴（10～11级）、台风（12级以上）。台风多发生在5～11月，在我国登陆的台风每年有6次左右，其路径主要有三条：西路台风，从菲律宾以东向西，经过南海在中国海南岛或越南沿海登陆。西北路台风，从菲律宾以东向西北移动，横穿中国台湾，在福建、浙江、江苏、上海沿海登陆。转向台风，从菲律宾以东洋面向西北移动，后转向东北，经东海、黄海移向日本。台风过境时，会

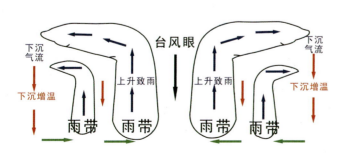

台风形成原理示意图

2007年9月24日台风"范思高"袭击海口

带来狂风暴雨，不仅危及海上航运安全、破坏港口设施、渔业生产，而且造成陆上的洪涝灾害，给国计民生带来巨大损失。但是，台风雨也可以缓解长江中下游和东南沿海地区伏旱的旱情。

龙卷风

龙卷风是一种伴随着高速旋转的漏斗状云柱的强风涡旋，其中心附近风速可达100m/s~200m/s，最大300m/s，比台风近中心最大风速大好几倍。龙卷风的中心气压很低，具有很大的吸吮作用，可把海水、湖水吸离水面，形成水柱，然后同云相接，俗称"龙取水"。由于龙卷风内部空气极为稀薄，导致温度急剧降低，促使水汽迅速凝结，这是形成漏斗云柱的重要原因。龙卷

龙卷风

风产生于强烈不稳定的积雨云中，其形成与暖湿空气强烈上升、地形作用等有关。龙卷风的生命史短暂，一般只有几分钟，最长也不超过数小时，但其破坏力惊人。我国的龙卷风常发生于夏季雷雨天气时，尤以下午至傍晚最为多见。

焚风

指气流过山后使气温升高、湿度降低的地方性干热风。冷季的焚风常引起积雪融化，甚至出现雪崩。暖季的焚风则常使谷物或果实早熟，严重者可引起农作物枯萎，甚至使山林发生火灾。焚风的形成，是由于暖湿气流吹向山岭时，在迎风坡被抬升，水汽凝结成雨而使空气变干；当气流越过山峰后，沿山坡下沉，又增温减湿。因此，下沉气流到达山麓时，不但十分干燥而且比迎风坡同高度上的空气温度要高得多，有时可高出10℃以上。

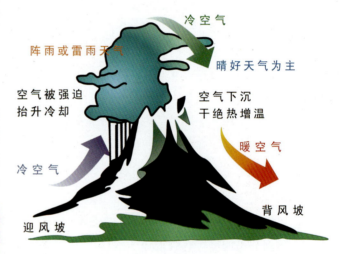

焚风形成示意图

沙尘暴

指大量尘土沙粒被大风吹起，飞扬于空中，使空气变得混浊，水平能见度小于1 000m的自然现象。在我国新疆南部和河西走廊，强沙尘暴有时可使能见度接近于零，这时白昼如同黑夜，当地人称为黑风。沙尘暴常出现于我国的春季，一般发生在土地干燥、土质松散而无植被覆盖的地区，以西北、内蒙古、华北和东北等地最多。严重的沙尘暴可导致沙丘迁移、毁坏良田、掩埋作物和交通中断。采取植树种草、固沙固土的方式，能够有效防止沙尘暴的形成和侵袭。

宁夏沙坡头的草方格景观图

2006年6月发生在青海格尔木察尔汗的沙尘暴

洪涝

　　洪涝灾害可分为洪水、涝害、湿害三个方面。洪涝灾害的形成需要具备两方面的条件：一是自然条件。洪水是形成灾害的直接原因。只有当洪水自然变率强度达到一定标准，才可能出现灾害；二是社会经济条件。只有当洪水发生在有人类活动的地方才能成灾。我国的洪涝灾害主要有河流洪水、湖泊洪水和风暴洪水三类，影响最大、最常见的洪涝是河流洪水。从发生机制来看，我国的洪涝一般具有明显的季节性、区域性和可重复性。掌握洪水发生规律，拦蓄洪水与疏通河道相结合，充分利用水资源造福人民，已成为当代人治水的共识。

洪涝灾害

众多的河湖

众多的河湖

❋ 河流

　　河流通常指在一定区域内沿着狭长线状凹地流动的天然水流。河流水量来自一定区域内地表水（雨水、融雪水）和地下水补给。河流称谓很多，大者江、河、川、水，小者溪、涧、峪、沟等。较大河流可以根据水文特征变化，分为上、中、下游。一般情况下，上游河床比降大，流速快，冲刷力度强，河槽多砾石；中游河床比降变小，流速降低，支流众多，粗泥沙多见；下游河床平缓，水流缓慢，淤积占优势，多有河汊、沙洲、浅滩，曲流发育。河流是汇集和输送水体进入海洋、湖泊的主要途径，是实现地球水循环的重要环节，也是侵蚀地表、搬运物质、溶解盐类和矿物质进而实现地质循环、地貌循环的重要作用力量。

金沙江"长江第一弯"

雅鲁藏布江

A树枝状水系 B格子状水系 C羽状水系 D扇形水系
E向心状水系 F平行状水系 G放射状水系 H网状水系

水系类型示意图

水系

　　水系也称为河系，是指大大小小河流水体以及湖泊、潭池、泉水、地下暗河等附属水体构成的水流联系、水量互补、水脉相通的水体系统。一般情况下，水系中长度最长或水量最大的河流被称为干流，直接注入干流的为一级支流，直接注入一级支流的为二级支流，形成河流次序关系。水系可划分为树枝状水系、扇形水系、羽状水系、平行状水系、格子状水系、放射状水系和向心状水系等类型。

流域

流域又称为集水区，通常指分水线所围合的河流集水区域。地面分水线包围的区域为地面集水区，地下分水线包围的区域为地下集水区。一个大流域可以按照水系等级分成数个小流域，小流域又可以分成更小的流域。长江流域可以分为汉江流域、湘江流域、嘉陵江流域等，而汉江流域又可以分为丹江流域、唐白河流域、南河流域等。

分水岭

流域之间的分水地带被称为分水岭。流域的分水线（边界线）往往地处相邻河流、相邻水系、相邻流域之间的山岭、山脊或河间高地，所以将分水线所在的地带称为分水岭。降落在分水岭两侧的降水沿着两侧斜坡注入不同的水系或河流。我国的秦岭就是长江和黄河的分水岭。

内流河

内流河是指未流入海洋，注入到内陆湖泊或在中途蒸发、消失的河流。由于大部分内流区深居内陆，源自海洋的潮湿气流来到这里早已是强弩之末，再遭山地阻挡，很难深入，故降水稀少，一般具有数量少、流程

塔里木河胡杨林

短、水量小的特点。高山冰雪融水是内流河的主要水源，水文特征与气温和季节的变化关系密切，往往冬季断流，夏季高温时水量大增，表现为季节性河流。

外流河

外流河是指直接或间接流入海洋的河流。我国外流河主要分布于东部季风区，水量受降水影响大，河流流量、水位随降水的季节变化明显，夏季普遍形成汛期。外流区域内也会有小面积内流区，并且在一定条件下外流河可转化为内流河，如青海湖水系，原与黄河沟通，后因地质构造变动和湖面降低，遂成内流水系。

❋ 中国的河流水系

中国是世界上河流众多的国家之一，河流总长度约420 000km，其中长度超过1 000km的有22条，流域面积在10 000km^{2}以上的有79条，流域面积在1 000km^{2}以上的有1 580多条。流域面积在100km^{2}以上的有5万余条，1 000km^{2}以上的有1 580条。其中长江和黄河，不仅是亚洲最长的河流，也是世界上著名的巨川，分列第三和第五位。

从中国东北部大兴安岭西麓起，经阴山、贺兰山、祁连山、巴颜喀拉山、念青唐古拉山、冈底斯山，直到西端国境线，连成一条分水线，将全国分成两个大区。此线以东称外流区，河流分属太平洋与印度洋水系。此线以西称内流区，除额尔齐斯河注入北冰洋外，其余河流均不与海洋相通。外流区占国土面积64%；内流区占国土面积36%。

我国外流河发源地与地势三级阶梯关系密切。在青藏高原东部、东南部发源了长江、黄河、澜沧江、怒江、雅鲁藏布江等最长的大江大河。在第二级阶梯大兴安岭、太行山区、秦巴山区等发源了黑龙江、嫩江、海河、淮河、珠江等中等长度的河流水系，在第三级阶梯的长白山区、山东丘陵、浙西山地、武夷山地发源了流长虽短但水量颇大的图们江、乌苏里江、松花江、鸭绿江、沂河、钱塘江、闽江、韩江等河流。

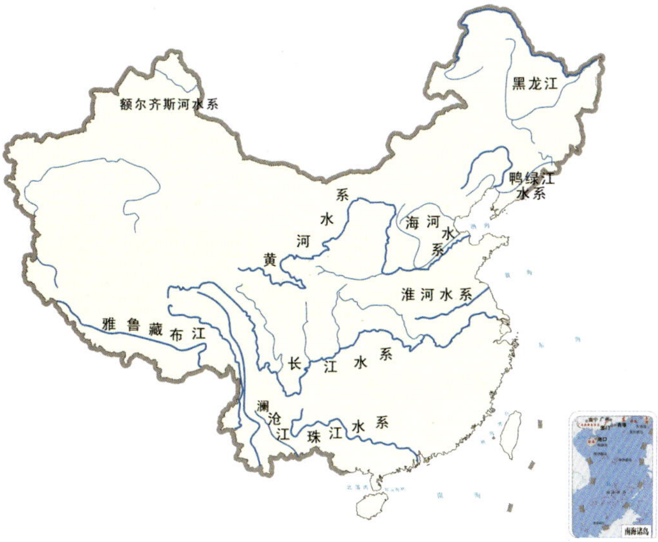

中国河流水系图

我国河流水系分布很不均匀，东南部河流众多水系发达，西北和藏北高原河流短少水系极不发达。塔里木河是中国最长的内流河，较大的还有伊犁河、疏勒河、黑河、石羊河等。复杂多样的地形和地质构造，造就了不同形态的水系。长江、珠江为树枝状水系，是我国河流水系的最普遍形态。闽江主要受平行排列的褶皱构造带影响，干支流直角相交为格子状水系。横断山区河流受地形控制，干流粗壮，支流短小，平行排列，形成羽状水系。海河是典型的扇形水系，支流构成“扇面”，汇合后的海河为短而粗的“扇柄”。淮河是最为典型的不对称水系，其干流偏于流域南部，南岸支流短小，北岸支流长且平行排列。

长江

长江发源于唐古拉山主峰格拉丹冬雪山，流经青海、西藏、四川、云南、重庆、湖北、湖南、江西、安徽、江苏、上海11个省、市、自治区，注入东海，全长6 380km，流域面积超过1.8×10^6km^2，平均年入海径流总量$9\ 793.5\times10^8$m^3，为中国第一大河，世界第三大河。长江流域人口密集，经济繁荣，拥有可开发利用水能资源约2.6亿千瓦，占全国的38.2%，建有世界最大的水利枢纽工程——三峡工程。干支流通航里程达70 000km以上，水运量相当于40条铁路，享有“黄金水道”的美誉。

湖北宜昌以上为长江上游，可以划分为四段：江源沱沱河段，雪山滋润，涓涓细流孕育出万里大江。通天河段为当曲河口以下至玉树巴塘河口，当曲、尕曲、布曲、楚玛尔河等众多支流构成扇形水系，谷浅滩阔，水流缓慢，河流两岸，草滩广布。金沙江段为巴塘河口至宜宾岷

长江水系图

江口，峡谷河流，河谷深切，落差极大，江水湍急，江流曲折，接纳了雅砻江、岷江等支流。川江段为宜宾至宜昌，江流先在四川盆地的东南丘陵蜿蜒，接纳了沱江、乌江、嘉陵江等支流，水量大增，然后冲入三峡，塑造出峡谷宽谷相间、滩礁激流密布、峭壁危崖林立的壮丽三峡风光。湖北宜昌至江西湖口为长江中游段，有"九曲回肠"曲流发育的荆江，更多见湖泊广布的平原河流景观。支流众多，汉江为最大的一级支流，洞庭湖水系的湘、资、沅、澧四水和鄱阳湖水系的赣、抚、信、饶、修诸水的加入，水量增加迅速。江西湖口以下为长江下游段，地势低平，湖泊众多，但较大支流汇入较少。长江三角洲地区，港汊密布，水网如织，江南水乡，景色秀丽。长江入海口呈喇叭形展开，宽度达80km以上，河海一色，气势壮观。

嘉陵江

岷江源头

长江源

沱沱河，又名托托河，全长375km，为长江源头段。

长江源沱沱河

它发源于唐古拉山脉主峰格拉丹冬西南侧的姜根迪如雪山冰川，冰川尾端海拔近5 500m。这里有庞大的雪山群，海拔6 000m以上的雪峰共有20座，群峰上有40条现代冰川和许多冰斗，高耸入云的雪山和晶莹皎洁的冰川是万里长江的源泉。

金沙江

金沙江全长2 316km，流域面积340 000km²。河流穿行于崇山峻岭之中，是典型的峡谷型河流，山高谷深，河道深切，水流湍急，奔腾直下。在云南省丽江石鼓镇附近，流向南偏东的河流突然转向东北，形成"长江第一弯"。著名的虎跳峡段是金沙江最为惊险的峡谷河段，两岸山岭与江面高差达2 500~3 000m，是世界最深的峡谷之一。

金沙江风光

长江三峡

长江三峡是瞿塘峡、巫峡、西陵峡的总称。它西起重庆市奉节县的白帝城，东至湖北省宜昌市的南津关，跨奉节、巫山、巴东、秭归、宜昌五县市，全长约204km。长江三峡以其险峻的地形、绮丽的风光、磅礴的气势和众多的名胜古迹著称，为世界著名的峡谷河段旅游线路，也是中国旅游的黄金线路。

长江三峡

崇明岛

地处长江口门户的崇明岛，形如一春蚕，东西长，南北狭，静卧在长江口的北侧。崇明岛的形成，与长江江口的演变和泥沙堆积有关。崇明岛面积1 083km²，仅次于台湾岛和海南岛，位居第三位，亦是我国大岛中唯一由泥沙堆积而成的冲积岛。

崇明岛明珠湖

南水北调工程

为了将南方丰富的淡水资源调到北方缺水地区，我国于2002年开始建设南水北调工程，分东、中和西三条调水线路。东线是从长江下游扬州抽取长江水，利用京杭大运河及与其平行的河道逐级提水北送，并连接起调蓄作用的洪泽湖、骆马湖、南四湖、东平湖，一路向北穿过黄河；另一路向东输水到山东的烟台、威海。中线

江都水利枢纽工程

是从丹江口水库引水，沿京广铁路附近北上，可自流到北京、天津。西线是在长江上游的通天河、雅砻江和大渡河上游筑坝，调长江水入黄河上游。

南水北调工程调水线路示意图

✤ 黄河

　　黄河是中国第二长河，发源于巴颜喀拉山北麓，流经青海、四川、甘肃、宁夏、内蒙古、陕西、山西、河南、山东9省区，干流总长5 464km，流域面积752 443km^2，平均流量1 774.5m^3/秒，在山东东营注入渤海。黄河由河源到内蒙古河口镇为上游，上游的河源段地势高寒，蒸发量小，补给水量占黄河入海水量的70%以上，成为黄河主要的供水区域。上游峡谷段河流下切深，落差大，水力资源丰富。银川、河套平原段的引黄灌溉，使其成为稻花飘香的"塞外江南"。河口至孟津为中游，流经黄土高原地区，因水土流失支流带入大量泥沙，使黄

黄河水系图

河成为世界上含沙量最高的河流。孟津以下为下游，河道游荡于华北平原上，河床宽坦，水流缓慢，泥沙堆积严重，致使河底高于两岸平原3～10m，成为举世闻名的"悬河"，两岸很少河流注入。虽说黄河入海流量不多，但多年平均泥沙含量达36.9kg/m³，每年有12亿吨泥沙注入渤海，造陆达50km²，形成了黄河三角洲。

黄河冰凌

黄河——乾坤湾

黄河源

黄河源头有三：扎曲、约古宗列曲和卡日曲。扎曲一年之中大部分时间干涸，约古宗列曲则仅有一个泉眼，而卡日曲最长是以五个泉眼开始，流域面积最大，旱季不干涸，被确认为黄河的正源。三曲汇聚的星宿海是一个东西长约40km、南北宽约60km的椭圆形盆地，内有100多个小水泊，似繁星点点，故称之。河源地区曲流迂回，草滩沼泽展布，河水清澈稳定。

扎陵湖

鄂陵湖

龙羊峡

龙羊峡位于青海省共和县境内，是黄河流经青海大草原后进入黄河上游峡谷区的第一峡口。峡长40km，坚硬的花岗岩两壁高近200m，河谷宽9km，河一边是起伏峻险的茶纳山，一边是连绵不断的莽原，中间是一片宽阔平坦、肥沃丰腴的盆地，使整个峡谷成为一个巨大的天然库区。龙羊峡水电站是黄河上游第一座大型梯级电站，人称黄河"龙头电站"。

龙羊峡大坝

壶口瀑布

壶口瀑布是黄河中游流经晋陕大峡谷时形成的一个天然瀑布，也是我国唯一一处位于大江大河干流上的瀑布。滚滚黄河水流至此，500m宽水面骤然束缚，倾入30~40m宽龙槽之中，在50m落差中翻腾倾涌，"玉关九转一壶收"，故名"壶口瀑布"。瀑布最大瀑面达30 000m²，是我国仅次于贵州省黄果树瀑布的第二大瀑布。传说大禹治水始于壶口，黄河壶口瀑布也是中华民族的水利历史和民族精神的写照。

黄河——壶口瀑布

龙门

龙门为黄河晋陕峡谷的南端出口，又称为禹门口。这里两岸峭壁夹峙，形如门阙，水势汹汹，声震山野。奔腾的黄河，受到峡谷约束，雷霆万钧，奔涌到峡谷尽头龙门口，飞出层层凌空雪浪，将道道水柱喷入天空，在阵阵喧嚣声中跌入谷底，跳出龙门，形成了"龙门三激浪"的奇观。有关"鲤鱼跳龙门"的典故指的就是这里。

龙门峡谷口

悬河

流域来沙量很大的河流，在河谷开阔的中、下游，泥沙堆积，河床抬高，水位上升。为防止水害，两岸大堤随之不断加高，天长日久，河床高出两岸地面成为"悬河"。黄河是世界含沙量最大的河流，从桃花峪到入海口，每年大约有4亿吨泥沙淤积在黄河下游河道内，河床逐年升高，就成为了有名的地上河——"悬河"。

黄河下游地上悬河

黄河凌汛

黄河的宁夏河段，自中卫县至石嘴山，流向自南向北，跨纬度达2度。每年春季南部的上游河段解冻，浮冰下泻，遇到北部尚未解冻的下游河段时，往往浮冰堆积导致水位抬升形成凌汛。黄河的下游河段流向为东偏北，也是极易发生凌汛的河段。防治凌汛灾害最有效的办法就是人工破除冰坝。

黄河凌汛

珠江

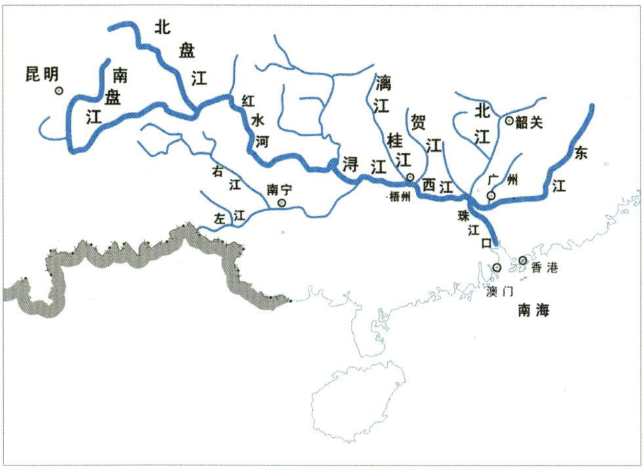

珠江水系图

珠江为我国华南最大的水系，主要由西江、北江和东江构成。珠江以西江的南盘江为源，长度为2 197Km^2，地处高温多雨的南亚热带，年降水量超过1 000mm，水量巨大，年平均径流总量3 492亿m^3，仅次于长江，是黄河的6倍。西江为珠江主干，正源为南盘江，发源于云南乌蒙山区南部的马雄山主峰东麓，北盘江汇入后称为红水河。这里石灰岩广布，喀斯特地貌发育，河床深切，急流跌宕。中国最大的瀑布——黄果树瀑布，就位于北盘江支流白水河上。从南、北盘江会合处到梧州为西江的中游，河段名称多变，广西石龙柳江汇入后称为黔江，广西桂平郁江汇入后称为浔江，广西梧州汇入桂江后始称西江。桂江上游就是旅游胜地——漓江。梧州以下为西江的下游，在广东的三水汇合北江后，始称珠江。珠江水系的三条源流，实际是独立的水系，都在珠江三角洲汇集，通过众多分汊河道相互沟通，水流纷杂，主要水道有34条，是中国南方大陆通海的重要门户。珠江三角洲位于北回归线以南，自然条件优越，是中国粮食、蔗糖、桑蚕和淡水鱼重要产地之一。

西江

西江是珠江主干流，全长2 129 km，流域面积350 000 km^2，多年平均年径流总量为2 277亿m^3。西江在石龙以上为上游，流经石灰岩地区，滩多水急，多伏流。石龙至梧州为中游，多峡谷和浅滩。梧州以下为下游，河道宽阔可以通航。出高要、羚羊峡进入珠江三角洲，主流经磨刀门入南海。

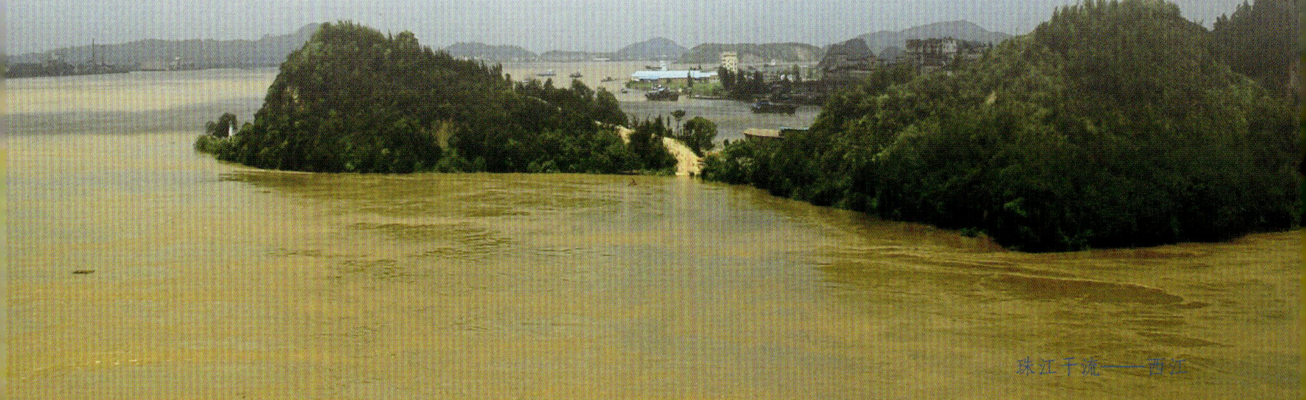

珠江干流——西江

北江

北江长582km，流域面积47 800km²，年平均径流量490亿m³。正源是浈水，发源于江西省信丰县西溪湾，在广东韶关汇入武水后称为北江，到广东的三水后同西江相通，主干从洪奇沥入海。韶关至浈水源头为上游，两岸多为丘陵，河谷比较开阔，从韶关至清远飞来峡为中游，多峡谷，尤以盲仔峡、飞来峡最为著名。由于北江地处亚热带季风气候区，受气候影响，春、夏、秋三季流量较大，冬季是其枯水季。

珠江支流——北江

珠江——东江

东江

东江全长约523km，总落差约440m，流域面积32 200km²。发源于江西省寻乌县，上源称寻乌水，龙川县以下始称东江，至惠州市折向西，过东莞市流入珠江，在狮子洋出虎门入海。干流主要支流有安远水、箫江、新丰江、秋香江、西枝江和增江等。

八大口门

珠江的放射分汊入海河口有8个，俗称八大口门。早在清代，珠江只有东三门（虎门、蕉门和横门）和西三门（磨刀门、虎跳门、崖门）入海。近百年，横门与蕉门间的乌珠（山名）大洋，已淤成万顷沙，蕉门外移，又另成新出海口洪奇沥，形成东四门。西边虎跳门和磨刀门间也已淤成斗门冲缺三角洲，把海岛连陆，称鸣啼门，从而形成了今天八门入海景观。

❋ 淮河

淮河干流发源于河南与湖北交界处的桐柏山太白顶（又称大复峰），流经河南、安徽、江苏等省，全长1 000km，流域面积为1.86×10^5km²。从源头到洪河口为上游，两岸山丘起伏，支流大都源短流急，暴涨暴落。从洪河口到江苏省洪泽湖出口处的中渡为中游，北

淮河水系图

淮河

岸为黄淮平原，南岸多丘陵，淮河十条重要支流都在中游汇入。从中渡到三江营为淮河下游，借道湖泊行水，已看不出河形，也无较大的支流汇入。淮河水流出洪泽湖后，大部分经过洪泽湖、高邮湖在三江营入长江，一部分入黄海。淮河水系是一个不对称的羽状水系，淮北支流多而长河道坡度平缓，水流缓慢；淮南支流源短流急，河道坡度大，暴涨暴落。淮河中游河道"九里十三弯"，排洪能力较弱，历史上水患频繁。新中国成立后，在"蓄泄兼筹""综合治理"的方针指导下，淮河流域已展现出"岸柳成荫稻谷香"的欣欣向荣景色。

颍河

颍河是淮河最大支流，全长619km，流域面积为$3.67 \times 10^4 km^2$。主干发源于河南嵩县伏牛山脉摩天岭东麓，东南至界首县附近进入安徽省，于颍上县沫河口入淮河。沙河上游、澧河的支流甘江河及北汝河上游，是淮河流域的暴雨中心之一。过去，每当夏秋洪水季节，常漫决成灾。目前上游山区建设了大中小型水库数百座，开辟了茨淮新河，流域洪涝灾害得到了有效的防治。

颍河

淮河入江水道

淮河下游主要排洪河道，长150km。早在清咸丰元年（1851），黄河、淮河同发大水，入海口门被淤塞，洪水冲破洪泽湖大堤三河口，直泻白马、宝应、高邮、邵伯诸湖，于三江营入长江，正式形成了入江水道。1949年前入江水道残破，汛期常溃决，淹没里下河低平原。1953年建成了控制入江水道进口的三河闸，配合江都水利枢纽建设，全面整治入江水道，使排洪流量由原来的8 000m³/s提高到了12 000m³/s。

❖ 海河

　　海河，又称沽河，西起天津市金钢桥附近的三岔河，东到大沽口入渤海。海河干流长度仅有74km，但是北运河、永定河、大清河、子牙河和南运河五大支流，及其向四面八方伸展出去的300多条较大支流，组成的巨大扇形水系，流域面积$2.65 \times 10^5 km^2$。由于五大支流汇流点相距很近，洪水季节往往同时涨水，易造成天津市及其附近的洪涝灾害。新中国成立后，通过采取开挖新入海口、修建水库调蓄洪水、跨流域引水等措施，排除了水患，发展了流域经济。

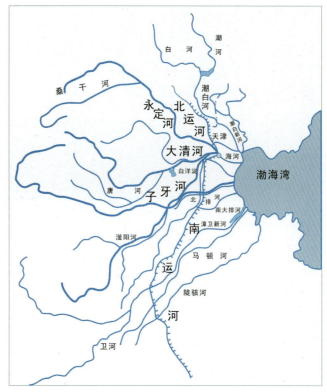

海河水系图

永定河

　　永定河发源于山西宁武卧羊场东麓，称为桑干河，流至官厅后始称永定河，全长650km，流域面积$5.08 \times 10^4 km^2$。由于上游森林覆盖率低，水土流失严重，泥沙淤积，具有善淤、善决、善徙的特征，被称为"小黄河"。又因迁徙无常，又有"无定河"之称。官厅水库是永定河主要调蓄水库和北京市水源地。北京城西南永定河上的卢沟桥是著名的金代联拱桥。

永定河峡谷

大清河

　　大清河，长448km，流域面积39 600km²。北支以拒马河为主，源于涞源县的涞山，经紫荆关至张坊入平原后，分为南拒马河和北拒马河。南支由唐河（滱水）和潴龙河水系汇入白洋淀，后东流称为赵王河。赵王河和北拒马河至新镇汇合后始称大清河。大清河流至第十六堡附近与子牙河汇合，经西河闸至天津入海河。

大清河

子牙河

子牙河

子牙河长706km，由源于太行山东坡的滏阳河和源于五台山北坡的滹沱河汇合而成，两河于献县臧家桥汇合后，始名子牙河。由于上游流经黄土地区，降水集中，又多暴雨，流域内水土流失严重。新中国成立后，随着海河的整治，上游修建了岗南、黄壁庄、朱庄等水库和山区农田水土保持工程，下游开挖子牙新河，导引洪水直接流入了渤海。

引滦入津工程

引滦入津工程是一项自滦河引水向天津市供水的跨流域调水工程，可向天津市供水10亿m³。引滦入津工程自分水闸开始，经隧洞穿越滦、黎分水岭进入黎河，行程56km，至于桥水库。再经州河南下48km，然后通过输水明渠进入尔王庄水库。经水库调节后，分两路输水入天津：一路经过暗渠和管道分别进入天津市区的西河预沉池和新开河水厂；另一路经明渠、新引河、北运河入海河。

引滦济津工程线路示意图

✤ 辽河

辽河是东北地区南部主要河流，主源为西辽河，源出大兴安岭西南端。在辽宁省康平县的三门郭家附近接受东辽河后，始称辽河。在三岔河接纳了东岸最大的支流——浑河后，在营口市入海（另一股在盘山湾入海），全长1 430km，流域面积达$2.294 \times 10^5 km^2$。西辽河，流经内蒙古东南部科尔沁沙地，拥有老哈河、西拉木伦河、乌尔吉木伦河、呼虎尔河等多条支流，构成扇形水系，但河流水量有限，泥沙含量较高。进入辽河平原以后，河谷开阔，间有沼泽分布。辽河下游，地势低洼，泥沙淤积，排水不畅，曲流发育，港汊纵横。新中国成立后，在中上游修建水库，西部造林固沙，沿河修筑防洪河堤和排灌渠道，改变了辽河下游平原的面貌。

辽河水系图

辽河入海口——营口市

东辽河

东辽河是辽河东侧一大支流，发源于吉林省辽源市的吉林哈达岭的小葱顶子山西坡，流经辽源、梨树、公主岭、双辽等市、县，于辽宁省康平县三门郭家与西辽河汇合。东辽河在吉林省境内河段长372km，上游位于丘岭山地，中下游进入平原，多曲流发育。

引松济辽工程

引松济辽工程是将松花江水调往辽河，以补充辽河中、下游及沿调水线地区用水的工程规划。工程由四部分构成：一是尼尔基、哈达山和文得根三个水库的蓄水工程；二是大赉抽水站、哈达山渠首和总长387km的东、西引水干渠构成的引水工程；三是花敖泡、道宇泡、三王泡和沈阳石佛寺水库构成的调节工程，四是总长874km、与引水结合的松辽运河的航运工程。该工程每年可调送约70亿m³水量。

✤ 黑龙江

黑龙江是我国最北部的水系，也是重要的国际河流。黑龙江有南北两源：北源为石勒喀河，发源于蒙古国中部肯特山东麓；南源为额尔古纳河，源于中国大兴安岭西侧吉勒老奇山，上源称海拉尔河，为黑龙江正源之一。南北两源在黑龙江漠河镇西的洛古河村汇合后始

黑龙江水系图

黑龙江——额尔古纳河

称黑龙江。黑龙江干流沿中俄边界蜿蜒，先后接纳了松花江、乌苏里江等大支流后，出国境向东北流，在俄罗斯尼古拉耶夫斯克

注入鄂霍次克海。黑龙江在我国境内全长4 370km，流域面积1.843×10⁶km²。黑龙江流域内森林茂密，河水含沙量少，降水丰沛，径流丰富，干流平均年径流总量在入海口竟达3 465亿 m³，与珠江相当。江宽水深，航运便利，水能资源十分丰富，还是我国重要淡水鱼产区。

乌苏里江

乌苏里江发源于黑龙江东南部老爷岭山区，全长880km，流域面积近190 000km²。上游由乌拉河与道比河汇合而成，称穆棱河，向东北流，在中俄边境接纳阿察河后向北偏东方向流，成为中俄的界河，沿途接纳了来自两岸、两国的支流，如中国的挠力河、虎林河等，最后在抚远以东汇入黑龙江。

乌苏里江

额尔古纳河

额尔古纳河

为黑龙江在中国境内的主源河流，长1 620km，流域面积150 000km²，源出大兴安岭西坡，上源在当地称海拉尔河，西流到满洲里附近折向东北称额尔古纳河，为中蒙两国的界河，在漠河以西的洛古河村附近同石勒喀河汇合为黑龙江。额尔古纳河大部流经宽阔的谷地，河曲发育，河水清澈，含沙量少，洪水时期部分洪水倒灌入呼伦池。

松花江

松花江是黑龙江最大支流，全长1 927km，流域面积550 000km²。松花江有两源：一为源于白头山天池的第二松花江；一为源于伊勒呼里山的嫩江，两条支流在黑龙江扶余县汇合始称松花江，折向东北流至同江县注入黑龙江。松花江发源于长白山地和大小兴安岭山地，山峰重叠，原始森林遍布，水土保持较好，河流含沙量较少。进入松嫩平原后，地势低平，排水不畅，湿地沼泽广布。

松花江

牡丹江

　　牡丹江是松花江重要支流，源于吉林威虎岭山地的牡丹岭（1073m），穿越东北东部山地向北流淌，在依兰附近注入松花江，全长725km，流域面积37 444km²。河流蜿蜒曲折，流淌于群山之中，满语为"弯曲"的意思。牡丹江上游曾是火山活动地区，造成大面积熔岩覆盖，火山地貌广布，尤其是熔岩堵塞牡丹江河道后形成我国最大的火山熔岩堰塞湖——镜泊湖。

牡丹江

嫩江

嫩江

　　嫩江是松花江最大支流，源出大兴安岭北麓伊勒呼里山，南流经吉林大安的三岔河汇入松花江，长1 370km，流域面积283 000km²。支流主要有甘河、讷谟尔河、诺敏河、绰尔河、洮儿河等。无论从长度、流量还是流域面积看，嫩江都实应为松花江正源，只因第二松花江发源于长白山天池，而在中国清代被奉为松花江正源，故正源之说延续至今。

✿ 雅鲁藏布江

　　雅鲁藏布江是青藏高原第一大河，源于藏南谷地西端杰马央宗曲，奔流在喜马拉雅山脉和冈底斯山脉之间，自西向东先后接纳了拉喀藏布河、年楚河、拉萨河、尼洋河等主要支流后，又折向南流，穿过喜马拉雅山东端，形成了著名的雅鲁藏布江大峡谷。出山口后进入印度，改称布拉马普特拉河，最后通过恒河三角洲注入印度洋孟加拉湾。雅鲁藏布江干流在中国境内长2 057km，流域面积约为240 500km²。雅鲁藏布江江源段为高原宽谷，曲折迂回，湖沼广布，牧草肥美。中游段宽谷、峡谷相间，宽谷是西藏人口和城镇最集中和经济最发达、农业最重要的地区，峡谷则壁陡流急水能资源丰富。雅鲁藏布江下游段穿越喜马拉雅山地，两侧山峰高入云天，河谷深邃狭窄，水能资源尤其丰富。

雅鲁藏布江

杰马央宗曲

雅鲁藏布江正源，位于西藏仲巴县西部，发源于杰马央宗冰川，河长107km，流域面积3 361km²。在杰马央宗曲源地有两条冰川，一条称为杰马央宗冰川，另一条称为达阿木角冰川。这两条冰川中间只隔着一个小山体，当地人称作"达阿木角喀布"，在藏语中即"马耳朵"的意思，把杰马央宗曲源头的两条冰川形象地比作马头上的两只耳朵，两条冰川间的小山体比作马嘴。

杰马央宗曲

拉萨河

拉萨河，藏语称为吉曲，发源于念青唐古拉山南麓嘉黎里彭措拉孔马沟，流域面积32 471km²，是雅鲁藏布江流域面积最大的支流。北部和东北部与怒江流域相邻，东部与帕隆藏布和尼洋河相接，向西南流经拉萨市，至曲水县汇入雅鲁藏布江。拉萨河源地为海拔5 200m平坦湿地，下游河谷开阔是西藏的主要耕作区。

❈ 塔里木河

塔里木河位于塔里木盆地北部，是中国最长的内流河。塔里木河主要有三大源流：阿克苏河、和田河及叶尔羌河。阿克苏河源自吉尔吉斯境内的天山山脉，常年有水汇入；叶尔羌河发源于乔戈里峰附近的冰川地区，穿过漫长的沙漠，水量锐减，只有洪水期才有余水泄入；和田河由源自昆仑山西段，也是洪水期才有余水注入。三河上源靠山地降水和冰雪融水补给，出山径流总量达212.5 × 10⁸m³，在阿瓦提县肖夹克附近汇合后称塔

塔里木河

拉萨河

里木河，东流到尉犁县的铁干里克为中游，下游折向东南注入台特马湖。从叶尔羌河源算起，全长2 137km，流域面积198 000km²。塔里木河干流两岸茂密的胡杨林，宛如一条绿色走廊，孕育了和田绿洲、叶尔羌绿色走廊、喀什噶尔河三角洲、阿克苏绿洲等南疆农业区，盛产优质棉和优质水果。

叶尔羌河

叶尔羌河是塔里木河的源头，位于塔里木盆地西部，源于喀喇昆仑山脉喀喇昆仑山口北坡，由拉斯开木、阿克塔盖两河在喀喇昆仑山口黑巴龙克汇合而成，长970km，流域面积为108 000km²，平均径流量74亿m³。上游呈深切峡谷，穿过昆仑山区后向北流，形成许多分支，散布在冲积扇上，灌溉着叶尔羌绿洲。叶尔羌绿洲是新疆最大的绿洲之一。

叶尔羌河

和田河

和田河位于塔里木盆地南部，是昆仑山北坡最大河流，全长806km。和田河的上源有二：喀拉喀什河，发源于喀喇昆仑山北坡，集水区20 000 km²，年径流量21.9亿m³；玉龙喀什河，发源于昆仑山北坡，集水区15 000km²，年径流量23.1亿m³。由高山降水和高山冰雪融水补给，6～8月径流约占全年径流的70%～80%，可直穿400km的塔克拉玛干大沙漠注入塔里木河。

和田河

阿克苏河

阿克苏河是塔里木河水量最大的支流，位于塔里木盆地西部，长224km。上游有两大源流：北源库玛拉克河水量大，西源托什干河流程长，两河均发源于天山西段，源头均在吉尔吉斯境内，河水由山地降水及冰雪融水补给，两河在温宿附近汇合称为阿克苏河。阿克苏河维吾尔语意为"白水"，因主源库玛拉克河流经石灰岩、白云岩山地，河水中碳酸钙含量很高，带有大量白色沙粒，水呈乳白色而得名。

额尔齐斯河

额尔齐斯河是我国唯一注入北冰洋的河流水系，发源于准噶尔盆地北部、阿尔泰山南坡，由许多平行的东北—西南向支流汇集而成。源头喀依尔特河自东北流向西南，在铁买克处与支流库依尔特河相汇后始称额尔齐斯河。额尔齐斯河是一个典型的梳状水系，干流流向垂直于支流，呈东南—西北流向，出国境后注入斋桑泊，在俄罗斯的汉特曼西斯克城附近汇入鄂毕河，最后注入北冰洋。干流全长2 969km，流域面积为107 000km^2，中国境内长为546km，流域面积为50 000km^2。额尔齐斯河沿岸风光优美，有“小漓江”之称。

额尔齐斯河

京杭大运河

京杭大运河

京杭大运河北起北京，南达杭州，流经北京、天津、河北、山东、江苏、浙江六省市，沟通了海河、黄河、淮河、长江和钱塘江五大水系，全长1 801km，是世界上最长的人工河流。早在春秋晚期（公元前486年），吴国为北上争霸就开拓了沟通江淮的邗沟。战国时期魏惠王十年（公元前360年）引黄河水东流开封，继而南下达颖水，修建了鸿沟，沟通了黄河和淮河水系。到隋炀帝时期，建成了以洛阳为中心、南达杭州、北上涿郡（北京）的运河系统。元朝定都北京后，面对北上物质运输需要和原运河绕道且淤塞严重，对运河航道进行大规模重新布线和整治，于1293年贯通大都（北京）与杭州，形成了目前的走线格局，每年经运河北上大都的粮食就达500多万石。新中国成立后制订了改造大运河计划，今天的京杭运河已成为我国仅次于长江的第二条水运大动脉。

通惠河

通惠河

通惠河是元代挖建的漕运河道，由郭守敬主持修建（1292—1293年）。最早开挖的通惠河，起自昌平县白浮村神山泉，经瓮山泊（昆明湖）调节，进入元大都城内积水潭（什刹海）和太液池（北海、中海），绕过皇城自文明门（崇文门）附近出城，在今天的朝阳区杨闸村向东南折，至通州高丽庄（今通县张家湾村）入北运河，全长82km。通惠河修建，使船只可以直接进入城市，方便了市场物质的供应。

江南运河

江南运河，又称江南河，是京杭大运河长江以南河段。大业六年（610年）隋炀帝开通长江京口（镇江）至杭州运河，江南运河的基本格局形成。江南运河北起镇江，经常州、无锡、苏州、嘉兴到杭州，北连长江，南接钱塘江，与长江三角洲许多水道相连，是江南河运的主干道，被当地人称为"官河"或"官塘"。

✲ 湖泊

湖泊是指陆地表面相对封闭的低洼地域积水，而形成的比较宽广的水域，是陆地水体的重要形式之一。湖泊的水蒸发有助于热量交换，增加空气湿度，调节湖区气候环境；湖泊水的循环，可以蓄洪滞洪，调节地表径流；湖泊水体和湖滨湿地，生物种类繁多，生物多样性突出；湖泊是城市供水和生产用水的主要来源之一，也是旅游、渔业、航运的主要场所。

湖泊类型多样，形成了不同湖泊分类系统。按照湖泊水面面积大小，可以划分为大型湖泊（面积大于500km²）、中型湖泊（面积在50～500km²之间）和小型湖泊（面积在50km²以下）。按照湖泊水循环特点，可以分为内流湖和外流湖。按照湖泊水矿化度高低，可以分为淡水湖、咸水湖及盐湖。按成因分类，可以分为：构造湖——湖盆因构造运动的沉陷或断裂而形成；侵蚀湖——湖盆因为外力的侵蚀作用而形成；堰塞湖——湖盆因为物质堆积阻塞水道而形成；遗迹湖——原来的其他水体演变形成的湖泊，如河迹湖（牛轭湖、月牙湖）、湖迹湖、海迹湖（潟湖）；人工湖——人为筑坝砌堤而形成的人工水库、池塘等。

构造湖

构造湖是指积水湖盆因为地壳构造运动所形成。如地壳沉陷洼地积水形成的沉陷湖，一般湖面巨大，岸线平直，但水深有限，如我国青海湖、中非乍得湖。构造断裂坳陷凹地积水形成的断层湖，湖形狭长，湖水深度大，湖岸陡峭且沿构造线发育，有时会出现一串沿断裂线排列的断层湖群，如东非裂谷带湖群、云南的滇池和洱海。

冰川湖

冰川湖泛指冰川作用塑造的洼地积水而形成的湖泊。古冰斗洼地积水，称冰斗湖，一般高度较高，规模较小。冰川运动中形成的侵蚀洼地积水，称为冰蚀湖，湖泊规模较大，湖水较深。冰川携带的物质因为消融而堆积，形成洼地积水，为冰碛湖，一般多位于现代冰川或古冰川消融区，湖面大小不一，湖水深度有限。

新疆天池——冰川湖

火口湖

火口湖通常指火山锥顶上的凹陷部分积水而成的湖泊，形态近似圆形，一般面积不大，湖水较深。火山喷发后，冷却的熔岩和碎屑物堆积于火山喷发口周围，使火山口形成一个底平外圆、四壁陡峻、中央深邃的漏斗状洼地，积水后就成了湖泊。我国东北长白山主峰白头山顶的天池即为著名的火口湖。

长白山天池——火口湖

堰塞湖

堰塞湖是指原来的山谷、河谷或河道被自然物堵塞，积水后形成的湖泊。火山熔岩流堵塞形成熔岩堰塞湖，冰碛物堵塞形成冰碛湖，山崩堵塞形成崩塌堰塞湖，滑坡堵塞形成滑坡堰塞湖，泥石流、沙丘等也可以形成堰塞湖。东北五大连池，就是1719年由老黑山和火烧山两座火山喷溢的熔岩流堵塞白河，形成的5个串珠状的堰塞湖。

堰塞湖

外流湖

外流湖是指湖水与入海河流相通，最终汇入海洋的湖泊。外流湖水位明显受河流水情控制，补给部分主要来自入湖径流，损耗部分主要是出湖径流，降水、蒸发、渗漏所占比例较小。外流湖对河川径流有明显的调节作用，雨季涨水可以蓄洪、滞洪。旱季湖水补充河水，起调节作用。

内陆湖

内流湖

内流湖又称内陆湖，通常指无河流与海洋相通的内陆洼地积水而成的湖泊，一般以咸水湖和盐湖为主，多处于内流河的尾闾，多为不排水湖，水位高低和储水数量与入湖河流的径流量密切相关，如西藏纳木错。

淡水湖

淡水湖通常指湖水含盐分不超过1‰的湖泊，有封闭式和开放式两种类型。封闭式的淡水湖大多位于高山或内陆区域，没有明显的河川流入和流出。开放式淡水湖一般面积较大，湖中有岛屿，并有多条河川流入和流出。

中国最大的淡水湖——鄱阳湖

盐湖

盐湖为咸水湖的一种，通常指湖水所含盐类以氯化物为主、含盐度大于24.7‰、湖水蒸发量超过或等于注入水量、边缘有盐土硬壳或水中有盐类结晶出现的咸水湖。我国柴达木盆地蒸发量达2400~2600mm，为年降水量的30~50倍，因而盐湖广布，著名的有察尔汗盐湖、茶卡盐湖等。

咸水湖——青海湖

咸水湖

茶卡盐湖

咸水湖通常指湖水含盐分超过1‰的湖泊。咸水湖多因湖水不排出或排出不畅，蒸发造成湖水盐分富集而形成。按照含盐的类型，可以分为以氯化钠为主的盐湖、以碳酸钠和硫酸钠为主的碱湖和以硼砂为主的硼砂湖。在我国，咸水湖主要分布于西部干燥的内流区，如著名的青海湖。

❖ 中国的湖泊分布

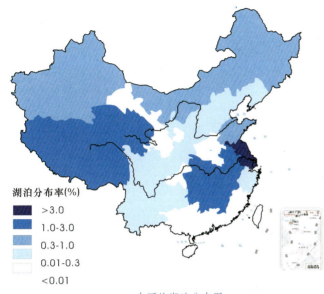

湖泊分布率(%)
- ■ >3.0
- ■ 1.0-3.0
- ■ 0.3-1.0
- ■ 0.01-0.3
- □ <0.01

中国的湖泊分布图

我国是一个湖泊众多的国家，全国有各类天然湖泊24 880多个，总面积在83 000km²以上。常见的湖泊的名称有湖、泊、淀、海、池、荡、塘、潭、泡、氿、漾、错、茶卡、库尔、库勒、淖、诺尔和海子等。

我国湖泊分布普遍又相对集中，形成了五大湖区：（1）东部平原湖区，包括长江中下游平原、华北平原及东南沿海等地。湖泊面积22 161km²，占全国湖泊总面积的27.5%，多属构造沉陷湖、河迹湖、潟湖和湖迹湖，大多为淡水湖。（2）东北湖区，包括东北平原和东北山地，湖泊面积3 722km²，占全国湖泊总面积的4.6%，多属河迹湖，数量多，面积小，水位浅，含有较多的盐碱成分，大的湖泊多与构造运动和火山活动有关。（3）云贵高原湖区，湖泊面积1 188km²，占全国湖泊总面积的1.4%。内力作用下的构造断裂形成的断层湖，沿构造线发育，湖形狭长，湖水较深。外力作用下的溶蚀洼地形成的溶蚀湖，一般面积小，湖水较浅，常与地下暗河相通，如贵州草海。（4）蒙新湖区，包括内蒙古及西北五省区，湖泊面积15 875km²，占全国湖泊总面积的19.7%。本区受干旱、半干旱气候的影响，多为沉陷湖和风蚀湖，湖面小，水位浅，矿化度高，湖形游移多变，多属咸水湖和盐湖。（5）青藏高原湖区，湖泊面积37 549km²，占全国湖泊总面积的46.6%，是我国最大的湖泊分布区。构造洼地形成的沉陷湖，湖面较大，湖水深度不大，周围群山环绕，如青海湖、纳木错、当惹雍错等。冰川作用形成的冰川湖，如羊卓雍错、班公湖等。本区湖泊大多是内流湖，多属于咸水湖和盐湖，湖水矿物资源丰富，只有扎陵湖、鄂陵湖等少数淡水湖。

鄱阳湖

鄱阳湖是我国最大淡水湖，古称彭蠡、彭泽、彭湖，有赣、抚、信、饶、修等河汇入，集水面积达161 000km²。整个湖泊南北长达

鄱阳湖水系图

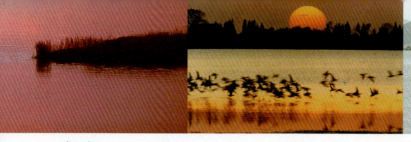

鄱阳湖   洞庭湖   太湖

110km、东西宽约70km，湖面面积3 583km²，湖面海拔21m，平均水深6.9m，宛如一只葫芦，系在长江腰带上。北部通过一条50km的狭长水道，于湖口注入长江。鄱阳湖地势高于长江河道，正常水位江水不能进入湖区，对长江径流调节作用不大，但可拦蓄江西境内大部分洪水，对减轻长江下游洪水压力作用显著。湖中水产丰富，素有"天然鱼库"美称，为野鸭、鹭、天鹅、白鹤等禽鸟提供了良好生境。

洞庭湖

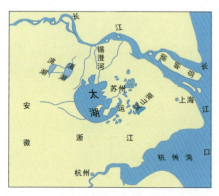

洞庭湖水系图

洞庭湖是我国第二大淡水湖，属于古代云梦大泽的遗迹湖，曾是我国最大淡水湖，现面积仅有2 740km²，湖面海拔33.5m，平均水深6.7m。民间传说湖中君山是神仙洞府，故有"洞庭"之称。洞庭湖上游接纳湘、资、沅、澧四水，北部有松滋、太平、藕池、调弦四入口接纳长江来水，东北有岳阳城陵矶出口与长江相通，调蓄洪峰的作用显著。但巨量来水挟带泥沙，每年在湖底沉积达1.615亿m³以上，湖面已经被分割为东洞庭、西洞庭、南洞庭和大通湖几个湖区。洞庭湖鱼类资源十分丰富，湖区盛产的苎麻、君山茶和湘莲等闻名遐迩，岳阳楼、屈原墓等名胜古迹更是驰名中外。

太湖

太湖水系图

太湖，古称震泽、具区、笠泽，湖面海拔3.1m，平均水深2.1m，南北长68.5km，东西平均宽34km，湖水面积2 425km²。湖中有大小岛屿51个，其中最大的是洞庭西山。太湖水源主要靠苕溪、南溪和江南运河补给，通过黄浦江、浏河等水道外泄。太湖的成因有潟湖说、封闭海湾说、构造沉陷说、天体古陨石冲击坑说与河迹湖说等。太湖不仅渔业资源丰富，而且山清水秀，风光旖旎，是我国著名的国家级风景名胜区。

洪泽湖水系图

洪泽湖

　　洪泽湖位于淮河中游，里运河之滨，原是小湖群，古称破釜塘、洪泽浦，唐始称洪泽湖。由于黄河决口带来的泥沙淤积，堵塞淮河下游泄水，在许多小湖的基础上形成今日大湖。湖面面积1 960km^2，湖面海拔12.3m，平均水深1.4m，是淮河流域最大的平原型湖泊。注入洪泽湖的河流最大的是淮河，占总水量的70%以上。洪泽湖排水河道

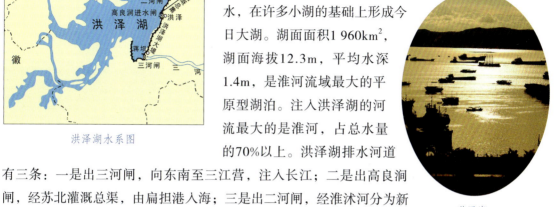

洪泽湖

有三条：一是出三河闸，向东南至三江营，注入长江；二是出高良涧闸，经苏北灌溉总渠，由扁担港入海；三是出二河闸，经淮沭河分为新淮河和淮沭新河两支入海。

巢湖

　　巢湖是我国五大淡水湖之一，又称焦湖，湖形呈鸟巢状而得名，东西长78km，南北宽44km，面积820km^2，湖面海拔10m，平均水深4.4m。湖岸曲折，港汊众多，号称360滩。湖中有姥山、炫山等小岛。巢湖属长江水系的构造沉陷湖，补给来源于杭埠河、丰乐河、南淝河等众多山溪性河流，湖水在巢县出湖，经裕溪河东南流，至裕溪口注入长江。湖中鱼类资源非常丰富，尤以"巢湖三珍"——银鱼、毛鱼和白虾驰名中外。

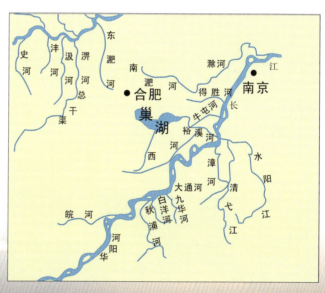

巢湖水系图

巢湖

青海湖

　　青海湖是我国最大的湖泊，位于大通山、日月山、青海南山间，属于构造沉陷湖。青海湖古称鲜水、西海、卑禾羌海，蒙语称"库库诺尔"，藏语称"错温布"，均为"蓝色湖泊"之意。青海湖东西长106km，南北宽63km，面积4 583km²，湖面海拔3 196m，平均水深18.6m，湖水含盐量为12‰~13‰，矿化度14克/升。主要由周围高山冰雪融水及地下水补给，入湖的河流有40多条，其中布哈河最大，流量占入湖总流量的2/3。在高寒环境下，青海湖的鱼类资源比较单纯，著名的有高原冷水性鱼类——青海湖裸鲤（湟鱼）。湖西北隅的鸟岛，面积不足半平方千米，却栖息着斑头雁、鱼鸥、棕头鸥、鸬鹚、赤麻鸭等水鸟10万之众，现已建立了自然保护区。

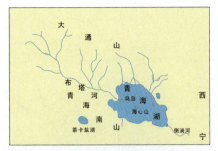

青海湖水系图

青海湖

纳木错

　　纳木错位于拉萨市以北，是世界海拔最高的大湖，又称腾格里海，藏语是"天湖"的意思，湖面东西长70km，南北宽30km，面积1 940km²，湖面海拔4 718m，水深超过30m，湖水矿化度1.7克/升。湖中有石质岩岛3个，东南部有半岛伸入水中，呈现出石林、溶洞、天生桥等高原岩溶地貌。纳木错的水源补给主要靠念青唐古拉山和低山丘陵的冰雪融水，沿湖有众多大小河溪注入，冬季由于补给水源中断湖面大为缩小。纳木错鱼类资源甚丰，湖泊四周是藏北水草丰美的牧场。

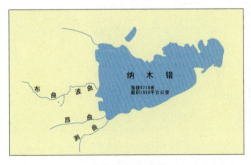

纳木错湖水系图

天湖——纳木错

中国的植被

中国植被的特点

中国植被的分布

中国森林的类型

中国森林的分布

中国草原的类型

中国草原的分布

中国的荒漠植被

中国的植被

✤ 中国植被的特点

　　植被是指覆盖某一区域，并适应于相应环境条件，具有一定种类组合的所有植物或植物群落的总称。中国的植被具有以下四个明显特点：（1）植物种类繁多。种子植物有24 550种，占世界种子植物种类的9.4%，仅次于马来西亚和巴西，位居世界第三位。（2）植被类型丰富。森林植被中除赤道雨林和地中海式植被外，在我国都能见到。草原植被有多种类型，隐域性植被有盐生草甸、沼泽植被、沙生植被和山地垂直植被。（3）由于我国大陆于中生代时已奠定，加之第四纪大陆冰川影响范围较小，成为许多古老孑遗植物物种的避难所和新物种的起源地，植物起源古老，残遗种和特有种多。（4）地理区系成分与分布混杂。含有泛北极、泛热带、古热带、古地中海和古南大陆的各种成分，且在南、北方广泛分布。（5）人工植被面积广大。中国历史悠久，人类活动影响深远，大部分地区天然植被基本上被人工植被所取代，是世界上栽培植物最丰富的国家之一。

✤ 中国植被的分布

　　我国植被分布具有明显的地带性分异：（1）纬度地带性分异，东部表现明显，自北向南沿着纬度方向有规律地更替，依次为寒温带针叶林、温带针叶—阔叶混交林、暖温带落叶阔叶林、北亚热带常绿—落叶阔叶混交林、中亚热带常绿阔叶林、南亚热带常绿阔叶林、热带季雨林—雨林。（2）经度地带性，在我国昆仑山—秦岭—淮河一线以北的温带、暖温带地区表现明显。由东向西依次为温带和暖温带森林、温带和暖温带森林草原、温带草甸草原、温带典型草原、温带荒漠草原、温带荒漠。（3）垂直地带性，在我国各地的亚高山、高山和青藏高原表现明显。在青藏高原东部和南部形成高寒草甸草原，在西北部形成荒漠和荒漠草原。

中国植被分布图

图例：
- 寒温带落叶针叶林
- 温带针叶—阔叶混交林
- 暖温带落叶阔叶林
- 北亚热带常绿—落叶阔叶林
- 中亚热带常绿阔叶林
- 南亚热带常绿阔叶林
- 热带季雨林—雨林
- 温带草原区域
- 温带荒漠区域
- 高原高寒植被区域

南海诸岛

❊ 中国森林的类型

混交林

　　从森林在陆地上的分布，可划分为针叶林、针叶阔叶混交林、落叶阔叶林、常绿阔叶林、热带雨林、热带季雨林、红树林、珊瑚岛常绿林、稀树草原和灌木林。按发育演替过程，可分为天然林、次生林和人工林。以起源划分，有实生林和萌芽林（无性繁殖林）两类。按树种组成又可分为纯林和混交林。按效益可分为用材

林、防护林、薪炭林、经济林和特种用途林。按作业法可分为乔林、中林和矮林。按林龄可分为幼林、中龄林、成熟林和过熟林按年龄结构可分为同龄林和异龄林等。

阔叶林

针叶林

寒温带落叶针叶林

寒温带针叶林是由耐寒的常绿或落叶针叶树种所组成，为我国分布面积广、资源丰富的森林类型。主要由云杉属、冷杉属、落叶松属和一些耐寒的松属和圆柏属植物所组成。它是寒温带大兴安岭北部一带的地带性植被类型，能适应寒冷、潮湿或干燥的气候条件，寒温带针叶林一般可分为两类：一类为寒温带落叶针叶林，由冬季落叶的各种落叶松所组成，代表性树种为耐寒性针叶树——兴安落叶松，称为"明亮针叶林"；另一类为寒温带常绿针叶林，以云杉、冷杉为建群树种，称为"阴暗针叶林"。

寒温带落叶针叶林——落叶松

温带针叶—阔叶混交林

温带针叶—落叶阔叶混交林主要分布于小兴安岭和长白山，现有森林面积约为200 000km²，森林覆盖率为44.3%。小兴安岭林区的温带针阔叶混交林，以海洋性针叶树——红松为主，其他针叶树有冷杉、云杉、落叶松等；阔叶树有紫椴、枫桦、水曲柳、黄波罗等。这里是中国现有森林中唯一有红松林分布的地带。长白山林区植物种类繁多，仅维管束植物就有1 900多种，常见的木本植物有150余种。中部地带，森林具有明显的垂直带谱。

温带针叶—阔叶混交林区

暖温带落叶阔叶林

我国的暖温带落叶阔叶林分布，东起辽西山地、辽东半岛和胶东半岛山地丘陵，西到青海东部，北至长城，南到秦岭和淮河以北广大的山地丘陵地区。这一地区由于开发历史长，遭受人为的破坏大，所以现存森林仅有83 000km²，森林覆盖率8%左右。目前，除秦岭中段有较大面积的天然林外，其余地区只在偏远山地分布有天然次生林。主要阔叶树种为喜温耐旱的辽东栎、槲栎、栓皮栎、麻栎等落叶栎类，以及人工栽植的杨、柳、榆、国槐、臭椿、泡桐等，主要针叶树种为温性针叶树如油松、华山松、华北落叶松、冷杉等。

油松林

北亚热带常绿—落叶阔叶混交林

北亚热带常绿阔叶—落叶阔叶混交林，分布在在我国长江以北，秦岭—淮河以南的山地丘陵区，是落叶阔叶林与常绿阔叶林之间的过渡类型。这类森林以含有常绿阔叶树种的落叶栎类树种为主，针叶林演变为耐酸性针叶树——马尾松为主。一般无明显优势种，因有落叶树的存在群落有明显的季相变化。即由夏季长叶，冬季落叶的乔木树种组成。乔木层下有一层灌木层和多层草本层，也具有明显的季节变化。

中亚热带常绿阔叶林

中亚热带常绿阔叶林，北起长江，南到南岭，主要分布于江南丘陵、闽浙山区、四川盆地南部、云贵高原东部和台湾岛北部。主要常绿树种有青冈、栲、石栎和茶科、樟科、木兰科、金缕梅科等，针叶树种为马尾松、云南松、杉树、柏树等，毛竹林分布普遍。亚热带常绿阔叶林植物资源极为丰

中亚热带常绿阔叶林

富，林中有许多速生、珍贵的林木和其他经济植物。群落外貌是由革质、单叶、小型和中型叶为主的常绿植物构成的阔叶林，终年常绿，一般呈暗绿色，林相整齐，树冠浑圆。由于树叶表面光泽，蜡质层厚，且常与光线照射方向垂直，又称照叶林。

南亚热带常绿阔叶林

南亚热带季风常绿阔叶林

南亚热带常绿阔叶林，主要分布于南岭以南的广东、广西、云南的南部，以及福建东南部和台湾岛中部。南亚热带季风常绿阔叶林为偏湿性常绿阔叶林，植物种类丰富，上层以樟科、壳斗科为主，中下层以大戟科和芸香科居多，藤本、附生、寄生植物和蕨类植物较多。群落结构复杂，乔、灌、草成层现象明显，属于亚热带但又有很强的热带—亚热带过渡区的特征。

热带季雨林—雨林

我国的热带季雨林—雨林主要分布于热带周期性干湿季节交替的地区，包括云南南部谷地、海南岛、雷州半岛和台湾岛南部。群落结构类似于赤道雨林，但上层乔木较矮（30m以下），板根不够发达，藤本和附生植物较少，乔木以落叶和半落叶为主，林冠有明显的季相

变化。红树林是该林带的滨海地区分布广泛的典型植被。群落结构十分复杂，乔木就多达三四层，高大，可达30~50m，分枝很高，树皮薄光，板根发育，树叶大而有滴水尖，林中藤本、附生、寄生植物丰富；林下灌木、草本、蕨类植物茂密。

海南岛热带雨林

✤ 中国森林的分布

针叶林
落叶阔叶林
常绿阔叶林
季雨林和雨林
森林破坏严重地区
林区界线

中国森林分布

我国国土开发历史悠久，人口众多，森林拥有量偏少，覆盖率低，我国大陆有林地面积为$1.75 \times 10^6 km^2$，森林覆盖率18.21%，是一个少林国家。有林地的90%以上主要分布在东半部，东北、西南、东南和华南的山地丘陵为森林资源丰富区，而西北内陆、青藏高原和华北、华东的人口稠密、经济发达地区森林资源较少。一般把现有森林划分为七大区域：（1）东北用材林—防护林区。（2）蒙新防护林区。（3）黄土高原防护林地区。（4）华北防护林—用材林区。（5）西南高山峡谷防护林—用材林区。（6）南方用材林—经济林区。（7）华南热带林保护区。

大兴安岭林区

大兴安岭林区位于内蒙古自治区东北部，地跨呼盟、兴安盟的9个旗市，林区南北长696km，东西宽383km。有林地面积$8.15 \times 10^4 km^2$，森林覆盖率76.3%，活立木蓄积7.1亿m^3。经过自然界长期对耐寒性植物的演化，形成了最适应极端大陆性气候条件和永久冻土

小兴安岭林区

的兴安落叶松与冻土、湿地相互依存、相对稳定的森林生态系统。作为我国唯一的寒温带明亮针叶林区，其丰富的森林植被是东北地区生态环境中的重要因素，是寒温带地区重要的生物基因库。

小兴安岭林区

大兴安岭林区

小兴安岭林区位于黑龙江省东北部，西北大致以嫩江—黑龙江为界，西南连松嫩平原，东南邻松花江，北抵黑龙江。林区面积约$1.10 \times 10^5 km^2$，其中有林地面积为$6.00 \times 10^4 km^2$，森林覆盖率为54%。分布在小兴安岭南坡海拔1 040m以上分水岭顶部是偃松、岳桦林，海拔600~700m以上平缓的分水岭坡地上分布着云杉、冷杉，小兴安岭北坡有兴安落叶松林，还有大面积的栎树和白桦次生林。

长白山林区

长白山林区位于吉林省境内，森林植物种类较多，结构也较复杂。南部有亚热带的小乔木及附生的植物，北部和高山地带有偃松、越橘、杜香等，东南端有华北区系的油松、辽东栎、槲栎。在林区内，云杉、冷杉分布较广，还有古老残留树种紫杉。森林中有天然野生人参等。这个林区大面积的天然林现已不多，主要是天然次生林。主要树种为山杨、白桦、蒙古栎，还有胡桃楸、春榆、水曲柳等。

长白山林区

秦岭—小陇山林区

秦岭—小陇山林区位于秦岭山地中西部，自然植被具有南北交会、东西过渡、古今并存的特点，区系成分复杂。森林垂直分布较为明显，海拔1 000m以下为常绿—落叶阔叶混交林；1 000~2 200m为落叶阔叶林；2 200~2 400m为针叶阔叶混交林；2 400~3 000m为以云杉、冷杉为主的针叶林；3 000米以上为亚高山灌丛或草甸。红桦天然林群落分布的宽度最大，与伴生树种重叠，群落呈聚集分布，天然更新良好。

小陇山林区

祁连山林区

祁连山林区位于青藏高原、黄土高原和蒙新高原的交会地带，海拔2 000～4 000m，属大陆性高寒半湿润气候，年平均气温−1℃～2℃，年降雨量300～400mm，相对湿度50%～70%。祁连山林区森林的郁闭度较高，导致阳光难以透进，通风差，使得树籽自然生出的小树难以存活，森林生长缓慢，天然林更新能力低。林区以乌鞘岭以东为杂混林，过乌鞘岭，林区所有树木为单一云杉。

祁连山林区

天山—阿尔泰山林区

阿尔泰山林区

天山—阿尔泰山林区是新疆的重点林区，主要树种有新疆云杉、雪岭云杉等。由于山地的垂直分布，3 000～3 500m以上植被主要为苔藓类垫状植物；2 600～3 500m为高山—亚高山草甸草原；1 300～2 600m为森林草原带；800～1 300m是灌木草原。植被分布下限由西向东升高。两大林区成过熟林比例较高，年自然枯损量大，自然更新较慢，难以实现森林资源面积和蓄积的有效增长。为改善山区天然林的结构，提高林区质量，现已启动天山、阿尔泰山前山带原始森林恢复再造工程，加大人工造林、中幼林抚育和封山育林力度，对造林封育区将实行轮封、轮牧和生态移民。

横断山林区

横断山林区主要指分布于四川西部、云南西部、北部及西藏东南部一带的林区，是中国第二大林区——西南林区的主体部分。主要树种有云杉、冷杉、铁杉、栲类、栎类等。森林资源富饶而广布，森林种类极为复杂，经济林木和果木林丰富。盛产贝母、冬虫夏草、天麻、大黄、三七、麻黄等各种中药材。林区是我国原始森林保存较为完好的区域，在过去较长时间内重采轻造和肆意毁林开荒，森林资源锐减，大量宜林土地受严重侵蚀而退化。

五指山林区

海南五指山林区属未开发的原始森林。这里植被生长快，植物繁多，是热带雨林、热带季雨林的原生地。植被垂直分带明显，且具有混交、多层、异龄、常绿、干高、冠宽等特点。以珍贵的热带木材而闻名全国，其中458种乔木被列为国家的商品材，属于特类木材的有花梨、坡垒、子京、荔枝、母生5种，一类材34种，二类材48种，三类材119种，适珍稀树种45种，是蕴藏着无数百年不朽良木的绿色宝库。

五指山林区

✳ 中国草原的类型

草原是半干旱至半湿润环境下由旱生、半旱生多年生草本植物组成的地带性植被类型。草原植物的群落结构简单，季相显著，主要有旱生的窄叶丛生禾草如隐子草、针茅、羽茅等属植物，以及菊科、豆科、莎草科和部分根茎禾草等。我国把草原划分成七个类型：在气候湿润的林缘或疏林地区，以中生或半旱生草本植物为主兼有高大杂类草组成的疏林草原；在雨水适中的气候下，由多年生丛生禾草及根茎性禾草占优势的草甸草原；在半干旱气候下，以旱生多年生草本植物占优势的典型草原（干草原）；在干旱气候下，由非常稀疏的真旱生多年生草本植物为主，并混生有大量旱生小半灌木的荒漠草原；在一定海拔高度的山谷和山坡上，由各种类型的多年生草本植物所组成的山地草原；在亚热带和热带的低山及丘陵上，由喜温热的中生或半旱生多年生草本植物和杂类草，以及少量稀疏散生的乔木所组成的山地草丛；在海拔4 500m以上的高原，由寒旱生的多年生丛生禾草为主，并有不同数量的垫状植物和高原灌丛所组成的高寒草原。

内蒙古大草原

草甸草原   温带草原   荒漠草原

温带草原

　　我国温带草原面积很大，主要分布在松辽平原、内蒙古高原和黄土高原。温带草原由多年禾本科旱生植物为主，具有叶片狭窄，有绒毛卷叶，甚至具有蜡质层等。草类根系扎得较深，并成丛分布形成连续而稠密的草地。由于夏季风影响由东向西逐渐减弱，从东到西形成温带草甸草原→温带典型草原→温带荒漠草原过渡的经度地带性特点。温带草甸草原分布于东北平原和大兴安岭西坡低山丘陵，以豆科植物为主，其次是禾本科植物。温带典型草原又称真草原、干草原，分布在内蒙古高原的北部和中部、东北平原的西南部、黄土高原的中西部，主要是各种针茅，蛋白质含量高，营养物质丰富。温带荒漠草原分布于内蒙古高原的西部以及温带荒漠区的山地下部，为禾本科、菊科、百合科植物，多为旱生多年生草本，由于水分的不足生长稀疏，生态环境脆弱，土地沙漠化强烈。

高寒草原

川西高寒草原

　　我国高寒草原主要分布在青藏高原东部和南部海拔在4 000~4 500m以上的高寒半干旱地带，以及帕米尔高原及天山、昆仑山和祁连山森林带的上部。这里气候寒冷，日照强烈，紫外线作用强，温度变化剧烈，昼夜温差大，年降水量约400mm，相对湿度70%以上。植物多低矮丛生，抗旱耐寒，叶面积小，叶片内卷，根系较浅，植株形成密丛。主要以多年生草本、垫状小灌木或垫状植物为主，如紫花针茅、座花针茅，以及克氏羊茅、假羊茅，还有莎草科硬叶苔草；小半灌木有藏籽蒿、藏南蒿、垫状蒿等；垫状植物有驼绒藜、棘豆等。

山地草甸

　　在我国南方亚热带高中山地，东北、华北中低山地，西北各大山地和青藏高原东部亚高山上，由于气温低，蒸发弱，发生季节性或常年地下水浸润，有大片山地草甸类草地分布。由于海陆位置的不同，濒临海洋的山地草甸比较湿润，而在深居内陆的山地草甸则干旱及半干旱特征显著。同时，山地草甸类草地分布的海拔高度不同，均有垂直地带差异。山地草甸草地的牧草种类甚为丰富，牧草主要有早熟禾属、异燕麦属、雀麦属、蓼属、野古草属、野青茅属、剪股颖属等。

草甸草原

高寒草甸

❉ 中国草原的分布

我国的草原分布广泛，约有$4 \times 10^6 km^2$。天然草原分布于东北的西部、内蒙古、黄土高原北部、西北荒漠地区的山地和青藏高原一带，有$3.16 \times 10^6 km^2$，约占全国的80%，其中西藏、内蒙古、新疆、青海四省区最多。此外，中部和南部各省有草山草坡$7.58 \times 10^5 km^2$，以云南、广西、湖北所占面积最大；沿海滩涂有草地约$1 \times 10^5 km^2$，其他农区亦有一些面积不大且分散的草地。依据自然地理条件及行政区划分，通常分为五大草原区：东北草原区、蒙宁甘草原区、新疆草原区、青藏草原区和南方草山草坡区。

中国草原位置图

我国草原面积虽然较大，类型多样，但质量较低。最适宜放牧、草质好、产草量高的一等草地，约占全国草地面积的12.85%，主要为草甸草原和典型草原。一般适合放牧、草质较差、产草低的二等草地，约占全国草地面积的38.93%，以荒漠草原为主。勉强适宜放牧、草质很差、产草量很低的三等草地，约占全国草地面积的47.86%，该类草地以荒漠、沙生、盐生、沼泽和南方灌丛草地为主。此外还有不适宜牧草地0.36%。保护草地资源，提高草场质量，是草原牧业发展的关键。

呼伦贝尔草原

呼伦贝尔草原因境内有呼伦、贝尔二湖而得名，位于内蒙古东北部的呼伦贝尔盟，是我国温带天然优良草场和传统牧区，面积约93 000km²，海拔650~700m。草原夏季温和短促，冬季严寒漫长，年降水量250~350mm。天然草场以干草原为主，包括林缘草甸、草甸草原、河滩与盐化草甸及沙地草场等多种类型。优势牧草主要有羊草、贝加尔针茅、大针茅等。著名畜种有三河牛、三河马、锡尼河牛、锡尼河马等。

呼伦贝尔东部草原

科尔沁草原

科尔沁草原地处内蒙古自治区东南部，西拉木伦河西岸和老哈河之间的三角地带，海拔250~650m，西高东低，面积约42 300km²。"坨""甸"并存的环境是其突出特色。坨子地泛指沙丘和沙土地，主要生有隐子草、冰草、芦苇、小黄柳等植被。而甸子地指的是坨子地内部及其之间的低湿地，由草甸土组成，植被主要有羊草、寸草苔、马蔺等。历史上的科尔沁草原曾是"地沃宜耕植，水草便畜牧"之地，如今退化严重，在这里采取草场封育、翻耕补播、人工种草、引洪淤灌、防止过牧及营造防护林等保护措施，已经刻不容缓。

科尔沁草原

锡林郭勒草原

锡林郭勒草原位于内蒙古锡林郭勒盟境内，总面积10 700km²，处于温带森林草原向荒漠草原的过渡地

锡林郭勒草原

带，是我国有较强典型性和代表性的草原区，虽有疏林、灌丛、草甸、沼泽等草地，但主体为温带典型干草原。大针茅草原，克氏针茅草原是代表性草原植被。这里的野生动植物均具有蒙古高原特色，有黄羊、狼和各种啮齿类动物，以及鹰、百灵鸟等鸟禽。为了重点研究和保护草甸草原、典型草原、沙地疏林草原，特设有中国科学院草原生态系统定位站。

那曲高寒草原

那曲，藏语为"黑河"的意思，又称羌塘草原，位于唐古拉山脉、念青唐古拉山脉和冈底斯山脉怀抱之中，总面积达400 000km²，平均海拔在4 500m以上。这里年降水量380mm，全年无绝对无霜期，草原优势植物为羽柱针茅、羊茅属植物、垫状植物等，伴生种有蒿类、锦鸡儿、葶苈、大蒜芥、虎儿草和风毛菊等。结构简单，草层低矮。一般草高15~20cm，覆盖度30%~50%，只适宜放牧耐高寒的牦牛、藏绵羊、藏山羊。每年5~9月，那曲草原气候温和，绿色植物生长茂盛，一片青绿，人欢畜旺，是草原的黄金季节。

那曲高寒草原

❈ 中国的荒漠植被

荒漠植被是极端大陆性气候条件下，或雪线以上高寒环境下生长的植被类型。我国的荒漠植被可以分为温带荒漠植被和高寒荒漠植被两种。温带荒漠是以旱生或超旱生半乔木、灌木、半灌木及旱生的肉质植物为主组成的稀疏植被类型，主要分布在内蒙古高原西部、鄂尔多斯高原西部、宁夏中部、甘肃北部、黄土高原北部及西部，新疆低山坡麓等地区。由于气候干旱，温差大，

荒漠植物——豆科——沙冬青

风沙多，土地贫瘠，质地粗，盐渍化，降水稀少，蒸发强烈，因此植物种类极其贫乏，仅有一些生长期短、耐旱和喜生于沙石之间的草本植物和灌木生长，地表大面积裸露。荒漠植被具有明显的旱生性，叶子极度弱化变成棒状或针状，大多数植物具有发达的根系。荒漠植被的生产量很低，生物物质积累缓慢。高寒荒漠植被主要分布于青藏高原西北部，尤其是藏北高原，海拔高度大，气候寒冷，风力强劲，水分缺乏，植物生长十分矮小。

荒漠植物

荒漠植物——柽柳

荒漠植物——碱蓬

我国的荒漠植物主要分布在西北地区。植被稀疏，种类贫乏，主要建群种为旱生、盐生的灌木、半灌木和肉质植物、短生植物、低等植物等。肉质植物，具有多肉茎干，可储存水分，针状叶片用以防止动物的啃食，如仙人掌。短生植物，利用短暂雨季，迅速完成发芽、生长、开花、结果、成熟的生命全过程，以种子度过严酷的旱季，如沙棘等。盐生植物，最大的特点是对盐渍生境有较强的适应能力，能够在盐渍生境中正常生长，如柽柳、沙枣、碱蓬等。

荒漠化

荒漠化是指气候变异和人类活动等因素造成的干旱、半干旱地区及一些半湿润地区的土地退化。中国是全球荒漠化面积大（约2 670 000km² 土地）、分布广（受影响约4亿人口）、危害严重的国家之一。我国主要荒漠化类型有风蚀荒漠化、水蚀荒漠化、冻融荒漠化、土壤盐渍化等。其中，风蚀荒漠化土地面积达1 600 000km²，主要分布在干旱、半干旱地区，尤其是我国西北地区，风沙危害和荒漠化问题尤为突出。

准噶尔盆地的荒漠

荒漠

人工治沙

荒漠化不断侵蚀着耕地、牧场和森林，严重影响了人类的生存和发展。1996年12月，《联合国防治荒漠化公约》正式生效。2009年6月17日是第15个"世界防治荒漠化和干旱日"，主题是"保护土地和水就是保障我们共同的未来"。我国不仅是《联合国防治荒漠化公约》的缔约国，而且积极采取"三北防护林工程""封沙禁牧""退耕还林还草""控制人口增长""生态移民"等措施，防治荒漠化的蔓延。具体的人工治沙措施有种草设置方格沙障、植树形成防风林带、封沙育草、引水拉沙、黏土压沙改良沙漠土壤、改变沙区生产方式等，因地制宜，综合整治，在沙漠治理方面取得了不小的成绩。

三北防护林工程景观

中国的海疆

中国的海区

中国的岛屿

中国的半岛

中国的海峡

中国的海湾

中国的海疆

✤ 中国的海区

　　中国地处欧亚大陆的西岸，面对着浩瀚的太平洋，浅海大陆架十分宽广，濒临着十分辽阔的海域。这些海域北起中国大陆，南至大巽他群岛，东部以朝鲜半岛、九州岛、硫球群岛、菲律宾群岛为界，自北而南依次有渤海、黄海、东海、南海（总面积约$4.73 \times 10^6 km^2$）和台湾岛以东海域五大海区，国际上统称为中国近海。中国近海是亚欧大陆与太平洋水体之间的过渡海域，呈北东—南西向的弧形分布，南北狭长，属于华夏构造体系沉降带，自第三纪海水开始侵入，第四纪基本形成轮廓，大部分属于大陆架浅海。其中渤海和黄海海域全部处于大陆架，东海有2/3的面积属大陆架，南海的北部大陆架也十分宽广。大陆架浅海，受陆地水文影响明显，拥有丰厚的海底堆积沉积层，海水中有机质含量丰富，是我国海洋生物主要繁殖区和分布区，也是重要的油气资源、金属和非金属资源、化学资源以及海洋能源的富集区。

东海

东海西接中国大陆，北与黄海相连，东与太平洋之间隔以日本九州岛、琉球群岛和中国台湾岛，南面通过台湾海峡与南海相通，界线为福建东山岛南端沿台湾浅滩南侧到台湾岛南端鹅銮鼻之间的连线，为一较开阔的大陆边缘浅海，面积$77 \times 10^4 km^2$，平均水深349m。西北部多为水深200m以内的大陆架，东南部为大陆坡和冲绳海槽，后者的最大深度达2 719m，为东海最深处。

钱塘江大潮

我国沿海岛屿约有60%分布在东海，主要有台湾岛、舟山群岛、澎湖列岛、钓鱼岛等。东海是我国最主要的渔场，盛产大黄鱼、小黄鱼、带鱼、墨鱼等，舟山渔场被称为"我国海洋鱼类的宝库"。

雄伟的东海大桥

南海

南海是我国最深、最大的海，也是仅次于珊瑚海和阿拉伯海的世界第三大陆缘海。整个海域被大陆、半岛和岛屿所包围，为面积$350 \times 10^4 km^2$的深海盆。四周较浅，中间深陷，平均深度1 212m，最深处达5 559m。西部有北部湾和泰国湾两个大型海湾。汇入南海的主要河流有珠江、韩江、红河、湄公河和湄南河等。南海分布着许多珊瑚礁和珊瑚岛，像一颗颗璀璨的明珠镶嵌在湛蓝的海面上，这些岛礁总称南海诸岛，分为东沙群岛、西沙群岛、中沙群岛、曾母暗沙、南沙群岛和黄岩岛。南海是丰饶的大渔场，有大黄鱼、小黄鱼、带鱼、鲐鱼、墨鱼、海龟、红鱼等。珠江口、莺歌海、西沙群岛等海域发现丰富的石油天然气资源。

南海海域图

黄海

黄海西临山东半岛和苏北平原，东为朝鲜半岛，北端辽东半岛，南接东海，界线为长江口北岸启东角和济州岛西南角的连线，面积约为$38 \times 10^4 km^2$，平均水深44m，最大水深140m。由于长江、淮河和鸭绿江等河流注入黄海，河水携带泥沙过多，使近岸海水呈浅黄色而得名。山东半岛东端的成山角和朝鲜半岛的长山连线，将黄海分为北黄海和南黄海。北黄海海域面积较小，是由山东半岛、辽东半岛和朝鲜半岛围合的半封闭海域，受陆地水文环境影响较大。南黄海海域面积较大，黄海最大水深就在济州岛北侧。黄海是南下的沿岸流与北上的黑潮暖流交汇的海域，水产丰富，著名的有大黄鱼、小黄鱼、黄姑鱼、鳐鱼等，还有黄海北部的鹰爪虾产量最大。南黄海多见淤泥质海岸，地势平坦，面积宽广，适宜纳潮蓄水，晾晒海盐，形成我国北方四大海滨盐场的山东盐场和苏北盐场。

黄海——长山列岛

渤海海域图

渤海——庙岛群岛

渤海

渤海古称沧海，被陆地三面包围，仅东部以渤海海峡与黄海相通，界线为山东半岛北端蓬莱角—庙岛列岛—辽东半岛南端老铁山角一线，为一近封闭型的内海。海域面积 $8 \times 10^4 km^2$，平均水深18m，最大水深78m。渤海海区由北面的辽东湾、西面的渤海湾、南面的莱州湾和中央海盆四部分组成。由于辽河、滦河、海河、黄河等河流的注入，水温较低，盐度较小，泥沙较多，海底平坦，饵料丰富，是我国大型海洋水产养殖基地，盛产对虾、小黄鱼。沿岸盐田较多，以西岸的长芦盐场和北岸的辽宁盐场最著名。主要岛屿有庙岛群岛、长兴岛、西中岛、菊花岛等。近年来在渤海海底发现丰富的石油，已大规模开采。渤海由河北、山东、辽宁二省和天津市环抱，有13座环渤海城市构成环渤海城市圈。

台湾以东太平洋海区

台湾以东太平洋海区直接面临太平洋，处于菲律宾海盆的西北部，北界大致相当于日本琉球群岛的先岛群岛，南部以巴士海峡与菲律宾的巴坦群岛相隔。这片海区划分为北、中、南三段，自北向南水深从600m增至5 000m以上。台湾岛东侧为狭窄的大陆架，外侧是陡降的大陆坡直临海沟或海底，且火山、地震活动频繁。整个海区终年受黑潮暖流的影响，具有高温高盐的热带海洋特征。

❖ 中国的岛屿

我国是一个岛屿众多的国家。根据我国第一部海岛志《中国沿海岛屿简况》记载，面积在500m²以上的岛屿为6 536个，总面积72 800km²，约占我国陆地面积的0.8%。中国岛屿的特点是：小岛多，大岛少；无人岛多，有人岛少；缺水岛多，有水岛少。我国面积超过1 000km²的大岛有台湾岛、海南岛、崇明岛，80%以上的岛屿面积不到1km²。其中有人居住的岛屿仅为450个。我国岛屿的分布，主要集中在东海和南海，其中90%以上分布在东南沿海的浙江、福建和广东三省，以浙江沿海岛屿最多。

我国的岛屿可分为三类：（1）大陆岛，是大陆地块延伸到海中并出露的岛屿，大都分布于丘陵山地

中国岛屿分布图

海岸的附近，除台湾岛和海南岛外还有长江口至闽江口的浙闽沿海岛群、闽江口以南的闽粤沿海岛群以及山东—辽东半岛附近的长山群岛、庙岛列岛等。（2）冲积岛，由河流和沿岸流搬运的泥沙堆积形成的岛屿，多在河口和近岸海域，顶部平坦，周边多沙堤，我国许多河口都有大小不一的冲积岛形成，以长江口、珠江口、苏北沿岸和台湾岛西海岸为多。（3）海洋岛，包括火山岛和珊瑚岛，前者集中分布在台湾岛周边和北部湾沿海，后者分布于热带海域如南海诸岛。

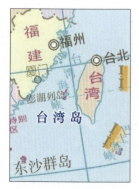

台湾岛位置图

台湾岛

台湾岛位于大陆东南沿海大陆架上，南隔巴士海峡与菲律宾相望，西濒台湾海峡与福建省相望，与福建最近处只有150km，东临烟波浩淼的太平洋，北临东海，东北方与琉球群岛遥相呼应，构成了中国东南海面上的天然屏障。台湾岛是个南北狭长型的海岛，面积35 760km²，是我国第一大岛。台湾是一个多山的海岛，山地占2/3的面积，中央山脉、雪山山脉、玉山山脉、阿里山山脉和台东山脉像条

条巨龙，自东北至西南伏卧在岛上，统称为台湾山脉。主要河流有浊水溪、高屏溪、曾文溪、大甲溪等。著名的日月潭和珊瑚潭为台湾两大湖泊。台湾岛附近海域还有许多火山小岛，包括西南方的澎湖列岛，东北方的彭佳屿、钓鱼岛、黄尾屿、赤尾屿，及东南边的绿岛和兰屿。台湾岛森林面积较大，被誉为"天然植物园"。台湾岛交通地位重要，是往来亚洲各地的枢纽，著名的旅游胜地。

台湾日月潭

海南岛

海南岛就像一只雪梨，横卧在碧波万顷的南海之上，北隔琼州海峡与雷州半岛相望。海南岛面积33 556km²，是我国第二大岛。海南岛地形中高周低，山地居中，周围依次出现丘陵、台地和沿海平原。海南岛"四时花开，长夏无冬"，热带特征鲜明，生长着各种热带作物，出产橡胶、咖啡、可可、椰子、槟榔、胡椒等。附近海域鱼类群聚，渔业资源十分丰富。环海南岛四周，海滨风光旖旎秀丽，有东寨红树木、东郊椰树林、长坡海藻养殖场、东山岭、南湾猕猴岛、大东海、鹿回头、天涯海角、大小洞天等旅游点，以及岛内的兴隆温泉、鹿场、五指山、琼台书院、东坡书院、洗波古庙等名胜古迹。

海南岛位置图

海南岛风光

崇明位置图

崇明岛

崇明岛地处长江入海口，是我国最大的河口冲积岛，也是我国第三大岛，有"长江门户、东海瀛洲"之称。全岛三面环江，一面临海，西接滚滚长江，东濒浩瀚东海，面积1 083km²。岛上地势平坦，土地肥沃，林木茂盛，物产富饶，是有名的"鱼米之乡"。崇明岛的形成与长江江口的演变相联在一起，现在崇明岛东、北方滩地仍在继续淤涨，其中东滩每年以超过100m的速度向东海推进。岛上水土洁净，空气清新，生态环境优良，"生态"和"环保"是崇明岛规划和建设的主题。

南海诸岛

南海诸岛是中国南海中诸多岛屿、沙洲、礁、暗沙和浅滩的总称，北起海岸附近的北卫滩，西起万安滩，南至曾母暗沙，东止黄岩岛，南北绵延1800km，东西分布约900km，为海洋珊瑚岛群。南海诸岛包括黄岩岛和东沙、西沙、中沙和南沙四大群岛。东沙群岛由东沙岛和附近几个珊瑚暗礁、暗滩组成。西沙群岛由30多个沙岛、礁岛、沙洲和礁滩组成。中沙群岛由20多个暗沙和暗滩组成。南沙群岛由230多座沙岛、礁岛、沙洲、礁滩等组成，其中曾母暗沙是我国领土的最南端。南海诸岛地处北回归线以南，属热带海洋季风气候，雨量充沛，终年高温，高湿高盐，空气洁净，阳光明媚，紫外线强烈。南海诸岛历来是中国领土的一部分。

南海诸岛地理位置图

东沙群岛　　　　　　　　中沙群岛

西沙群岛　　南沙群岛——珊瑚礁海岸

澎湖列岛

澎湖列岛位于台湾岛西岸的台湾海峡中。由澎湖本岛及周围其他63个岛屿组成，几乎所有岛都为火山岛，总面积126.86km^2。域内岛屿罗列，港湾交错，地势险要，是我国东海和南海的天然分界线，自古就为兵家必争之地，也是大陆文化传入台湾的跳板。最大的本岛与中屯、白沙、西屿三岛相衔成环，外

澎湖列岛

侧海水汹涌澎湃，内侧波平浪静、澄清如湖，故而得名。澎湖渔港历来是台湾渔业观光旅游的观赏重点。环岛海滨帆樯林立，入夜时分，万点渔火，闪烁海面，宛若星汉落地，蔚为奇观。"澎湖渔火"被列入台湾八景之一。

舟山群岛

舟山群岛是我国沿海最大的群岛，位于长江口以南、杭州湾以东的浙江省北部海域，古称海中洲，岛礁众多，星罗棋布，共有大、小岛屿1 390个，分布海域面积22 000km²，陆域面积1 371km²。主要有舟山岛、嵊泗岛、嵊山岛、普陀山岛、岱山岛、朱家尖岛、六横岛、金塘岛等。其中舟山岛最大（524km²），为我国第四大岛。舟

舟山群岛景观

山群岛风光秀丽，气候宜人，秀岩嶙峋，奇石林立，异礁遍布。著名岛景有海天佛国普陀山、海上雁荡朱家尖、海上蓬莱岱山、东海第二佛教名山观音山及桃花岛、黄龙岛、大洋山岛等，宛如一串串翡翠般的珍珠，散落在东海上，是世人瞩目的游览、避暑、休养胜地。舟山渔场是我国近海最著名的渔场，素有"东海鱼仓"和"祖国渔都"之美称。

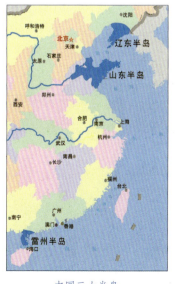

中国三大半岛

❋ 中国的半岛

我国的海岸线曲折而漫长，有许多三面临水、一面同陆地相连，伸入海洋中的陆地——半岛。这些半岛面积有大有小，伸入海洋的长度有短有长，平面形态上有楔状、条状和不规则状，其形成原因和类型也千差万别，有山地隆起型、地壳断陷型、河流泥沙堆积型、火山熔岩堆积型等。辽东半岛、山东半岛、雷州半岛为我国著名的三大半岛。其他半岛还有深圳市东南部海岸的大鹏半岛、香港九龙半岛和西贡半岛、澳门半岛、台湾恒春半岛、烟台芝罘半岛等。

辽东半岛

辽东半岛位于辽宁省东南部，辽河口与鸭绿江口连线以南，向南伸入渤海、黄海之间，总面积29 400km²，北部宽达150km，向南逐渐变窄，南端为老铁山角。半岛东北方向与长白山脉毗连，中部骨干为千山山脉，大部为低山、丘陵，沿岸海蚀崖、岩滩、岬角众多，分布有海蚀阶地和冲积平原。半岛地形破碎，河流短促，河谷狭窄。大连市金州区以南的部分，又称为旅大半岛。附近的金州湾、大连湾为两个构造盆地，在最近地质时代曾下降，形成弯曲的海岸线，有旅顺、大连等良港，为中国北方少有的不冻港，是我国北部海运、渔业的重要基地。半岛气候温和，自然条件优越，农业发达，是苹果的集中产区和外销基地，柞蚕茧产量占全国2/3，重要的城市有大连、营口、丹东等。

辽东半岛

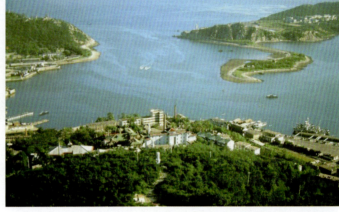

辽东半岛——旅顺口

山东半岛

山东半岛位于山东省东部，伸入渤海与黄海之间，地处胶州湾至莱州湾之间的胶莱谷地以东，故又称为胶东半岛，面积39 000km²，是我国最大半岛。岸线曲折，长3 000km，由花岗岩岬角、海蚀悬崖、新月形海湾和绵延沙滩组成，其中成山角是祖国大陆海岸的最突出部。半岛内部多波状丘陵，有数列东北—西南走向的山岭，以崂山最高（1 130m），沿海有海积平原。河流有胶莱河、潍河、大沽河、五龙河等，呈放射状分流如渤海和黄海。半岛有青岛、烟台、威海等开放港口，石油和盐卤资源丰富，是花生和温带水果的重要产区，名特产有烟台苹果、莱阳梨、大泽山葡萄等，沿海盛产鱼、盐，矿藏丰富。半岛夏季气候凉爽，滨海旅游资源丰富，旅游景区景点多样，为避暑疗养胜地。

山东半岛位置图

山东半岛景观

雷州半岛风光

雷州半岛

雷州半岛地处广东省西南部，九州江口与鉴江口连线以南，伸入北部湾和雷州湾间，隔琼州海峡与海南岛相望，因多雷暴和古雷州府所在而得名，面积 9 500km²，岸线长约1 180km。半岛地势起伏平缓，西北高、东南低，北部以丘陵为主，中部为堆积平原，南部为玄武岩台地，台地上有若干死火山。半岛南部海岸港湾众多，有红树林和珊瑚滩。雷州湾、英罗湾、流沙湾等滩涂广阔。热带季风性湿润气候，终年高温，夏秋多雨，台风频繁，冬春干燥，河流短促，植被稀疏，大部地区为草地和灌木丛。在防护林的保护下可种植以橡胶、剑麻为主的热带作物。沿海是著名的鱼产区，著名水产有马鲛、红鱼、鲳鱼、石花、鱿鱼、海蜇、海虾等。湛江市为中国南方重要港口城市。

雷州半岛

❖ 中国的海峡

在两个海域之间狭窄的水道称为海峡，是连接大洋与大洋、大洋与大海、大海与大海的海中交流通道。海峡中一般深度较大，水流湍急，鲜见风平浪静的景象，目之所至，狂风劲吹，白浪滔天。水文特征在水平和垂直方向变化都较大，底质多为岩石或砂砾。海峡在军事、航运上意义重大。

我国大陆与沿海岛屿之间、岛屿与岛屿之间构成的狭窄水道即为中国的海峡。由北至南共分布着三个著名的海峡：渤海海峡，台湾海峡，琼州海峡。其他小型的海峡，如黄海西岸东西连岛与陆岸之间鹰游门海峡、福建平潭岛与大陆之间的海潭海峡等。为了解决这些岛屿

中国三大海峡位置图

与大陆之间的交通、淡水输送等问题，海峡内已分别筑起渡峡大堤、桥梁等人工建筑，如浙江玉环岛与陆岸之间大堤、福建东山岛和厦门岛之间的大堤等。

台湾海峡

台湾海峡地处东海南部，位于福建和台湾两省之间，属于大陆与海岛之间的海峡，因濒临台湾而得名。台湾海峡是我国最大的海峡，呈北东—南西走向，南北全长390km，东西平均宽度为190km，平均水深60m左右，纵贯我国东南沿海，联通东海和南海海域，是我国的"海上走廊"。台湾海峡处在亚热带气候区，西北部受大陆和沿岸冷海流的影响较大，东南部受海洋和台湾暖流影响较多。台湾海峡资源丰富，鱼虾种类多，是我国重要渔场之一。海峡底部富集油气资源，还有钛铁、磁铁、金红石、独居石和锆石等矿，品位高，储量大。

琼州海峡

琼州海峡位于海南岛与雷州半岛中间，因海南岛古称琼州而得名。海峡东西长约100km，南北平均宽度为29.5km，平均水深44m，全部位于大陆架上。琼州海峡与渤海海峡、台湾海峡有四点相异之处：一是地理纬度低；二是属于岛屿与半岛之间的水道；三是海峡海底地形是一个潮流深槽；四是海峡中没有岛屿分布。琼州海峡两岸的海岸曲折，呈锯齿状，岬角和海湾犬牙交错，而它的海底基本上是个潮流通道，组成为一个中央潮流深槽及东西两端两个潮流三角洲。琼州海峡既是大陆与海南的联系通道，也是由珠江口到北部湾的捷径，交通意义重要，目前琼州海峡跨海工程已进入实施阶段。

台湾海峡风光　　　　　　　　　　　　　琼州海峡风光

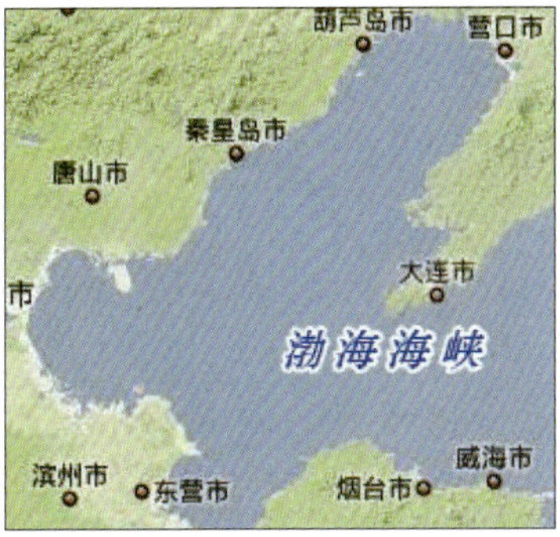

渤海海峡

渤海海峡是我国辽东半岛和山东半岛之间的狭长水道，确切的位置是指辽东半岛南端的老铁山与山东半岛蓬莱之间的水道，南北相距105km，是黄海和渤海联系的咽喉和唯一通道。渤海海峡中散布着不少岛屿，其中庙岛群岛闻名遐迩，群岛共有30余个大小岛屿，把海峡分割成8条宽窄不一的水道，自北而南有老铁山水道，大、小钦水道，北砣矶水道，南砣矶水道，长山水道，登州水道等。北部水道宽而深，南部水道窄而浅。老铁山水道深度最大，最深处83m，是黄海海水进入渤海的主要通道。商船常走老铁山、长山、庙岛3条水道。庙岛群岛为渔场。横跨渤海海峡的我国最长的跨海铁路轮渡——烟大铁路轮渡于2006年全面贯通。

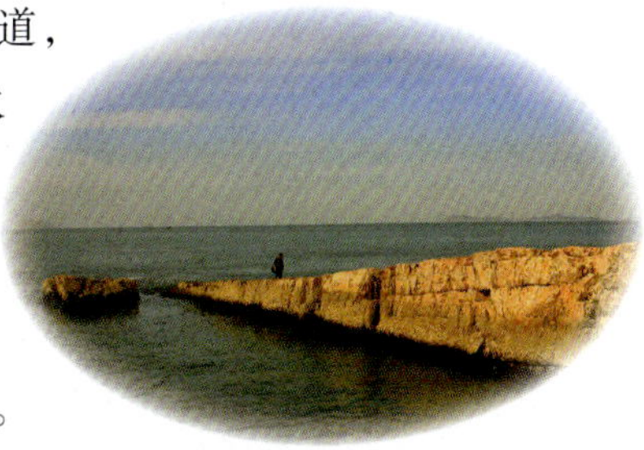
渤海风光

中国的海湾

海湾是指海洋水体伸入陆地形成的围合海域，通常形成于沿岸山前凹地、河口谷地和地质构造破碎带。海湾一般三面为陆，一面为海，具有封闭性或半封闭性，弯入的程度和形状千差万别，有U形海湾、圆弧形海湾、三角形海湾、狭长形海湾（峡湾）等。海湾内风浪扰动小，水体平静，沿岸多见泥沙堆积。

中国海湾的分布特征，以杭州湾为界，形成了南北之差别。杭州湾及其以北，以平原性海湾为主，数量少，规模面积却大，开阔壮观，如辽东湾、渤海湾、莱州湾、海州湾等。杭州湾以南，多为山地丘陵基岩性海湾，数量多，范围则小，狭长而海岸曲折，如三门湾、罗源湾、钦州湾等。中国的海湾究竟有多少，恐怕很难讲清，但面积在$10km^2$以上的海湾有150余个。

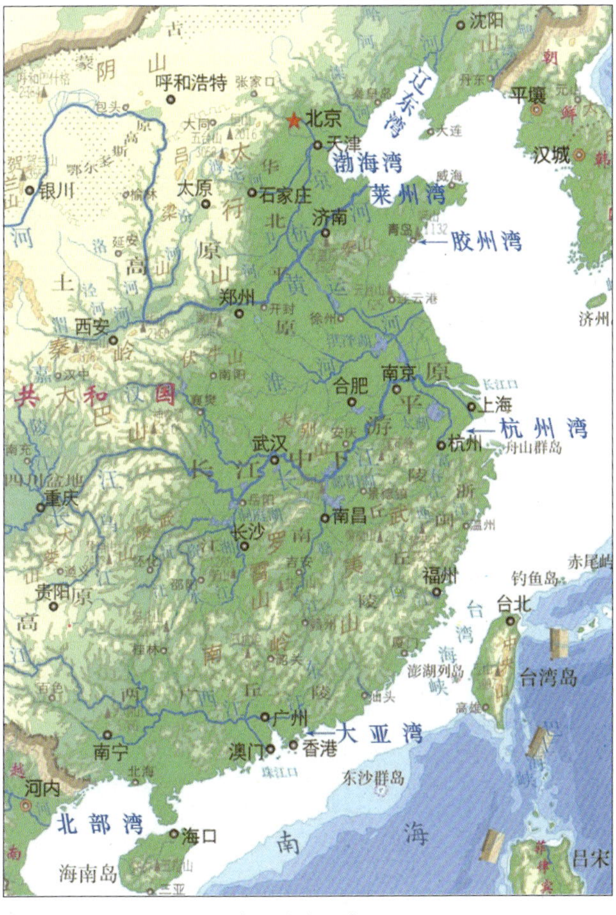

中国海湾分布图

渤海湾

渤海——莱州湾风光

渤海湾是三大海湾之一，是渤海西部的浅水海湾，京津海上门户，华北海运枢纽。北起河北省乐亭县大清河口，南到山东省黄河口，与河北、天津、山东的陆岸相邻，东以滦河口至黄河口的连线为界与渤海中央海盆相通，面积15 900km²，约占渤海面积的1/5。海底地势由岸向湾中缓慢加深，平均水深12.5m。沿岸河流含沙量大，滩涂广阔，流入的主要河流有黄河、海河、蓟运河等。冬季结冰，冰厚20~25cm。湾内有天津新港。石油、地下热水、天然气资源丰富。北部是著名的北戴河旅游度假区。渤海湾滩涂广阔，淤泥滩蓄水条件好，利于盐业开发。长芦盐区是中国最大盐场，盐产量占全国的1/3。河口附近浮游生物和底栖生物多，为鱼虾洄游、索饵、产卵的良好场所，出产多种鱼、虾、蟹、贝。

大亚湾

大亚湾地处惠州市东南，濒临南海，海域面积达488km²，黄金海岸线达52km，是南海向陆地延伸最深的海湾，如同一个大袋子。湾内有岛屿和岩礁上百个，享有"海上小桂林"之美称。湾内泥沙底质，浮游动植物种类繁多，鱼贝类资源丰富，盛产高级海产品，其中有饮誉港澳地区和东南亚各国的"小桂鱿鱼""三门龙虾"等。大亚湾的岛屿和山岭，大都奇形怪状，不但饶有趣味，而且还有不少动人的传说。大亚湾是一个美丽迷人的海湾，有笔架山等众多旅游景点。惠州（澳头）港为国家对外开放口岸，具有发展成为超大规模经济体和区域经济中心的优良条件。

大亚湾风光

北部湾

北部湾位于我国南海的西北部，是一个半封闭的大海湾，全部在大陆架上，面积近130 000km²，比渤海面积略大，平均水深42m，最深达100m。有南流江、红河等注入，由于沿岸河流不多，带入海湾中的泥沙较少，水质清澈，资源丰富，盛产鲷鱼、金线鱼、沙丁鱼、竹英鱼、蓝圆鲹、金枪鱼、比目鱼、鲳鱼、鲭鱼等50余种有经济价值的鱼类，及虾、蟹、贝类等，是我国优良渔场之一。沿岸浅海和滩涂广阔，是发展海水养殖的优良场所，驰名中外的合浦珍珠（又称南珠）就产在这里。涠洲岛、莺歌海等海底石油、天然气资源也很可观。沿岸河口地区有许多红树林。北部湾是大西南出海的最近通路，重要港口有北海、防城港、钦州和洋浦等。2008年初北部湾经济区开发正式纳入国家战略。

北部湾风光

胶州湾

胶州湾位于山东半岛南部，又称胶澳，有南胶河、大沽河等注入。胶州湾口窄内宽，东西宽27.8km，南北长33.5km（低潮位时），面积446km²，为伸入内陆的半封闭性海湾。进入海湾的天然深水航道，水深约10~15m，无泥沙淤积，湾内港阔水深，风平浪静，海水终年不冻，为天然优良港湾。青岛港位于湾口北部，是黄海沿岸航运枢纽，山东省及中原部分地区重要的海上通道之一。湾口西南方为黄岛油码头，是中国三大专用原油码头之一。胶州湾海域是许多种鱼类重要的洄游栖息地。

胶州湾

丰富的自然资源

中国的能源资源

中国的矿产资源

中国的土地资源

中国的水资源

中国的生物资源

中国的森林资源

中国的动物资源

中国的海洋资源

丰富的自然资源

❖ 中国的能源资源

能源资源是人类社会生产和生活所需能量的根本来源。我国能源资源的种类齐全，不仅拥有丰富的常规能源如煤炭、石油和天然气等矿物燃料能源和水能资源，而且拥有核能、地热能、太阳能、风能和潮汐能等新能源资源。具有总量大、人均占有量偏少的特点，常规能源人均占有量仅相当于世界平均水平的一半。我国能源资源分布不均，东部发达地区常规能源资源濒临枯竭的边缘。我国能源资源的生产和消费构成不合理，常规矿物燃料能源仍是能源消费主体，是世界唯一以煤炭为基本能源的大国。能源资源利用率仍然偏低，单位产值能耗比较高，是世界上第二能源消费大国。提高能源利用率，节约使用能源，积极开发利用新能源，提高可再生能源和清洁能源在能源消费结构中所占的比重，是从根本上解决能源问题的需要。

大柳塔煤矿开采

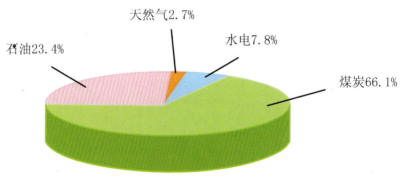

天然气2.7%

石油23.4%

水电7.8%

煤炭66.1%

我国能源消费构成示意图

131

中国煤矿分布

煤炭资源

中国的煤炭资源

我国的煤炭资源储量丰富，仅次于俄罗斯和美国，是世界第三大储煤国。已知含煤面积$55 \times 10^4 km^2$，主要成煤期为石炭—二叠纪和侏罗—白垩纪，2 000m以浅的原煤预测总储量$4.5 \times 10^{12} t$，探明储量$1 \times 10^{12} t$，按当前开采速度可持续开采500年左右。煤种齐全，从褐煤到无烟煤各种煤种都有。煤炭资源分布广泛，储量却高度集中，除上海外，全国各省市区都有探明储量，但64%的储量集中在山西、陕西和内蒙古三省区，呈现出南少北多、东少西多的格局。目前全国原煤年产量已达28亿吨，1990年以来一直居世界第一。

中国的石油资源

我国石油资源较为丰富，石油总储量为$1.068 \times 10^{11} t$，陆上石油资源为$8.22 \times 10^{10} t$，海上石油资源$2.46 \times 10^{10} t$。剩余石油可采资源量为$1.50 \times 10^{10} t$，而待发现探明的石油可采资源为$6.8 \times 10^9 t$。资源储量空间上分布不均，已探明陆地储量的80%集中在东北、华北、新疆，海上油田主要分布在渤海、北部湾、珠江口、南海、东海等海域。预测资源总量的78%集中分布在渤海、松辽、塔里木、准噶尔、鄂尔多斯5个沉积盆地和沿海北回归线两侧大陆架内，呈现出南少北多的格局。2008年我国石油生产量为$1.9 \times 10^8 t$，居世界前列，但仍进口了$1.7888 \times 10^8 t$。

大庆油田

中国石油资源分布图

中国的天然气资源

我国天然气资源蕴藏也较丰富，仅10个大型含气沉积盆地面积就达$5.12 \times 10^6 km^2$，预测天然气总储量为$3.8 \times 10^{13} m^3$，探明储量$2 \times 10^{12} m^3$以上。天然气分布范围广泛但主要集中于中西部地区的地质盆地，以塔里木盆地、陕甘宁盆地、柴达木盆地和四川盆地为主，海域集中在南海。2008年我国天然气生产量达$760.8 \times 10^8 m^3$，天然气资源利用极有可能使我国能源走出困境。

天然气资源分布

塔里木盆地沙漠腹地的天然气钻井

133

中国的太阳能资源

我国大部分国土处于中低纬度，太阳能资源十分丰富，年平均日照时数在1 400～3 200小时，我国陆地表面每年接受的总辐射一般在80～190千卡/cm²，西部大于东部。青藏高原的太阳辐射总量最大，达到150～190千卡/cm²，塔里木盆地为140～150千卡/cm²，其他太阳能资源丰富区有河西走廊、宁夏、陕西北部、内蒙古中西部等地。太阳能推广应用项目主要有太阳灶、太阳能热水器、太阳能温室、太阳能干燥器和太阳能采暖等，正在积极研究太阳能发电技术。

山东济南，中国首台自动跟踪太阳能发电站

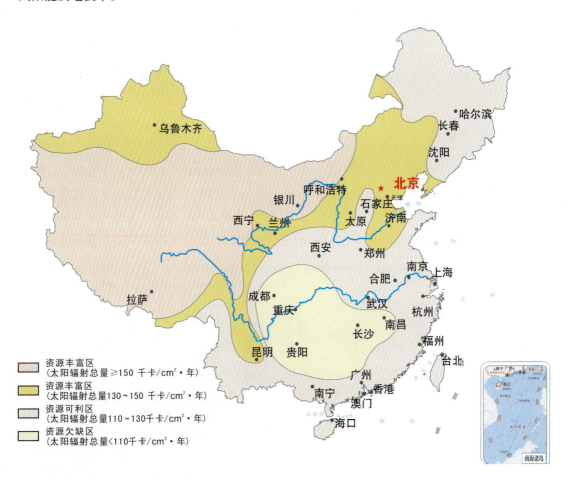

资源丰富区
（太阳辐射总量≥150 千卡/cm²·年）

资源丰富区
（太阳辐射总量130～150 千卡/cm²·年）

资源可利区
（太阳辐射总量110～130千卡/cm²·年）

资源欠缺区
（太阳辐射总量<110千卡/cm²·年）

太阳能资源分布

中国的风能资源

我国季风气候显著，风能资源丰富，总量为每年32.26亿kW，实际可开发量2.53亿kW，近海风能储量为陆地的3倍多。东部沿海地区、西北地区、内蒙古地区资源丰富，有效风能密度达200~300W/m²，有中蒙边界地区、青藏高原区、东南沿海地区3个大风区。到2008年年底，全国风力发电装机总容量为1 324.22万kW，居世界第六位，累计有3 311台风电设备分布在16个省市区的91个风电场。

天山下的风力发电站

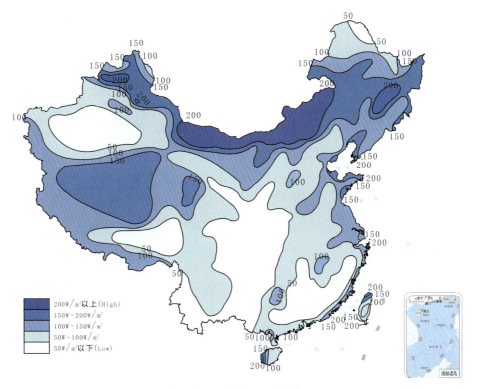

中国有效风功率密度分布图

中国的地热资源

地热资源是指地下5 000m以上，15℃以上的岩石、地下水的含热总量，其分布与构造、岩浆活动及火山、地震活动等密切相关。我国地热资源约为2 500×104t标准煤当量，地热每年的天然放热量相当于378×104t标准煤。我国已发现的天然和人工地热露头点包括温

羊八井地热

地热资源分布

泉、热水井及矿坑热水等2 900多处，比较集中地分布于西南部，藏南、滇西有近150处高温地热系统，横断山区有900多处温泉出露。西藏是我国地热最丰富的地区，占全国已探明地热资源总量的43%。目前我国每年可直接利用的地热资源已达44 000m³，居世界第一，西藏羊八井地热电站是我国最大的地热电站。

中国的潮汐能资源

我国海岸线曲折，蕴藏着丰富的潮汐能源，理论蕴藏量1.99亿kW，可开发利用的为3 600万kW。潮汐能在我国理论分布较广泛，其中装机容量大于200kW的坝址有422处，浙江、福建两省海岸线长而曲折，蕴藏量最大，约占全国的88%。目前，我国已在沿海建立了12个潮汐电站，其中，浙江温岭市的江厦潮汐电站装机容量最大，为亚洲第一、世界第三大潮汐电站。

浙江省温岭市江厦潮汐电站

✤ 中国的矿产资源

我国国土蕴藏着丰富的矿产资源，具有矿石种类齐全、矿床类型多样的特点。已发现矿化点和矿床20余万处，矿产地近18 000多处，其中大中型矿产地7 000余处，已发现矿种171种，已探明储量的有159种。其中能源矿产10种，金属矿产54种，非金属矿产92种，水气矿3种。有13种重要矿产探明储量居世界前列。我国是世界上少有的几个资源总量大、配套程度较高的矿产资源大国之一，已探明的矿产资源总量约占世界的12%，仅次于美国和俄罗斯，居世界第三位。但人均占有量仅为世界人均占有量的58%，居世界第53位。大部分矿产是富矿少、贫矿多、共生矿多，开采和选矿难度较大。

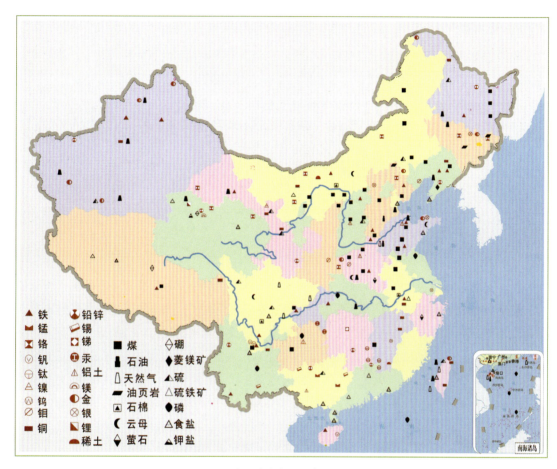

铁
锰
铬
钒
钛
镍
钨
钼
铜

铅锌
锡
锑
汞
铝土
镁
金
银
锂
稀土

煤
石油
天然气
油页岩
石棉
云母
萤石

硼
菱镁矿
硫
硫铁矿
磷
食盐
钾盐

中国矿产资源分布图

中国的金属矿产资源

我国金属矿产资源品种齐全，储量丰富，分布广泛，已探明储量的矿产有54种。黑色金属矿产资源中，铁矿资源探明储量居世界第五位，锰矿居世界第三位，钒矿居世界第二位，铬矿资源比较贫乏，钛矿居世界首位。有色金属矿产中，钨矿、镁矿、锡矿、铋矿、锑矿储量均居世界第一，铜矿居世界第七位，铅

黄铜矿石

锌矿居世界第四位，铝土矿居世界第七位，镍矿资源较少居世界第九位，钼矿居世界第二位，汞矿居世界第三位。贵重金属矿产资源中，金矿储量居世界第七位，银矿居世界第六位，锶矿居世界第二位，铂族金属矿产资源稀缺，储量不及世界储量的1%。稀有金属矿产均资源丰富，锂、铍、铌、钽矿的储量在世界上都居第一、二位。

锡矿石

中国的非金属矿产资源

我国非金属矿产资源丰富，品种众多，分布广泛，已探明储量的有92种。其中，菱镁矿、高铝矾、芒硝矿、重晶石、石膏矿、石墨矿、萤石矿、硅灰石、膨润土矿储量居世界第一位，硫矿、磷矿、硅藻土资源居世界第二位，滑石矿、云母矿、石棉矿储量居世界第三位，硼矿资源居世界第五位，高岭土储量居世界第七位。此外，还有丰富的水泥灰岩、玻璃硅质原料、花岗石、宝玉石等资源。这些主要非金属矿产在工业领域都具有广泛用途，有的也是重要的战略物资。

非金属矿产
——钙基膨润土

中国的稀土矿产资源

稀土元素是指钪、钇和15个镧系元素的总称，是广泛使用于电子技术、原子能、合金钢材、玻璃陶瓷、石油化工、医药技术等方面的重要战略性矿产。我国的稀土资源极为丰富，储藏量是世界其他国家总和的4倍以上，品种齐全，已探明稀土储量达 1×10^8t 以上。目前已探明储量的矿区193处，分布于17个省区。其中内蒙古占全国稀土总储量的96%。我国通过选冶工艺从矿石矿物中已提取出16种稀土金属，现已生产出几百个品种和上千个规格的稀土产品，成为出口创汇的主要矿产品及加工产品之一。同时我国稀土永磁材料已达到国际先进水平，号称"稀土王国"和"永磁材料王国"。

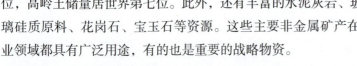

板岩型铌稀土矿石

中国的盐矿资源

盐矿资源主要包括钠盐（石盐）和钾盐资源。我国的钠盐矿资源在全国17个省（区）都有产出，探明储量的矿区有150处，青海省最多占全国的80%，可供全国人民吃几千年。目前已探明的可用于加工钾肥的可溶性钾矿产地约40处，总储量的96%以上集中于柴达木盆地和新疆罗布泊地区，罗布泊超大型钾盐矿床的发现，可以大大缓解我国钾盐极度短缺的状况，是世界上已探明的最大的钾盐矿床。我国非水溶性钾盐资源储量巨大，已探明的资源总量超过100亿t，仅白云鄂博铁—稀土—铌共生矿区在开采过程中剥离丢弃的废石中，就储有16.87亿t之多的钾矿资源，居全国首位，含钾高达8%～10%。

罗布泊盐湖

❖ 中国的土地资源

　　土地是地球表层由气候、地貌、岩石、土壤、植被和水文等自然要素以及人类劳动创造物相互作用而形成的自然综合体，具有生产能力和空间，是人类生存、生产、生活的场所和对象。土地资源是目前人类已经利用和在可预见的将来有用的土地。中国国土幅员辽阔，土地资源的总体规模较大。由于国土南北和东西跨度都非常大，土地利用类型复杂多样。南北的热量差异，形成了北方以旱地农业、一年一熟和二年三熟为主，南方以水田农业、一年二熟和三熟为主。东西的水分条件差异，形成了东部以农业、林业为主和西部以牧业及绿洲农业为主的两大区域。我国土地资源中，难以利用的土地资源比重较大，现有未利用土地面积占到28.17%以上，其中有难以大面积开发利用的沙漠、戈壁、石山、寒漠、冰川与永久积雪，后备土地资源匮乏。

中国土地资源的特点

　　（1）山地多，平地少。山地丘陵占69%，高差大，坡度陡，土层薄，适宜性和宜耕性较差，极易导致生态失衡，但对发展林业、牧业和开展多种经营有利。

　　（2）绝对数量大，人均占有量少。人均占有量仅有世界平均水平的29%。人均耕地0.13hm²（世界0.36hm²），人均有林地0.11hm²（世界1.05hm²），人均草地0.34hm²（世界0.75hm²）。

　　（3）利用方式多样。按土地利用现状有耕地、园地、林地、牧草地、居民点及工程用地、交通用地、水域和未利用土地八种一级类型。

　　（4）质量有限，退化严重。耕地中质量好的一等耕地占41.33%，天然草地多分布于干旱、半干旱地区产草量较低，唯有林地资源中一等地占到65%质量较高。土地质量的退化比较严重。

　　（5）分布不均衡。东部季风区集中了92%的耕地。草地资源集中在西北内陆干旱、半干旱地区。林地资源主要分布在东北和西南地区，占到全国的50%以上。

森林
沙漠
草原和草地
以水田为主的耕地
以旱田为主的耕地
戈壁 高寒荒漠 石山

中国的土地资源

中国的耕地资源

我国耕地资源面积约为$1.33 \times 10^8 hm^2$，占陆地总面积的13.85%，大部分集中在东部和东南部地区，45%土地面积却拥有92%的耕地资源。全国耕地最多的省份是黑龙江，其次是山东，西藏耕地最少。现有耕地中近一半分布在丘陵和山区。其中水田占23.7%，水浇地占17.2%，雨养旱地占59.1%。耕地资源质量有限，无限制、质量好的一等耕地占41.33%，有一定限制、质量中等的二等耕地占34.55%，有较大限制、质量差的三等耕地占20.47%，还有一定的不适宜农耕的耕地占3.65%。后备耕地资源主要分布在西北、东北和内蒙古。

耕地——浙江温州

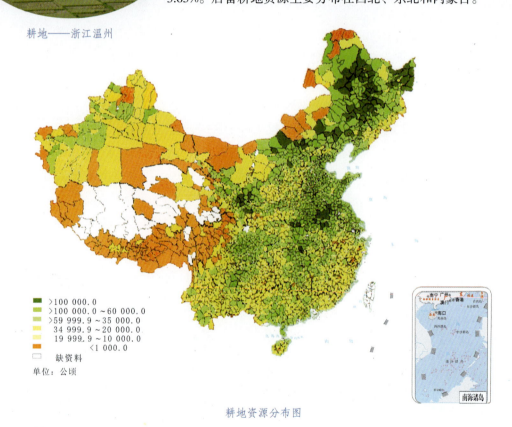

> 100 000.0
100 000.0 ~ 60 000.0
59 999.9 ~ 35 000.0
34 999.9 ~ 20 000.0
19 999.9 ~ 10 000.0
< 1 000.0
缺资料
单位：公顷

南海诸岛

耕地资源分布图

✤ 中国的水资源

中国是一个水资源总量较大的国家，但空间分布不平衡，季节变化较大，人均占有量和地均占有量都比较低，水资源利用形势比较严峻。节约水资源，提高水的重复利用率，积极涵养水源，防治水污染，是我国水资源利用的当务之急。

全国多年平均地表水资源总量为$27\,115 \times 10^8 m^3$，平均径流深为284mm。但流域分布很不均衡，表现出东部多西部少、南方多北方少的特点，仅长江、珠江、淮河、黄河、海河、辽河、松花江和雅鲁藏布江八大流域就占全国年径流总量的62.6%。其中长江流域为$9\,513\times10^8\text{m}^3$，占全国年径流总量的35.1%，居第一位；珠江流域为$4\,685\times10^8\text{m}^3$，居第二位；雅鲁藏布江流域为$1\,654\times10^8\text{m}^3$，居第三位。

我国地下水资源总量为$8\,288\times10^8\text{m}^3$，扣除地表水和地下水重复的计算部分，我国多年平均

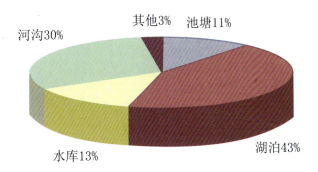

中国内陆水面面积

年水资源总量为$28\,124\times10^8\text{m}^3$，占全球的6%，名列世界第6位。但是，长江流域及其以南地区，国土面积只占全国的36.5%，水资源量占全国的81%；以北地区，国土面积占全国的63.5%，水资源量仅占全国的19%。中国的人均水资源量只有$2\,260\text{m}^3$，不及世界平均水平的1/4，是全球人均水资源较贫乏的国家之一。

中国径流分区

我国年径流分布总趋势是：南方高于北方，近海高于内陆，山地高于平原，迎风坡一侧高于背风坡一侧。根据年降水量多少，将我国划分为以下几个径流带：（1）年降水量＞1600mm为丰水带，年径流深度＞900mm，主要包括广东、福建、台湾大部，湖南、浙江、江西山地，西藏东南角，广西、云南南部；（2）年降水量800～1 600mm为多水带，年径流深度200～900mm，主要包括秦岭—淮河一线以南，南岭以北，贵州、四川及云南大部；（3）400～800mm为过渡带，年径流深度50～200mm，主要包括黄淮海平原，山西、陕西、东北大部、四川西北部、西藏东部；（4）年降水量200～400mm为少水带，年径流深度10～50mm，包括东北西部、新疆西北部、内蒙古、甘肃、宁夏、青海大部、西藏西部；（5）年降水量＜200mm为干涸带，年径流深度＜10mm，包括南疆、河西走廊、准噶尔盆地、柴达木盆地西部、内蒙古西部的贺兰山以西沙漠区。

中国径流分区图

中国的水能资源

我国地势西高东低，高差悬殊，水能资源丰富。全国水能资源理论蕴藏量6.76亿kW，居世界首位；可开发水电装机容量3.79亿kW，占世界的1/6，也居世界第一；每年可发电1.92万亿kW小时，占世界可发电总量的1/5。我国水能资源地区分布不均，主要集中在西部地区，其中，西南地区最为丰富，约占71%，占全国目前在建水电规模的60%以上。其次是西北地区占12.5%，中南地区占9.5%，华东地区占4.4%，东北和华北则是水能资源相对较少的地区。目前，我国水能发电装机容量为1.45亿千瓦，居世界前列。

水能资源分布

贵州乌江索风营电站大坝

长江三峡水利工程

长江三峡水利枢纽工程是当今世界上最大的水利枢纽工程，位于西陵峡中段的三斗坪。大坝坝顶总长3 035m，坝高185m，总库容393×10⁸m³。26台水轮发电机组，总装机容量为1 820×10⁸kW，年平均发电量847亿度。三峡工程在防洪、发电、航运、养殖、旅游、生态保护、净化环境、开发性移民、南水北调、供水灌溉等方面综合效益巨大，对加快我国经济发展的步伐，提高我国综合国力有着十分重大的战略意义。

长江三峡水利工程

黄河上游梯级开发

黄河上游水能资源蕴藏量极为丰富，开发条件优越，是全国著名的水电"富矿"。目前仅在上游已建或开建的水电站就有23座，已建成水电站有龙羊峡、李家峡、刘家峡、盐锅峡、八盘峡、大峡、青铜峡7座。计划在黄河上游龙羊峡至青铜峡918km的"黄金水道"上兴建25座大中型水电站，总装机容量为$1\,700\times10^8$kW。龙羊峡以上河段待开发的13座水电站也已经列入规划，使在黄河上游规划开发的大中型水电站将达到38座。这些水电站的开发建设，对改善西北地区电能紧张局面和"西电东送"工程将起到积极的作用。

黄河上游流域水电站分布

青铜峡水电站

龙羊峡水电站

✤ 中国的生物资源

我国是世界生物资源最丰富的国家之一，物种资源丰富，资源总量大，物种起源古老，特有种属甚多。虽然大量的作物培育和动物驯化在某种程度上丰富了生物资源宝库，不过长期开发和人类活动加剧，严重干扰了野生动植物的生存，侵犯了其生态环境，致使种群数量下降和质量降低，人与生物资源的矛盾日趋尖锐。要使生物资源永续为人类所利用，必须坚持保护第一，开发和利用强度要适中，利用方式要科学。

我国有高等植物3万余种，其中维管植物353科、3 184属、27 150种，位居世界第三位。其中的蕨类和拟蕨类植物52科、204属、2 600种，占世界比例为80%、46%和22%；被子植物为291科、2 946属、24 357种，分别占世界比例为90.9%、23.6%和10.5%；古老的裸子植物有10科、34属、192种，占世界比例为53.5%、62%和30.2%。

我国有脊椎动物4 400种，占世界比例为10%以上，其中陆栖脊椎动物2 100多种，占世界比例为9.9%。陆栖脊椎动物中，爬行类315种（占5.5%），两栖类196种（占7%），鸟类1 186种（占15.3%），兽类428种（占11.2%），鸟、兽类动物是我国野生动物资源的主体。昆虫有100余万种。

中国的森林资源

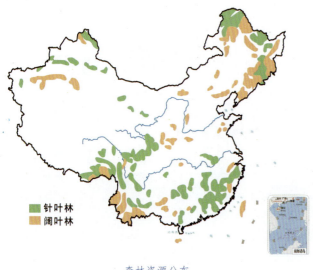

森林资源分布

　　据第六次全国森林资源调查结果，我国森林面积为$1.7491 \times 10^8 hm^2$，居世界第五位，森林覆盖率为18.21%。但是，人均水平较低：人均森林面积不到世界人均水平的1/4，居世界第134位；人均森林蓄积量还不到世界平均水平的1/6，居世界第122位；森林覆盖率仅相当于世界平均水平的1/3，居世界第130位。我国森林资源主要集中分布在东北、西南和南方山区，其面积、蓄积量与用材林等都占全国的80%以上，而华北、西北地区和西藏中西部少林甚至基本无林。近年来，我国加大了林区建设和保护的力度，已建立自然保护区2 530多处，国家级森林公园700多处，建设和实施了"三北"防护林、长江上游防护林、海岸防护林、太行山绿化、平原绿化等工程，采取了退耕还林的天然林保护政策，取得了显著成效。

中国动物资源分布图

中国的动物资源

　　我国野生动物资源具有数量多、种类丰富、分布广泛的特点。从东北的长白山，到黑龙江的扎龙自然保护区；从东部的武夷山生态保护区，到新疆阿尔金山国家自然保护区，到西南四川卧龙大熊猫自然保护区，纵跨全国东南西北。从东北的东北虎、梅花鹿，到西南的金丝猴、大熊猫，从东部的鸳鸯、猕猴、扬子鳄，到西部的藏羚、野驴、野骆驼，都体现了我国野生动物之多和分布之广的特点。同时，我国野生动物还具有许多珍稀古老动物，如著名的大熊猫、扬子鳄、丹顶鹤、白鳍豚、野骆驼、西藏野牛、野驴等。

❖ 中国的海洋资源

　　我国是一个海洋资源大国，海洋资源蕴藏丰富，类型多样，开发潜力巨大。我国是世界上海岸线最长的国家之一，海岸线总长居世界第四；大陆架面积$130 \times 10^4 km^2$，位居世界第五；200海里水域面积$300 \times 10^4 km^2$，居世界第十，这些都是世界性优势海洋资源。我国沿海深水岸线有400km以上，宜建中级以上泊位的港址160多处；两万多种海洋生物，有丰富的渔业资源；滩涂面积$217.1 \times 10^4 hm^2$；滨海景点1 500多处，适合发展海洋旅游娱乐的海滩、水域众多，这些都是国家的

中国海洋资源分布图

重要战略性资源。油气资源和海水资源是海洋行业性战略资源。我国近海含油气盆地石油资源量约$240 \times 10^8 t$，天然气资源量$14 \times 10^{12} m^3$；东海和南海还有天然气水合物资源；海洋能源理论蕴藏量$4 \times 10^8 \sim 5 \times 10^8 kW$；在国际海底区域拥有多金属结核资源 $5 \times 10^8 t$；海水资源是一种无限资源，海盐资源也是一种可永续开发的资源。

海洋生物资源

我国拥有广阔的海域，海洋生物种类繁多，数量庞大，有20 278种。其中鱼类有1 694种，有150多种属于重要的经济鱼类。虾类有300多种，对虾是中国近海特产。蟹类有600多种，三疣梭子蟹是我国产量最大的食用蟹。鱼类的数量最大，作为经济捕捞对象，在渔业统计和市场上列名的有200多种。我国近海分布着很多渔场，渔场总面积达280×10⁴km²，居世界第一，其中黄渤海渔场、舟山渔场、南海沿岸渔场、北部湾渔场为我国四大渔场，是世界上第三渔业大国。海洋生物药业资源也十分丰富，开发了大量海洋生物药品。我国还是世界海水养殖第一大国。

海水养殖

海洋矿产资源

海洋矿产资源包括海底表层沉积物矿藏，如海滨砂矿、大洋锰结核、海底钴结核、磷钙石、海绿石、珊瑚礁等，和海底岩石层矿藏如石油、天然气、煤、铁、重晶石、锡、硫、钾盐等矿藏。我国海域已探明海洋矿物资源有65种，储量约为1.6亿t。海滨砂矿主要可分为8个成矿带：海南岛东部海滨带、粤西南海滨带、雷州半岛东部海滨带、粤闽海滨带、山东半岛海滨带、辽东半岛海滨带、广西海滨带和台湾北部及西部海滨带等。特别是广东海滨砂矿资源非常丰富，其储量在全国居首位。在我国辽阔的近海海域内，蕴藏着丰富的石油和天然气资源，已探明的油气田有渤海、黄海、东海、台西南、珠江口、北部湾、莺歌海以及南沙等。

海洋化学资源

海水中蕴藏着大量的盐、镁、钾、溴、锂等重要的化学元素。我国海岸线长，海域广阔，从海水中提取化学元素，增加化工资源供应的潜力很大。目前，开发利用海水资源已经达到工业规模的有海盐、淡水和其他一些海水化学元素的提取。从辽东半岛到海南岛，我国沿海12个省市自治区都有盐场分布，沿海盐田面积约33.7×10⁴hm²，分布有辽宁盐区、长芦盐区、山东盐区、淮北盐区四大著名盐区。我国还开展了海水提取镁、溴、钾、碘、铀及重水

盐场

等方面的开发利用研究。同时，我国的海水淡化技术和海水综合利用技术都取得了一系列重大进展。

海洋动力资源

　　我国近海蕴藏着巨大的海洋动力资源，各种形式的海洋能蕴藏量总功率约$4\sim5\times10^8kW$，其中海洋热能最为丰富，其次是潮汐能、波浪能、海流能、潮流能等。我国潮汐能的理论蕴藏总量为1.1×10^8kW，可开发装机容量$2\,197\times10^4kW$，年发电可达到$624\times10^8kW\cdot h$，尤其是浙闽沿海的蕴藏量占到全国的81%以上，具有十分广阔的应用前景。我国近海波能资源也十分可观，沿海平均浪高1m左右，估计波能蕴藏总量在$1\,285\times10^4kW$，岸发式波能电站在大万山岛已经建立。温差能以南海最为丰富，表层与深层水温相差达20℃左右，完全可以利用进行温差发电。

中国的世界遗产

世界遗产

武陵源风景名胜区

黄龙风景名胜区

九寨沟风景名胜区

云南"三江并流"自然景观

四川大熊猫栖息地

中国南方喀斯特

三清山风景名胜区

泰　山

黄　山

峨眉山风景名胜区（包括乐山大佛）

武夷山

庐山国家公园

五台山

周口店北京人遗址

敦煌莫高窟

长　城

明清皇宫（北京故宫、沈阳故宫）

秦始皇陵及兵马俑坑

武当山古建筑群

曲阜孔庙、孔府、孔林

承德避暑山庄及周围庙宇

拉萨布达拉宫历史建筑群

苏州古典园林

平遥古城

丽江古城

北京天坛

颐和园

大足石刻

皖南古村落—西递和宏村

明清皇家陵寝

龙门石窟

青城山—都江堰

云冈石窟

高句丽王城、王陵及贵族墓葬

澳门历史城区

安阳殷墟

开平碉楼与村落

福建土楼

中国的人类口头与非物质文化遗产

登封"天地之中"历史建筑群

"中国丹霞"

中国的世界遗产

❋ 世界遗产

  世界遗产是指被联合国教科文组织和世界遗产委员会确认的人类罕见的、目前无法替代的财富，是全人类公认的具有突出意义和普遍价值的文物古迹及自然景观。狭义世界遗产包括世界文化遗产、世界自然遗产、世界文化与自然遗产和世界文化景观遗产四大类。广义世界遗产除以上四类外，还包括世界记忆遗产、世界人类口头和非物质遗产两类。

中国世界遗产分布图

世界自然遗产

世界自然遗产必须符合以下标准的一项或多项：（1）构成代表地球演化史中重要阶段的突出例证。（2）构成代表进行中的重要地质过程、生物演化过程以及人类与自然环境相互关系的突出例证。（3）独特、稀少或绝妙的自然现象、地貌或具有罕见自然美的地带。（4）尚存的珍稀或濒危动植物种的栖息地。

世界文化遗产

世界文化遗产包括文物、建筑群、考古遗址三类。符合以下任意一条（第六条不能单独存在）就可以入选：（1）代表一种独特的艺术成就，一种创造性的天才杰作。（2）能在一定时期内或世界某一文化区域内，对建筑艺术、纪念物艺术、规划或景观设计方面的发展产生过重大影响。（3）能为一种已消逝的文明或文化传统提供一种独特的或至少是特殊的见证。（4）可作为一种建筑或建筑群或景观的杰出范例，展示人类历史上一个（或几个）重要阶段。（5）可作为传统的人类居住地或使用地的杰出范例，代表一种（或几种）文化，尤其在不可逆转之变化的影响下变得易于损坏。（6）与具有特殊普遍意义的事件或现行传统或思想或信仰或文学艺术作品有直接和实质的联系。

文化景观

文化景观通常指人类在地表上的活动的产物，是由自然风光、田野、建筑、村落、厂矿、城市、交通工具和道路以及人物和服饰等所构成的文化现象的复合体。

人类口头与非物质遗产

人类口述和非物质遗产又称无形遗产，是指各民族人民世代相承的、与群众生活密切相关的各种传统文化表现形式和文化空间。非物质文化遗产应涵盖五个方面的项目：(1)口头传说和表述，包括作为非物质文化遗产媒介的语言；(2)表演艺术；(3)社会风俗、礼仪、节庆；(4)有关自然界和宇宙的知识和实践；(5)传统的手工艺技能。

世界记忆遗产

世界记忆遗产（Memory of the World），是联合国教科文组织于1992年启动的一个文献保护项目，通过国际合作与使用最佳技术手段进行抢救，从而使人类的记忆更加完整。目前我国入选《世界记忆遗产名录》的有中国艺术研究院图书馆的传统音乐录音档案、中国第一历史档案馆的清朝内阁秘本档案和清代大金榜、云南省社会科学院的纳西东巴古籍文献四项。

世界遗产标志

世界遗产的标志，为代表大自然的圆形与代表人类创造的方形相连的图案，象征着文化遗产与自然遗产之间相互依存的关系。方形与圆形二者流畅地相连相通，喻指人类

世界遗产标志

与自然应有的和谐关系。周边为"世界遗产"的英文、法文和西班牙文字环绕。这个标志呈圆形，既象征着全世界，也象征着要对世界遗产进行保护。世界遗产标志在中国使用时，周边的世界遗产字样由中文、英文和法文组成。

中国的世界遗产

中国1985年12月12日加入《保护世界文化和自然遗产公约》，1999年10月29日当选为世界遗产委员会成员，1986年开始向联合国教科文组织申报世界遗产项目。至2009年7月，中国先后被批准列入《世界遗产名录》的世界遗产已达46处（项）：世界文化遗产25处，世界自然遗产7处，世界自然与文化双重遗产4处，世界文化景观遗产两处，世界非物质文化遗产4项，世界记忆遗产4项，居世界第三位。

中国文化遗产标志

中国文化遗产标志由国家文物局公布，核心图案为成都金沙遗址出土的"太阳神鸟"金饰图案，上方有中文"中国文化遗产"字样，下方采用汉语拼音"ZHONGGUO WENHUA YICHAN"。各民族自治地方可使用当地少数民族文字，在对外交往工作中可使用英文"China Cultural Heritage"或其他国家文字。标志的标准颜色为金色，可根据不同需要使用其他颜色。

中国非物质文化遗产

中国非物质文化遗产标识外部图形为圆形，象征着循环，永不消失；内部图形为方形，与外圆对应，天圆地方，表达非物质文化遗产存在空间有极大的广阔性；图形中心造型为古陶最早出现的纹样之一鱼纹，鱼纹隐含一"文"字，"文"指非物质文化遗产，而鱼生于水，寓意中国非物质文化遗产源远流长，世代相传；抽象的双手上下共护"文"字，意取团结、和谐、细心呵护和保护非物质文化遗产、守护精神家园。

✵ 武陵源风景名胜区 Wulingyuan Scenic and Historic Interest Area

武陵源风景名胜区于1992年12月作为自然遗产被列入《世界遗产名录》，位于湖南省张家界市，由张家界、天子山、索溪峪和杨家界四大各具特色的景区构成，总面积369km²。

武陵源为罕见的石英砂岩峰林地貌，景色奇丽壮观。3 100余座奇峰耸立嶙峋，相对高度达200m以上，沟壑纵横，峡谷深切，溪流、瀑布、潭池随处可见，还有40多个石洞和两座天然大石桥。武陵源森林生长茂密，覆盖率达85％以上，中高等植物3 000余种，陆生脊椎动物116种，庇护着大量濒临灭绝的动植物物种，是中国众多孑遗和珍稀动植物集中分布地区之一。武陵源以奇峰、怪石、幽谷、秀水、溶洞"五绝"闻名于世。

武陵源幽谷

每当雨过转晴或阴雨连绵天气，幽幽山谷中生出了云烟，云雾飘缈在层峦叠嶂间，云海时浓时淡，石峰时隐时现，景象变幻万千。雾，使晴日下坚硬的山峰变得妖娆、飘逸和神秘。观雾的最好季节是夏季，天子山是赏雾的最佳去处。

武陵源秀水

武陵源水绕山转，有"三千奇峰、八百秀水"之誉，水使山林更有生气。金鞭溪是一条长长的溪流，潺缓地流过纸草潭、跳鱼潭、楠木坪和天子洲，最后由索溪峪注入澧水。两岸峡谷对峙，红岩绿树倒映溪间。

武陵源溶洞

武陵源溶洞数量多、规模大，如黄龙洞、观音洞、响水洞、龟栖洞、飞云洞和金螺洞等。索溪峪的黄龙洞长7.5千米，洞分四层，洞内有一座水库、两条河流、三挂瀑布、四处潭水、十三个厅堂、九十六条廊，"冰凌钟声""翠竹夹道""龙宫起舞"是黄龙洞精华所在。

武陵源幽谷   武陵源金鞭溪   武陵源溶洞——黄龙洞

黄龙风景名胜区 Huanglong Scenic and Historic Interest Area

黄龙风景名胜区于1992年12月作为自然遗产被列入《世界遗产名录》，位于四川省阿坝州松潘县境内，海拔在3 000m以上，是中国最高的风景名胜区之一。风景区由黄龙景区和牟尼沟景区两部分组成，总面积1 340km²。

黄龙沟内，遍布钙华沉积，规模宏大，类型繁多，结构奇巧，色彩丰艳，并呈梯田状排列，仿佛是一条金色巨龙，并伴有雪山、瀑布、原始森林、峡谷等景观，成为中国一绝。高山摩天，峡谷纵横，莽林苍苍，碧水荡荡，其间镶嵌着精巧的池、湖、滩、瀑、泉、洞等各类钙华景观，点缀着神秘的寨、寺、耕、牧、歌、舞等各族乡土风情。从沟底部（海拔2 000m）到山顶（海拔3 800m）依次出现亚热带常落叶阔叶混交林、针叶阔叶混交林、亚高山针叶林、高山灌丛草甸等。

人间瑶池——黄龙沟

黄龙钙华景观

黄龙钙华景观

黄龙钙华景观类型齐全，钙华池、钙华滩、钙华扇、钙华湖、钙华塌陷湖、钙华坑，以及钙华瀑布、钙华洞穴、钙华泉、钙华台、钙华盆景等一应俱全，是一座名副其实的天然钙华博物馆。

九寨沟风景名胜区 Jiuzhaigou Valley Scenic and Historic Interest Area

九寨沟风景名胜区于1992年12月作为自然遗产被列入《世界遗产名录》，位于四川省阿坝州南坪县境内，地处岷山纳山峰北麓，海拔在2 000～3 000m之间，因沟谷有九个藏族村寨而得名，总面积约720km²。

九寨沟风景名胜区由长海、剑岩、诺日朗、树正、扎如、黑海六大景区组成，以翠海、叠瀑、彩林、雪峰、藏情"五绝"享誉中外。九寨沟素有"中华水景之王"的美誉，狭长的沟谷中，海子湖泊散布，泉、瀑、河、滩连缀，蓝天白云倒映，水光叠影浮翠，呈现出色彩斑斓、千姿百态、美丽如画、令人陶醉的自然美景。九寨沟山奇水秀，植物资源丰富，原始森林覆盖了一半以上的面积。

五花海

五花海是高原钙华湖，为九寨沟美景之一，享有"九寨精华"的美誉。五花海海拔2 472m，深5m，同一水域，却呈现出鹅黄、墨绿、深蓝、藏青等不同颜色，斑驳迷离，色彩缤纷。

珍珠滩

珍珠滩海拔2 433m，宽约160m，长约200m，是一片巨大的扇形钙华流。清澈的水流，在凹凸不平的乳黄色钙化滩面上，溅起无数水珠，在阳光照耀中犹如一河流动的珍珠，琅琅滚落，光彩闪烁。

诺日朗瀑布

诺日朗瀑布海拔2 365m，落差20m，宽达300m，是中国大型钙华瀑布之一，也是九寨沟众多瀑布中最宽阔的一个。跌水溪流自柳篱花丛之间涌出，奔泻跌落，形成罕见的"森林瀑布"景观。

五花海　　　　　　　　珍珠滩　　　　　　　　　　　　　　　　诺日朗瀑布

✽ 云南"三江并流"自然景观 Three Parallel Rivers of Yunnan Protected Areas

云南"三江并流"自然景观于2003年7月作为自然遗产被列入《世界遗产名录》，位于云南省青藏高原南部横断山脉的纵谷地区，由怒江、澜沧江、金沙江及其流域内的山脉组成，整个区域面积达41 000km²。

自北向南三江并行奔流，长达170多千米，形成"并流而不交"的奇特自然地理景观。其间澜沧江与金沙江最短直线距离为66km，澜沧江与怒江的最短直线距离不到19km。"三江并流"自然景观，蕴含丰富的地质地貌特征——高山峡谷、雪峰冰川、高原湿地、森林草甸、淡水湖泊和丹霞地貌。同时，该地区集中了北半球亚热带、温带、暖温带、寒温带、寒带的多种气候和生物群落，是欧亚大陆生物群落最富集的地区，有70多种国家级保护动物和30多种国家级保护植物，被誉为"世界生物基因库"。该地区还是16个民族的聚居地，是世界上罕见的多民族、多语言、多种宗教信仰和风俗习惯并存地区。

怒江

怒江又名潞（lù）江，发源于唐古拉山南坡，由下秋曲、那曲、索曲等河流汇流而成，先向东后折向南，穿越横断山区，在中国境内长约2 013km，流域面积约124 800km²。怒江流经西藏、云南，出国境后称萨尔温江，流经缅甸，注入印度洋，是一条重要的国际河流。

澜沧江

澜沧江发源于青海省唐古拉山北坡，由扎曲、解曲、紫曲等河汇聚而成，中国境内长约2 153km，流域面积约161 400km²。澜沧江流经青海、西藏、云南，出国境称为湄公河，经缅甸、老挝、泰国、柬埔寨，注入南海，也是东南亚地区一条重要的国际河流。

怒江峡谷

❖ 四川大熊猫栖息地 Sichuan's Giant Panda Habitat

四川大熊猫栖息地于2006年7月12日作为自然遗产被列入《世界遗产名录》，由四川境内的卧龙、蜂桶寨、四姑娘山、喇叭河、黑水河、金汤—孔玉和草坡7处自然保护区，和青城山—都江堰、天台山、四姑娘山、西岭雪山、鸡冠山—九龙沟、夹金山、米亚罗、灵鹫山—大雪峰、二郎山9处风景名胜区组成，总面积约为9 245km²。

四川大熊猫栖息地，地处青藏高原到四川盆地过渡地带，山地沟谷连绵，水热资源丰富，自然条件适宜，生活着全世界30%以上的野生大熊猫，是全球最大最完整的大熊猫栖息地生态系统，也是全球植物种类最丰富的区域之一，被自然保护国际选定为全球25个生物

澜沧江

多样性热点之一，被全球环境保护组织确定为全球200个生态区之一，是生物多样性与濒危物种栖息地的全球性典型代表。

大熊猫

　　大熊猫，别名有花猫、银狗和大浣熊，被列为熊科大熊猫亚科，头圆尾短，体型肥硕，黑白相间，憨态可掬，成年体长120～190cm，体重85～125kg。大熊猫出现在300万年前，保持有许多古老的物种特征，科学价值突出，被誉为生物的"活化石"，既是中国特有种，又是中国一级保护动物。

夹金山

　　夹金山位于四川省境内，属邛崃山系一支，是四川大熊猫栖息地的核心区域，野生大熊猫种群约占四川总数的1/4。夹金山山脉大熊猫栖息地作为世界濒危物种的重要地区，有国家一级保护植物8种、二级保护植物20种和三级保护植物16种。国家一级保护动物17种和二级保护动物51种。

夹金山风景

✴ 中国南方喀斯特 The Karst in Southern China

　　中国南方喀斯特于2007年6月27日作为自然遗产被列入《世界遗产名录》，由云南石林的剑状、柱状和塔状喀斯特、贵州荔波的森林喀斯特、重庆武隆的以天生桥、地缝、天洞为代表的立体喀斯特共同组成，形成于50万年至3亿年前，总面积达1 460km^2，其中核心区面积480km^2，缓冲区面积980km^2。

　　中国南方喀斯特是地球重要而典型的自然地理特征和喀斯特地貌形态，既保留了地质历史时期古喀斯特遗迹，又代表了正在进行的现代喀斯特发育过程，形成了完整的热带、亚热带喀斯特上升发育区的结构系统和演化序列，在世界上也是少有的。

云南石林喀斯特

　　云南石林喀斯特位于云南石林县境内，面积270km^2，是世界上规模最大的喀斯特石林景观。石灰岩经历长期的地表水溶蚀作用，塑造出形态各异的岩柱，一般高度10~20m，最高可达30~40m。岩柱造型十分奇特，有的如利剑刺空，有的如宝塔屹立，有的似莲花盛开，有的像动物携游。

云南石林

贵州荔波喀斯特

　　贵州荔波喀斯特位于贵州省荔波县，是贵州高原和广西盆地过渡地带的峰丛型喀斯特典型代表。贵州荔波完好的生态系统，植被覆盖茂密，具有突出的遗产价值，被认为是"中国南方森林喀斯特"。

贵州荔波喀斯特

重庆武隆喀斯特

重庆武隆喀斯特地处四川盆地东南边缘，大娄山、武陵山与贵州高原的过渡地带，长江右岸支流乌江下游峡谷区。由于受碳酸盐岩与砂页岩不同岩性分布影响，产生了深切峡谷型喀斯特地貌。数亿年孕育出了鬼斧神工般的自然景观，有"天下第一洞"芙蓉洞、亚洲最大天生桥群、罕见而稀有的后坪天坑等。

重庆武隆喀斯特

三清山风景名胜区 Sanqing Mount Scenic and Historic Interest Area

江西三清山风景名胜区于2008年7月8日作为自然遗产被列入《世界遗产名录》，位于江西省上饶市东北部，又名少华山，古有"高凌云汉江南第一仙峰，清绝尘嚣天下无双福地"之称，因玉京、玉虚、玉华三座山峰高耸入云，宛如道教玉清、上清、太清三个最高境界而得名。三清山风景名胜区由万寿园、南清园、西海岸、阳光海岸、玉京峰三清宫等景区组成，景区总面积为756.6km^2。

三清山风景名胜区，东险西奇，北秀南绝，群峰罗立，岩壑幽深，四季景色，绮丽秀美。三清山有着其独特花岗岩石柱与山峰，丰富的花岗岩造型石景与多种植被、远近变化的气候奇观相结合，创造了世界上独一无二的景观美学效果。三清山是江南道教名山，以三清宫为中心形成规模庞大的道教建筑群和丰富的道教文化遗存。

三清宫

三清宫位于三清山南侧龟背石上，海拔1532.8m，占地2 300m^2，坐北朝南，是三清山最主要的道教建筑群，始建于北宋乾道六年（1170年），现存建筑重建于明景泰年间。宫前有排云桥，正殿两层，供奉三清尊神。宫殿周围苍松青翠，风景秀丽。

玉京峰

玉京峰海拔1 816.9m，是三清山第一高峰，俗称广平尖，异名孔明尖。东侧岩石峭壁上镌有"玉京峰"三个楷书大字，中间有一方石，刻有棋盘，名棋盘石。西侧岩石地势空旷，岩壁上镌有"升天石"三字，是三清山的极顶。峰下西北侧是飞仙谷，北面有登极岭，南面有蓬莱三峰隔壑而列。

玉京峰

泰山 Mount Taishan

泰山于1987年12月作为文化与自然双重遗产被列入《世界遗产名录》，又称岱山、岱岳、岱宗，是五岳之东岳，位于山东省中部，方圆426km²，主峰海拔1 545m，气势雄伟磅礴，享有"五岳之首""天下第一山"的称号。

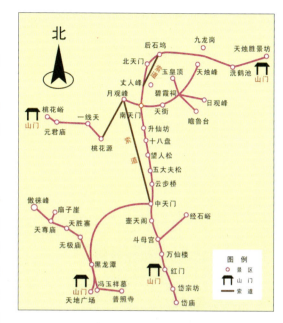

泰山岩石形成于太古代，因受来自西南—东北两方面的挤压力，褶皱隆起，经深度变质而形成古老的地层——泰山群；后因地壳变动，多组断裂分割，形成块状山体。泰山地貌分为冲洪积台地、剥蚀堆积丘陵、构造剥蚀低山和侵蚀构造中山四大类型，层峦叠嶂，凌空高耸，形成多种地形组合的地貌景观。泰山植被覆盖率达80％，山上有万余株古树名木与泰山历史文化的发展紧密相连，是古老文明的象征。两千多年来，泰山一直是帝王朝拜的对象，不断在泰山封禅和祭祀，建庙塑神，刻石题字，留下了20余处古建筑群和2 200余处碑碣石刻。

泰山石刻

自秦始皇"泰山刻石"以来，代代相继，各有佳作，前后延续达2 200多年，现存石刻多达1 696处。经石峪《金刚般若波罗密经》石刻，存字1 043个，篆隶兼备，书法遒劲，被尊为"榜书之宗"。岱顶大观峰《纪泰山铭碑》，出自唐玄宗之手，俊逸雄浑，羁束安闲，开"唐隶"书法之一格。

泰山石刻

碧霞祠

碧霞祠位于泰山极顶南侧，为祭祀碧霞元君的主要道观，创建于宋真宗大中祥符二年（1009年），初名"昭真祠"，清乾隆三十五年（1770年）重修后改称"碧霞祠"。碧霞祠是一组宏伟壮丽的山地古建筑群，南北长76.4m，东西宽39m，总面积2 979.6m²，以照壁、南神门、山门、香亭为中轴，左右分列东西神门、钟鼓楼、御碑亭、东西配殿等建筑。

碧霞祠

岱庙

岱庙位于泰山南麓，是历代帝王举行封禅大典和祭祀泰山神的地方，中国现存三大古建筑群之一。岱庙南北长406m，东西宽237m，总面积96 222m²，平面布局可分中、东、西三路，主体建筑均在中路轴线上，依次有配天门、仁安门、天贶殿、后寝宫。整组建筑高大雄伟，俨然帝都。

✤ 黄山 Mount Huangshan

黄山于1990年12月作为文化与自然双重遗产被列入《世界遗产名录》，位于安徽省南部，因传说黄帝于此修身炼丹而得名，南北长约40km，东西宽约30km，面积1 200km²，是著名的花岗岩山地风景区。

黄山以奇松、怪石、云海、温泉"四绝"著称于世。山体峰顶尖陡，峰脚直落谷底，群峰峭拔，构成其特有的峰林结构，千米以上的高峰有72座。主峰为莲花峰，海拔1 867米。黄山高差大，山水迸泻，形成飞瀑，著名的有"人字瀑""百丈泉"和"九龙瀑"。同时，黄山还兼有"天然动物园"和"天下植物园"的美称，有植物近1 500种，动物500多种。

慈光寺

慈光寺旧名朱砂庵，位于黄山朱砂峰下，建于明嘉靖年间，1606年改名法海禅院。明神宗时敕封为"护国慈光寺"，赐以佛经、佛像、袈裟、锡杖、钵盂等物，盛极一时，曾是徽、宣两州禅林之首。其上有含沙岭，岭后是立马亭，立马亭上可见立马峰摩崖大字："立马空东海，登高望太平"十字。

慈光寺

黄山奇松

松是黄山最奇特的植物景观，百年以上的黄山松就数以万计。黄山松以石为母，扎根于巨岩裂隙，干曲枝虬，千姿百态。最著名的黄山松有：迎客松、送客松、蒲团松、凤凰松、棋盘松、接引松、麒麟松、黑虎松、探海松、团结松等。

黄山迎客松

黄山怪石

黄山怪石，以奇取胜，以多著名，已被命名的怪石120多处。其形态可谓千奇百怪，似人似物，似鸟似兽。从不同角度看，形态各异，或兀立峰顶，或戏逗坡缘，或与松结伴，构成了一幅幅天然山石画卷。著名的有"松鼠跳天都""猴子望太平"等。

黄山怪石——飞来石

✻ 峨眉山风景名胜区（包括乐山大佛）Mount Emei Scenic Area （including Leshan Giant Buddha Scenic Area）

峨眉山风景名胜区（包括乐山大佛）于1996年12月以文化与自然双重遗产被列入《世界遗产名录》。

峨眉山位于四川盆地的西南缘，因山势逶迤"如蟒首蛾眉，细而长，美而艳"故名。最高峰为万佛顶，海拔3 099m。峨眉山地处四川盆地向青藏高原的过渡地带，自然景观雄秀神奇，生态环境保护完好，生物种类丰富，特有物种繁多。峨眉山是"中国佛教四大名山"之一，普贤菩萨道场，大量佛寺散布全山，佛教文化遗存甚众。

乐山大佛位于凌云山西壁，岷江、大渡河、青衣江三江汇流处，是世界现存最大的摩崖佛像。大佛始凿于唐代开元初年（713年），历时90年才得以完成，为弥勒佛倚坐像，坐东向西，通高71m，坐身高59.96m，头高14.7m，眼长3.3m，耳长7m，雕刻细致，线条流畅，比例匀称，雍容大度，堪称世界之最，俗语云："山是一尊佛，佛是一座山。"

峨眉山风景名胜区

峨眉佛光

　　峨眉佛光为峨眉山最为奇特的自然景观。峨眉山金顶有睹光台，当游人站在台上，人影投射于云雾之中，周围光环环绕，人动影动，堪为奇观。此景只有当大气环境适合时才可看到，可谓神奇。

报国寺

　　报国寺位于峨眉山山麓，始建于明万历年间，原名会宗堂，清康熙年间重修，康熙帝御笔亲题"报国寺"匾额。寺院现有山门、弥勒殿、大雄殿、七佛殿、藏经楼等建筑，依地势逐进抬升，建筑宏伟，气势轩昂，为登峨眉首拜之寺庙。

报国寺

万年寺

　　万年寺位于峨眉山东部观心坡下，是峨眉山主要寺庙之一。现存主要建筑为明代万历年修建的砖砌穹窿顶方形无梁殿，通高16m，边长15.7m，形式奇特。殿内供奉一尊北宋980年铸造的骑乘六牙白象的普贤菩萨大型铜像，高7.3m，重62t，做工精细，姿态庄严。

❀ 武夷山 Mount Wuyi

　　武夷山于1999年12月作为文化与自然双重遗产被列入《世界遗产名录》，位于福建省北部，有"华东屋脊"之称，总面积达999.75km²。

　　武夷山拥有武夷山风景名胜区和武夷山自然保护区，"奇秀甲于东南"。山峰起伏，层峦叠嶂，尤其以"丹霞地貌"著称于世。九曲溪盘绕于武夷山中，尽显山水之妙趣，"一溪贯群山，清浅萦九曲，溪边列岩岫，倒影浸寒绿"。武夷山垂直林带完整，是中国亚热带森林的代表性例证，保存着大量古老和珍稀植物物种。这里还生存着大量爬行类、两栖类和昆虫类动物，如角怪青蛙、王孙小猴、蜂鸟、四脚泥鳅、猪尾鼠等，是世界昆虫种类最丰富的地区。

　　武夷山人类文化遗存也十分丰富，有著名道教建筑冲佑万年宫、朱熹讲学紫阳书院旧址、悬崖奇观架壑船棺、元代御茶园旧址，还有近代大量革命活动遗存物。

架壑船棺

架壑船棺是武夷山先民的一种船形葬具，以整根楠木刳成。棺中有人字形竹席、细棕、麻丝、棉布和龟足木盘等随葬品，架设于悬崖之上，距今3 750余年，是目前国内外年代最早的悬棺遗址。

架壑船棺

古汉城遗址

古汉城遗址是西汉闽越国的王城遗址。城址呈长方形，面积220 000m²，距今2 350多年。城内分布着殿宇、楼阙、营房、住宅、冶铁、制陶和墓葬等遗址多处，中央高台宫殿遗址包括大门、庭院、主殿、侧殿、厢房、回廊、天井、水井和排水管道等。

古汉城遗址

古崖居遗构

古崖居遗构

武夷山地区依岩、崖、洞而修的崖居建筑，至今在鹰嘴岩、鼓子峰、鼓楼岩、莲花峰等处仍有保留，保存最为完整、最著名的是鹰嘴岩的天车架古崖居遗构。这些飞阁栈道遗存，是人们研究武夷山古代建筑，乃至文化、历史的重要实物依据。

❈ 庐山国家公园 Lushan National Park

庐山国家公园于1996年12月作为文化景观被列入《世界遗产名录》，位于江西省九江市南，北濒长江，东接鄱阳湖，大山、大江、大湖浑然一体。公园面积302km²，外围保护地带500km²。

庐山是地垒式断块山，全山共有90多座山峰，主峰大汉阳峰海拔1473.4m。庐山有独特的第四纪冰川遗迹，有河流、湖泊、坡地、山峰等多种地貌类型，自然景观多样，以"奇、秀、险、雄"闻名于世，素有"匡庐奇秀甲天下"的美誉。

庐山有着丰厚灿烂的文化内涵。晋代高僧慧远在山中建立东林寺，开创了佛教中的"净土宗"。庐山历史上有寺庙360所，道观200余处，使得庐山成为我国古代南方的宗教中心。庐山上有中国最早的书院——白鹿洞书院，是中国古代教育和理学的中心学府。

白鹿洞书院

白鹿洞坐落在庐山五老峰南山谷中。唐朝李渤、李涉兄弟曾在这里隐居读书，李渤养白鹿自娱，并自称白鹿先生。五代南唐升元年间，在此"建学置田"，称为"庐山国学"，任命国子监九经李善道为白鹿洞洞主。北宋初年扩建为书院，并正式定名为"白鹿洞书院"，成为古代理学的中心学府之一。

白鹿洞书院

岳母墓

岳母墓位于庐山西麓株岭。南宋绍兴六年（1136年），岳母姚太夫人在军中逝世，岳飞即奏明朝廷，请求将其母安葬庐山。宋高宗准奏，赐葬庐山，埋于株岭。墓用湖广石砌成，圆形拱顶，坐东南朝西北，长9.1m，宽3.2m，高1.7m。

岳母墓

东林寺

东林寺坐落在庐山西麓，佛教净土宗发源地之一，建于东晋（384年）。现存建筑为1978年修建。正殿称神运宝殿，内供释迦牟尼及其弟子文殊、普贤、阿难、迦叶等佛像。正殿两侧有护法殿、十人高贤堂、三笑堂、文殊阁等建筑。

东林寺

✳ 五台山 Mount Wutai

五台山于2009年6月作为文化景观被列入《世界遗产名录》，位于山西省五台县境内，绕周250km，由五座山峰环抱而成，东台望海峰，西台挂月峰，南台锦绣峰，北台叶斗峰，中台翠岩峰，以叶斗峰最高（3 058m）。五台山地势高亢，盛夏之时十分凉爽，又有"清凉山"之称。

五峰之内为台内，以台怀镇为中心，形成了众多的佛教寺庙，传说是文殊菩萨显圣之地，被尊为文殊菩萨的道场，是中国四大佛教名山之一。现存佛教寺庙台内39座，台外8座，建筑错落，气势壮观，饰雕精美，塑像庄严，壁画遍布，佛音高扬，佛教文化底蕴十分深厚。

显通寺

显通寺位于台怀镇，五台山五大禅林之一，始建于东汉永平年间，初名大孚灵鹫寺，北魏称花园寺，唐为大华严寺，明太祖赐名大显通寺。寺院占地80 000m²，各

类殿堂400余间，中轴线依次布局七座殿宇，两厢配殿齐整。特色建筑有铜殿、砖构无梁殿、大雄宝殿等。

殊像寺

殊像寺位于台怀镇西南，五台山五大禅林之一，以供奉文殊菩萨像而得名，寺院现存建筑形成于明成化年间。寺院正中文殊阁，宽深五楹，重檐九脊，斗拱密布，琉璃剪边。阁内有塑于1496年文殊像一尊，高约9m，坐驾于青狮之上，形象秀美，工艺绝伦。

殊像寺文殊菩萨

菩萨顶

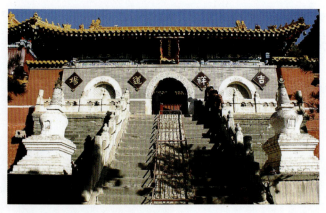

菩萨顶

菩萨顶位于台怀镇北侧灵鹫峰上，五台山五大禅林之一，为文殊菩萨居住之处，故又称为真容院。菩萨顶为五台山大喇嘛居所，黄庙之首，清帝朝台也多居于此。寺院位于山巅，门前有一百单八台阶，门内有天王殿、菩萨殿、大雄殿的重要建筑金碧辉煌。朝山的信徒居士缘台阶而上，一步一叩，有登菩萨顶可以替代拜五台之说。

五台白塔

五台白塔位于塔院寺内，是五台山佛教文化的标志性建筑。塔为覆钵式舍利塔，下有方形塔基，上耸覆钵式塔身，塔刹有铜铸相天、露盘、宝珠，塔身洁白，醒目清雅，风铎高悬，叮当作响，极富古刹情趣。

✳ 周口店北京人遗址 The Peking Man Site at Zhoukoudian

周口店北京人遗址于1987年12月作为文化遗产被列入《世界遗产名录》，位于北京房山周口店龙骨山，1921年由瑞典学者安特生首先发现，1929年由我国古生物学家裴文中发现了第一个头盖骨化石。以后经多次发掘，先后出土6件头盖骨、15件下颌骨、157枚牙齿及大量骨骼碎块，代表约40个北京猿人个体，并发现十万多件石器及大量的灰烬等，被命名为"北京猿人"。

北京猿人生活在距今70万年至20万年之间，属于古猿到智人之间的直立人阶段，平均脑容量达1 088mL，据推算北京人男、女身高分别为156cm和150cm。遗址出土的猿人化石、石器、哺乳动物化石种类数量之多，以及用火遗迹之丰富，都是同时代其他遗址所无法相比的，为亚洲大陆远古人类的进化提供了大量富有说服力的历史证据。

"北京人"头盖骨化石丢失之谜

第二次世界大战期间，北京猿人头盖骨化石神秘失踪，战后开始寻找，到目前为止无任何结果，众说纷纭，有着种种猜测和推断。1966年裴文中先生再次主持发掘工作，发现了一块额骨和一块枕骨，与1931年、1936年的第五号头骨的两块颞骨，拼合成一块比较完整的头盖骨，这是目前仅存的北京猿人头盖骨标本。

"北京人"头盖骨化石

"北京人"用火遗迹

在"北京人"居住过的洞穴里，发现5个灰烬层、3处灰堆遗存，以及大量的烧骨、烧石，表明"北京人"已懂得使用火、支配火，并学会了保存火种的方法。用火可以说是人类文明的起点。

"北京人"石制工具

"北京人"遗址中出土了数以万计的石制品，这些石器主要是利用了周口店地区的鹅卵石和各种岩石，经过打制而成，这种打制石器称为旧石器。早期石器较粗大，砍砸器居重要地位。中期石器形制变小，尖刃器出现。晚期石器小型化，石锥是这一时期特有的石器。

❋ 敦煌莫高窟 Mogao Caves

莫高窟于1987年12月作为文化遗产被列入《世界遗产名录》。莫高窟又名"千佛洞"，位于甘肃省敦煌市东南三危山崖壁上，延伸1 600m，鳞次栉比，重重叠叠，栈道蜿蜒，楼阁巍峨，风铎悬响，气势壮观。

莫高窟始凿于前秦建元二年（366年），到元朝终止营造。唐朝武则天时代洞窟已达到一千余龛。古时敦煌地处丝绸之路南北三路的分合点，不仅是东西方贸易中转站，也是宗教、文化和知识的交汇处。佛教东渐，沿途留下了大量石窟文化遗产，莫高窟是最优秀的代表之一。

莫高窟现存各个时代洞窟492个，壁画45 000m²，

莫高窟

彩塑2 415身，飞天4 000余身，唐宋木构建筑5座，莲花柱石和铺地花砖数千块，是一处集建筑、绘画、雕塑为一体的佛教文化遗产，展示了延续千年的佛教艺术，是人类稀有的文化宝藏和精神财富。

莫高窟建筑艺术

莫高窟洞窟有禅窟（僧房）、塔庙窟（中心塔柱）、殿堂窟（前堂后室）、佛坛窟（覆斗形窟顶）、穹隆顶窟等形制。窟型大者高40余米，小者高不足盈尺。第96窟的"九层楼"，是莫高窟的标志性建筑，高33m，倚山而立，白壁丹檐，错落有致，檐铃作响。窟内有弥勒佛坐像，高35.5m，是当今世界上最大的室内石胎泥塑佛像。

莫高窟建筑——九层楼

莫高窟彩塑艺术

莫高窟彩塑——45窟

莫高窟建在粗糙的砂砾崖上，岩质疏松，无法雕刻。匠师或以石为胎，或以木为架，用泥堆塑，制成彩塑造像。莫高窟的彩塑有佛、菩萨、弟子以及天王、金刚、力士、神等。彩塑形式有立体圆塑、贴壁半圆塑、浮塑、影塑等。彩塑像最高35.5m，最小仅2cm左右，堪称佛教彩塑博物馆。

莫高窟壁画艺术

莫高窟壁画

莫高窟遗存数量最大、最丰富的就是壁画。壁画题材丰富多彩，主要有尊像画、经变画、佛史迹画和供养人画。其他的有反映生产劳动场面、社会生活场景、中外文化交流、衣冠服饰制度、古代建筑造型以及音乐、舞蹈、杂技的画面，是1 500多年民俗和历史的艺术再现。

长城 The Great Wall

长城于1987年12月作为文化遗产被列入《世界遗产名录》。2002年11月水上长城辽宁九门口长城作为扩展项目被列入世界遗产。长城是古代防御外敌入侵在边界修建的墙体形防御设施。中国是世界上修建长城时间最早、历时最长、次数最多、工程最大、遗存最全的国家。始于春秋诸侯争霸，延续到明代，持续2 000多年，总长度达50 000km以上，达到“万里长城”规模的有秦长城、汉长城和明长城。

长城是由墙体、敌楼、关城、墩堡、营城、卫所、镇城、烽火台等多种设施组合而成，是一个完整的防御工程体系，在冷兵器时代发挥了十分重要作用。长城遗存是古代劳动人民聪明智慧的结晶，更是中华民族追求和平、自强不息精神的象征。除长城本身的建筑布局、造型、雕饰、绘画等建筑艺术之外，还有诗词歌赋、民间文学、戏曲说唱等，文化艺术价值足以与其战略的重要性相媲美。

长城——八达岭长城

长城——居庸关

长城——山海关

关城

关城是长城上最为重要的防御据点，位置多选择在有利防守的关隘之处，以收到以极少的兵力抵御强大入侵者的效果。关城有大有小，数量很多，著名的有山海关、居庸关、紫荆关、平型关、雁门关、嘉峪关、阳关、玉门关等。

长城——嘉峪关

敌楼

敌楼是长城的重要军事设施之一，一般每隔三五百米就会有一座，建于城墙顶部，方形，有上下两层，上层有望口和射击洞，可以瞭望、射击；下层有券门、楼梯，可供士兵休息或存放武器粮食之用。

敌楼

烽火台

烽火台又称烽燧（suì），俗称烽堠、烟墩，是古时传递重要消息的高台，如遇敌情发生，白天施烟，夜间点火，台台传递。其出现早于长城，自长城出现后，烽火台便与长城结为一体，成为长城防御体系的一个重要组成部分。

烽火台

✦ 明清皇宫（北京故宫、沈阳故宫）The Imperial Palace of the Ming and Qing Dynasties

明清皇宫（北京故宫）于1987年12月以作为文化遗产被列入《世界遗产名录》。2004年7月，沈阳故宫作为明清皇宫文化遗产扩展项目列入世界遗产。

北京故宫俗称"紫禁城"，始建于明永乐四年（1406年），是明永乐以来到满清灭亡，五个多世纪的最高权力中心，曾居住过24个皇帝。北京故宫是世界上现存规模最大、最完整的古代木构建筑群，占地720 000m^2，建筑面积约150 000m^2，拥有殿宇9 000多间，周边宫墙长约3 000m，黄瓦红墙，金扉朱楹，白玉雕栏，宫阙重叠，殿堂巍峨，是中国古建筑的精华荟萃。宫内现收藏珍贵历代文物和艺术品约100万件。

沈阳故宫位于辽宁沈阳市区中心，建于1625—1636年，是清朝入关前清太祖努尔哈赤、清太宗皇太极的皇宫，顺治于1644年在此即帝位。满清入关后又多次扩建，现存建筑分为东、中、西三路，主要建筑有崇政殿、凤凰楼、清宁宫、大政殿、文溯阁等。

北京故宫

沈阳故宫　　　　　　　　　　　　　　太和殿

太和殿

太和殿，俗称"金銮殿"，为皇帝举行大典之地，是紫禁城内体量最大、等级最高建筑物。殿高28m，面阔11间63m，进深5间35m，面积2 377m²，重檐庑殿顶，下置三层须弥座汉白玉台基，上树直径达1m大柱92根，其中6根是围绕御座的蟠龙柱。大殿装饰金碧辉煌，庄严绚丽，堪列中国古代建筑之首。

中和殿

中和殿

中和殿是皇帝大典前稍事休息和演习礼仪的地方，明初称"华盖殿"，嘉靖时遭遇火灾，改称"中极殿"，清称中和殿。中和殿建筑面积为580m²，平面呈正方形，四面出廊，金砖铺地，黄琉璃瓦四角攒尖顶，正中有鎏金宝顶。

保和殿

保和殿是每年除夕、正月十五皇帝赐宴外藩王公的场所，建成于明永乐十八年，初名"谨身殿"，嘉靖时遭火灾重修后改称"建极殿"，清改为保和殿。保和殿建筑面积1 240m²，重檐歇山顶，金砖铺地，建筑上采用了减柱造做法，使空间宽敞。

保和殿

乾清宫

乾清宫是内廷正殿，始建于明代永乐十八年，现有建筑为清代嘉庆三年（1798年）所建，建筑面积为1 400m²，正殿悬挂着"正大光明"巨匾。殿内明间、东西次间相通，铺墁金砖。殿前月台左右分别有铜龟、铜鹤、日晷、嘉量，前设鎏金香炉4座。明代14个皇帝和清代顺治、康熙两帝，都作为其寝宫。

乾清宫

❈ 秦始皇陵及兵马俑坑 The Mausoleum of the First Qin Emperor

秦始皇陵及兵马俑坑于1987年12月作为文化遗产被列入《世界遗产目录》。秦始皇陵位于陕西省西安市临潼区东5 000m处的骊山北麓，建于公元前246—前208年，总面积约为56km²，封土原高约115m，现高76m。

兵马俑坑位于陵墓封土东侧约1 500m，是模拟军阵的殉葬坑，共有三个，呈品字形面东排列。一号坑呈长方形，长230m，宽62m，面积14 260m²，放置有6 000个真人真马大小的陶俑、陶马，为步兵为主、车兵配合的主力军阵。二号坑呈曲尺形，长124m，宽98m，面积6 000m²，估计可出土陶俑1 000多件、驾车陶马350多件、骑兵鞍马100多件、木质战车89辆，是一个步兵、车兵、骑兵、弩兵多兵种组成的机动军阵。三号坑呈凹字形，面积520m²，出土4马、1车、68陶俑，被确定为军阵的指挥部——军幕。

兵马俑是中国古代个体和群体规模都最大的墓葬陶制品，采用模、塑、雕、贴、刻、划多种技法，创造出了举世无双的古代工艺艺术品，被誉为"世界第八奇迹"。

秦始皇

秦始皇（公元前259—前210年），姓嬴名政，秦庄襄王之子，是战国末期秦国君主及秦朝第一任皇帝，13岁时即王位，22岁时正式登基，灭六国统一中国，建立秦朝，称始皇帝。秦始皇是中国历史上第一个多民族中央集权制国家的创立者，对中国和世界的历史产生了极其深远的影响。

秦始皇像

兵马俑

秦兵俑分为将军俑、军吏俑和武士俑，形体高大，发髻高挽，表情各异，制作精细，神态逼真，栩栩如生。秦马俑分为驾车挽马和骑兵鞍马，关中挽马品种，青壮年马龄，体格健壮，双目炯炯，双耳高竖，胸肌发达，四肢有力。秦兵马俑艺术表现手法上具有鲜明的个性和强烈的时代特征，对于深入研究秦代的军事、政治、社会、文化、科学和艺术等提供了极为珍贵的实物材料。

兵马俑

铜车马

铜车马出土于秦始皇陵封土西侧，为两组彩绘铜质车马，双轮单辕，驷马驱驾，各有铜御官俑1件，是秦始皇生前车马仪仗的象征。铜车马是迄今为止中国所发现的年代最早、形体最大、结构最复杂、制作最精美、驾具最齐全的铜铸马车，被誉为"青铜之冠"。

铜车马1号车

铜车马2号车

❀ 武当山古建筑群 The Ancient Building Complex in the Wudang Mountains

武当山古建筑群于1992年12月作为文化遗产被列入《世界遗产名录》，位于湖北省丹江口市西南，又名太和山、玄岳山，是中国著名的道教圣地。武当山道教渊源悠久，始于唐代贞观年间，在灵应峰首建五龙祠。宋元以来，屡次扩建、增建、改建，明代达到鼎盛，形成了"五里一庵十里宫，丹墙翠瓦望玲珑"的壮观规模。现今武当山古建筑群主要包括太和宫、南岩宫、紫霄宫、遇真宫四座宫殿和玉虚宫、五龙宫两座宫殿遗址，以及各类庵堂祠庙等共200余处。

武当山古建筑群在布局、规制、风格、材料和工艺等方面都保存了原状。建筑主体以宫观为核心，主要宫观建筑位于内聚型盆地或台地之上，庵堂神祠分布于宫观附近地带，自成体系，岩庙则占峰踞险，在建筑艺术、建筑美学上达到了极为完美的境界。

治世玄岳石坊

治世玄岳石坊为进入武当山的第一门户，建于明嘉靖三十一年（1552年）。石坊三间、四柱、五楼，榫卯构成，高11.9m，阔14.5m，坊额刻"治世玄岳"四字。此坊结构简练，富于变化，装配均衡严谨，装饰华丽，是石构牌楼之佳作。

治世玄岳石坊

太和宫

太和宫位于武当山天柱峰南侧，建于明永乐十四年（1416年），现有古建筑20余栋，面积1 600m²，朝拜殿居前，正殿居中，左右为钟鼓楼，后有内藏1307年铸造铜殿一座的转展殿。天柱峰顶建有著名的金殿，铜铸鎏金，仿木结构，面阔进深各三间，高5.54m，宽4.4m，重檐叠脊，金碧辉煌。

太和宫

南岩宫

南岩宫是道教著名宫观，位于湖北省丹江口市境内的武当山南岩上。始建于元至大元年间，以峰峦秀美而著名，故有"踏入南岩景更幽"之誉。现存建筑21栋，建筑面积3 505m²，有元建石殿，明建两仪殿、大碑亭和南天门等建筑物。

南岩宫

紫霄宫

紫霄宫位于武当山东南展旗峰下，始建于1413年，是武当山八大宫观中规模宏大、保存完整的道教建筑之一。现存建筑29栋，面积6 854m²，层层崇台，鳞次栉比。主体建筑紫霄宫，重檐叠脊，覆孔雀蓝琉璃瓦，殿脊以黄、绿两色为主，镂空雕花，装饰丰富，多彩华丽，为其他宗教建筑所少见。

紫霄宫

❋ 曲阜孔庙、孔府、孔林 The Temple and Cemetery of Confucius and the Kong Family Mansion in Qufu

曲阜孔庙、孔府、孔林于1994年12月作为文化遗产被列入《世界遗产名录》。孔子是世界上伟大的思想家、教育家，中国儒家学派创始人。曲阜的孔府、孔庙、孔林，统称"三孔"，是中国历代纪念孔子、推崇儒学的表征，以其丰厚的文化积淀、悠久历史、规模宏大、丰富文物珍藏，以及科学艺术价值而著称。

孔庙、孔林、孔府建筑群，凝聚了历代建筑的精华，极具建筑艺术之美。同时在建筑布局、规划和装饰等方面，也反映出了儒家思想的精髓。它们不仅是名闻天下、内涵丰富的文化遗产，而

且还拥有大量有价值的自然遗产。"三孔"内生长的17 000余株古树名木是研究古代物候学、气候学和生态学的宝贵素材。

孔子墓

孔子像

曲阜孔庙

曲阜孔庙位于曲阜南门内，共有建筑100余座460余间，面积16 000 m²。主要建筑有碑亭、奎文阁、杏坛、德侔天地坊、大成殿、寝殿等。孔庙保存汉代以来历代碑刻1 044块，是研究历史的珍贵史料，中国古代书法艺术的宝库。孔庙著名的石刻艺术品有汉画像石、明清雕镂石柱和明刻圣迹图等。

曲阜孔庙

孔府

孔府又名衍圣公府，位于孔庙东邻，是孔子嫡长孙世袭衍圣公的衙署和府第。孔府始建于宋，占地16公顷，有厅、堂楼、房463间，九进院落。中路前为官衙，设三堂六厅；中为内宅，有前上房、前堂楼、后堂楼等；后是府宅花园。它是中国历史上延续时间最长的封建贵族庄园。

孔府——大门

孔林

孔林位于曲阜城北1km，又称"至圣林"，是孔子及其后裔家族墓地。孔林面积2km²，林内墓冢累累，碑碣如林，石仪成群，古木参天，有古树两万多株，墓碑和谒陵题记刻石等4 000余块，石人、石马、石羊、石狮、望柱、供桌和神

道坊等石仪近千件，还建有门、坊、享殿、碑亭等60余座明清建筑。孔林是延续年代最久、保存最完整的家族墓地。

大成殿

大成殿是孔庙主体建筑。殿高24.8m，宽24.85m，重檐叠脊，黄瓦歇山顶，和玺彩绘，和故宫太和殿、岱庙天贶殿并称为东方三大殿。大成殿的雕龙檐柱以整石刻成，前檐十柱为高浮雕，两山及后檐十八根为减地线雕，图案造型优美，刀法刚劲有力，是中国罕见的石刻艺术珍品。

大成殿

❖ 承德避暑山庄及周围庙宇 The Mountain Resort and its Outlying Temples, Chengde

　　承德避暑山庄及周围庙宇于1994年12月作为文化遗产被列入《世界遗产名录》。承德避暑山庄又名承德离宫，位于承德市区北部，建于1703—1792年，是清王朝夏季行宫。避暑山庄分为宫殿区、湖区、平原区和山区四大部分，总面积达5.64km²，各类建筑达110多处，周围宫墙长约10km，有四字题名的康熙三十六景和三字题名的乾隆三十六景，背负青山，直面翠湖，草木葱郁，洲岛散布，亭榭掩映，宫殿浑朴，风光旖旎，景色秀丽，是我国现存规模最大的皇家园林和宫苑。

　　承德避暑山庄的东、北部原分布11座大型寺庙，因其中八个庙宇有朝廷派驻的喇嘛，故称"外八庙"，现存七座。这些寺庙是清政府为了团结蒙古、新疆、西藏等地的少数民族而修建，建筑风格融合了汉、藏等民族建筑艺术的精华，是中国古代建筑艺术和宗教艺术、造园艺术的完美结合。

澹泊敬诚殿

　　澹泊敬诚殿为避暑山庄宫殿区的正殿，建于康熙四十九年（1710年），乾隆十九年（1754年）用楠木重新修缮、改建，所以又称"楠木殿"，是皇帝驻跸山庄期间处理朝政、举行庆典、召见王宫大臣及少数民族政教首领、接见外国使臣的地方。殿前设内外午门，殿后建四知书屋和寝殿（烟波致爽殿），古松参天，楠香扑面，庄严而不华丽，恬静而又肃穆。

澹泊敬诚殿

须弥福寿庙

须弥福寿庙建于1780年，仿西藏扎什伦布寺所建，专供前来为乾隆祝寿的班禅居住。寺庙占地37 900m²，主体建筑为藏式风格的大红台，正面开三层三十九孔琉璃垂花窗，台上四隅小殿烘托着班禅讲经的妙高庄严殿，殿顶重檐四角攒尖，覆盖鎏金铜瓦，四脊塑鎏金飞龙，在阳光下金光闪烁，势动似飞。

须弥福寿庙

普宁寺

普宁寺

普宁寺建于1755—1758年，因该年五月平定了厄鲁特蒙古准噶尔部落达瓦齐发动的叛乱，循惯例建寺。寺院占地23 000m²，融合了汉、藏寺庙的风格。主体建筑大乘之阁，高36.75m，外观六层重檐，供奉一尊高22.23m的千手千眼贴金观音立像，用松、柏、榆、杉、椴五种神木雕刻而成，重达110吨，是国内现存最大的木雕佛像之一。

❀ 拉萨布达拉宫历史建筑群 Historic Ensemble of the Potala Palace, Lasa

拉萨布达拉宫历史建筑群于1994年12月作为文化遗产被列入《世界遗产名录》。布达拉宫历史建筑群是集行政、宗教、政治事务于一体的综合性建筑群，位于西藏拉萨市的红山上，始建于公元7世纪，重建于17世纪中叶，由白宫、红宫及其附属建筑组成，总面积130 000m²，是历代喇嘛的冬宫，

我国著名的宫堡式建筑，也是藏式建筑的典型代表。大昭寺是一组极具特色的佛教建筑群。罗布林卡是达赖喇嘛的夏宫，也是西藏艺术的杰作。这三处建筑，风景优美，风格独特，创意新颖，构成一幅和谐并融入了装饰艺术之美的惊人胜景。

大昭寺

大昭寺位于拉萨市区东南部，始建于唐贞观二十一年（647年），是西藏地区最古老的一座仿唐式汉藏结合的木结构建筑群。主要建筑为经堂大殿，高4层，建筑构件为汉式风格，柱头和屋檐装饰则为藏式风格。一层供奉文成公主带入西藏的释迦牟尼十二岁时的等身金像，二层供奉松赞干布、文成公主和赤尊公主的塑像。佛殿内外和四周回廊满绘壁画，面积达2 600m^2。寺前矗立的"唐蕃会盟碑"，是汉藏友好交往的历史见证。

罗布林卡

罗布林卡，藏语意为"宝贝园"，位于拉萨河畔，始建于18世纪40年代七世达赖时期，为历代达赖喇嘛的夏宫，也是藏式宫廷园林的典型代表。罗布林卡占地面积约为360 000m^2，主要建筑有格桑颇章、金色颇章和达旦明久颇章三组宫殿，建筑造型别致，园内林木茂幽，亭台池榭错落，园林情趣别样。

❋ 苏州古典园林 Classical Gardens of Suzhou

苏州古典园林（拙政园、留园、网师园、环秀山庄）于1997年12月作为文化遗产被列入《世界遗产名录》。2000年11月，沧浪亭、狮子林、艺圃、耦园、退思园作为苏州古典园林增补项目列入《世界遗产名录》。苏州园林之始可追溯到春秋吴王的园囿，私家园林最早见于记载的是东晋辟疆园。历代造园兴盛，至明代建园之风尤盛，有园林200余处，现保存数十处，享有"人间天堂，园林之城"的美誉。

苏州古典园林应用东方造园手法，通过叠山理水，栽植花木，配置建筑，形成充满诗情画意的文人写意山水园林，在都市内创造出人与自然和谐相处的居住环境——"城市山林"。苏州园林小巧精致，自由淡雅，写意见长，不仅可赏、可游，而且可居，是园林艺术和居住宅园的完美结合，其布局结构、造型风格、色彩等都充分体现了天人合一的崇高意境。

沧浪亭

沧浪亭位于苏州三元坊内，是苏州最古老的园林。北宋庆历年间诗人苏舜钦临水筑亭，有感于渔父《沧浪之水》命名为沧浪亭。沧浪亭未进园门便见一泓绿水绕于园外，谓之借景。园内以山石为主景，幽竹纤纤，古木森森，沧浪石亭翼然凌空。山下凿水池，山水间复廊相连，廊砌花窗楼阁。明道堂是园林的主建筑，还有五百名贤祠、看山楼、翠玲珑馆、仰止亭、御碑亭等。

拙政园

拙政园位于苏州娄门内，原为唐代诗人陆龟蒙住宅，元时为大宏寺。明正德年间御史王献臣辞职回乡，买下寺产改建为宅园，借晋潘岳《闲居赋》"灌园鬻蔬……此亦拙者之为政也"之语，命名为拙政园。现园林面积约60亩，分为三部分：东部有兰雪堂、芙蓉榭、秋香馆等，平岗草地，竹坞曲水；中部水池居中，远香堂为主体，假山起伏，分隔池水，树木苍翠；西部布局紧凑，主要建筑为三十六鸳鸯馆和十八曼陀罗花馆组成的鸳鸯厅。拙政园池水聚分有度，山径起伏曲折，水廊绕水环山，古树遮天蔽日，在园林空间分割、借景构图、建筑造型、彩绘彩画等方面堪为园林艺术的典范。

狮子林

狮子林位于苏州东北园林路，初建于元代至正二年（1342年）。狮子林以假山著称，假山占地面积约1 500m²，洞壑宛转，曲折盘旋，奇峰林立，如入迷阵，通过模拟喻佛理于其中，以达到渲染佛教气氛之目的。园中东南多山，西北多水，水景丰富，迂回于山石洞穴之间，

曲折丰富，精巧细致，变幻多样。四周廊壁镶嵌《听雨楼帖》条石60余方，其中有苏轼、黄庭坚、米芾、蔡襄的书法杰作。

留园

留园位于苏州阊门外，清嘉庆三年（1798年）建寒碧山庄，因园主姓刘故称刘园，后改称留园。留园占地50余亩，可分四个景区：东部建筑为主，楼阁廊屋，富丽堂皇；中部山水为胜，假山绕池沼，长廊连亭阁；西部以假山称奇，土石相间，堆砌自然；北部小竹林、桃杏树、葡萄架，一派田园意境。曲廊贯穿全园，依势曲折，通幽渡壑，空窗、漏窗、洞门景色渗透，隔而不绝，游览者无论身处何处，眼前总是一幅完美的景观构图。

❀ 平遥古城 Ancient City of Ping yao

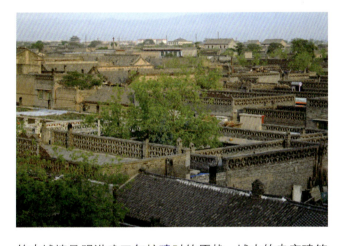

平遥古城于1997年12月作为文化遗产被列入《世界遗产名录》。平遥古城位于山西省中部，始建于西周宣王时期，自秦朝实行"郡县制"以来，平遥城一直是县治所在地，延续至今，是一座有着2 700多年建城史的国家级历史文化古城。

平遥古城历尽沧桑、几经变迁，成为国内现存最完整的一座明清时期中国古代县城的原型。现存的古城墙是明洪武三年扩建时的原状，城内的寺庙建筑、县衙署等历代古建筑均为原来实物。大小街巷以及街道两旁的商业店铺，也都是原来的历史形态。城内传统民居近4 000处，独具地方特色。城市的传统格局没有大的扰动和改变。平遥古城历史悠久，文物古迹众多，这些数量众多、保存完好的古建筑以及文物古迹，对研究中国古代的城市建筑技术、民居形式以及传统文化等都具有重要的价值。

古城墙

平遥古城墙建成于明洪武三年（1370年），周长6.4km，后多有补修，但其形制和构造基本如初。城为方形，墙高约12m，砖砌外表，上筑垛口，间以敌台敌楼，外环城河。城周开门六道，东西各二，南北各一。东西门加设瓮城，以利防守。古城墙虽历经沧桑，雄风犹存。

双林寺

双林寺原名"中都寺"，位于平遥西南7km，建于北齐武平二年（571年），寺墙环绕犹如城堡，现存建筑和塑像多为明代遗物。西为庙院，东为经房禅院，包括释迦殿、罗汉殿、大雄宝殿、千佛殿、菩萨殿等众多殿堂。保存有元代至明代（公元13—17世纪）的彩塑造像2 052尊，被人们誉为"彩塑艺术的宝库"。

"日升昌"票号旧址

平遥的"日升昌"票号，开设于清道光四年（1824年），是中国第一家现代银行。几年之后，"日升昌"在中国很多省份先后设立分支机构。19世纪40年代，它的业务更进一步扩展到日本、新加坡、俄罗斯等国家。在"日升昌"票号的带动下，平遥票号业迅速发展，一度成为中国金融业的中心。

✳ 丽江古城 Old Town of Lijiang

丽江古城于1997年12月作为文化遗产被列入《世界遗产名录》。丽江古城始建于宋末元初（公元13世纪后期），是我国少数民族地区著名的国家级历史文化名城，也是罕见的保存完好的少数民族古城。

丽江古城地处玉龙雪山南麓，海拔2 400m，全城面积约380 000m^2。城内民居建筑布局灵活，民族风格突出，结构错落有致，城内水渠密布，泉水穿城而过，水道与街道平行，遍流每家每户。古城内现保存了大片的明清时期民居建筑，均是土木结构瓦屋面楼房，多数为"三坊一照壁"结构，也有不少四合院，融合了纳西、白、汉等民族建筑艺术的精华，是中国古代建筑的稀世珍宝和典型范例。

"一潭一井三塘水"

　　"一潭一井三塘水"是丽江古城居民创造的独特用水方法。即头塘饮水、二塘洗菜、三塘洗衣，清水顺序而下，既科学又卫生。居民还以水洗街，只要放闸堵河，水溢石板路面顺势下泄，便可涤尽污秽，保持街市清洁。

丽江古街

　　丽江古城街道依地势而建，顺水流而设，红色角砾岩（五花石）铺就，雨季不泥泞，旱季不飞灰，花纹自然雅致，与城市环境相得益彰。四方街是丽江古街代表，西有西河，东为中河。西河上设有活动闸门，可利用西河与中河的高差冲洗街面。从四方街四角延伸出光义街、七一街、五一街、新华街四大主街，又从四大主街岔出众多街巷，如蛛网交错，四通八达。

木府

　　木府位于丽江古城西南隅，原是丽江世袭土司木氏衙署。历经战乱动荡破坏，1998年春重建。现占地46亩，坐西向东，沿中轴线依地势建有忠义坊、义门、前议事厅、万卷楼、护法殿、光碧楼、玉音楼、三清殿、配殿、阁楼、戏台、过街楼、家院、走廊、宫驿建筑15幢，大大小小计162间。

❋ 北京天坛 Temple of Heaven an Imperial Sacrificial Altar in Beijing

　　北京天坛于1998年11月作为文化遗产被列入《世界遗产名录》。北京天坛是明清两代皇帝每年祭天和祈祷五谷丰收的地方。严谨的建筑布局，奇特的建筑结构，瑰丽的建筑装饰，被认为是我国现存的一组最精致的坛庙建筑群，在世界上享有极大的声誉。

　　北京天坛建于明永乐十八年（1420年），面积约 2 700 000m^2，分为内坛和外坛两部分，坛墙南方北圆象征着天圆地方。内坛南为圜丘坛，有圜丘、皇穹宇等建筑。内坛北为祈谷坛，有祈年殿、皇乾殿等建筑。一座高2.5m、宽28m、长360m的甬道，把这两组建筑连接起来。天坛的总体设计，处处强调了"天"的存在，高出地面的甬道看到的是广阔的天空和那象征天的祈年殿，一种与天接近的感觉就油然而生。

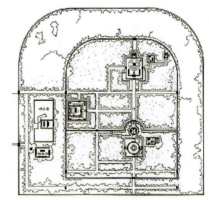

圆丘坛

圆丘坛是冬至祭天神的地方，位于天坛的最南端。圆丘坛圆形三层，各层台阶栏板均用九或九的倍数，意寓"天数"。坛上层直径为9丈（取一九），中层直径为15丈（取三五），下层直径为21丈（取三七），合起来45丈，含有"九五"之尊的意思。站在圆丘坛的圆心石上说话时，有共鸣性回音，封建统治者把这种声学现象说成是"上天垂象"，是天下万民对于朝廷的无限归心与一致的响应。

皇穹宇

皇穹宇位于圆丘坛的北部，是存放天神牌位的地方，始建于明嘉靖九年（1530年），清乾隆十七年（1752年）改建。皇穹宇为鎏金宝顶，单檐蓝瓦，圆形攒尖形式，高19.5m，底部直径15.6m，殿内没有横梁，靠8根檐柱、8根金柱和众多的斗拱支托屋顶。三层天花藻井，斗栱层层上叠，天花层层收进，这种多层斗栱结构为古建筑中所少有。

祈年殿

祈年殿位于天坛北部祈谷坛内，又称祈谷殿，是皇帝祈祷五谷丰登的场所。祈年殿始建于明永乐十八年（1420年），名大祀殿；明嘉靖二十四年（1545年）改建为圆形攒尖顶、三层琉璃重檐、鎏金宝顶形式，上檐蓝色，中檐黄色，下檐绿色，名大享殿；清乾隆十六年（1751年）改称祈年殿，重檐全为蓝色琉璃。祈年殿高为38m，直径为32.72m。外部是三层木构高阁，内部是穹顶式天花藻井。中央四根通天金柱代表四季，内柱十二根代表十二个月，外柱十二根代表十二时辰，内外柱二十四根代表二十四节气，体现了应天时、顺地理才可五谷丰登的思想。

✤ 颐和园 Summer Palace, an Imperial Garden in Beijing

　　颐和园于1998年11月作为文化遗产被列入《世界遗产名录》，位于北京西北郊，原为乾隆十五年（1750年）所建清漪园，后1860年毁于英法联军之手，光绪十四年（1888年）慈禧用海军军费重建，改称今名，是世界上大型皇家园林之一。

　　颐和园由万寿山和昆明湖两部分组成，占地面积达290.8公顷。园内以佛香阁为中心，可分为以仁寿殿为中心的政治活动区，以乐寿堂、玉澜堂和宜芸馆为主体的生活居住区，以万寿山和昆明湖等组成的风景浏览区三部分，集人工景观与自然山水融为一体，堪称中国风景园林设计中的杰作。

昆明湖

　　昆明湖原为众水汇集的天然湖泊，曾有七里泺、大泊湖、瓮山泊等名称。昆明湖水面面积220公顷，采用"一池三山"的理水方式，建有南湖岛、治镜阁岛和藻鉴堂岛三岛，仿西湖苏堤修建成西堤分割水面，分为大湖、西湖和后湖三个部分。湖内还有西堤六桥、东堤、十七孔桥等景观。

佛香阁

　　佛香阁位于万寿山前山中部，为全园布局的中心建筑和标志建筑。佛香阁建在一个高21m的方形台基之上，阁高41m，三层四重檐八角攒尖顶，气势宏伟。阁内有8根巨大铁梨木擎天柱，结构复杂，供奉着"接引佛"，供皇室在此烧香礼佛。

排云殿

排云殿位于万寿山前山中心部位，"排云"二字取自郭璞诗"神仙排云山，但见金银台"之句。排云殿前有排云门、水池、金水桥、二宫门，两边分列紫霄、玉华、芳辉、云锦四配殿，游廊贯串，黄瓦覆顶，规模壮观。原是乾隆为其母亲60寿辰而建的大报恩延寿寺，慈禧重建时改为排云殿，是慈禧在园内居住的地方。

谐趣园

谐趣园位于颐和园东北角，是一藏景于一隅的园中之园。清乾隆十六年（1751年）仿无锡惠山寄畅园而建，原名惠山园。嘉庆十六年（1811年）重修后，取"以物外之静趣，谐寸田之中和"之句，改名为"谐趣园"。谐趣园中央荷池，环池筑建涵远堂等十三楼台堂榭，并用百间游廊沟通，花木扶疏，竹影参差，极富江南情趣。

❋ 大足石刻 Dazu Rock Carvings

大足石刻于1999年12月作为文化遗产被列入《世界遗产名录》。大足石刻是大足县境内佛教摩崖造像石窟艺术的总称，始凿于唐永徽年间，兴盛于两宋，明清时期亦有所增刻，是中国晚期石窟艺术和南方石窟艺术的代表作。

大足石刻以规模宏大、雕刻精美、题材丰富、保存完整而著称于世。佛教石刻造像达75处，总计

5万余尊，铭文10万余字，其中以宝顶山、南山、北山、石篆山、石门山五处最为著名和集中。它以佛教为主，融入了儒、道的文化元素，集中国佛教、道教、儒家"三教"造像艺术的精华，充分体现了三教思想融合的发展轨迹。

大足石刻以大量的实物形象和文字史料，展示了公元9世纪末至13世纪中叶中国石刻艺术的风格和民间宗教信仰的发展变化，在我国古代石窟艺术史上占有举足轻重的地位。

宝顶山石刻

宝顶山位于大足城东北15km处，遗存石刻达13处，以大佛湾规模最大。大佛湾为长500m的马蹄状山湾，由名僧赵智凤于1174—1252年间总体构思、组织开凿而成，是一座造像近万尊的大型佛教密宗道场。巨型雕刻30余幅，主要题材有六道轮回图、华严三圣像、牧牛道场、父母恩重经变图、孔雀明王经变图等，保存完整，规模宏大，展现了宋代石刻艺术的精华。

南山石刻

南山位于大足城东南2km处，石刻开凿于南宋时期，明清时亦有增补，是一处罕见的纯道教造像群，有三清古洞、圣母洞、真武洞、龙洞和360尊天尊像及黄道十二星宫图等多处雕像。作品刻工细腻，造型丰满，表面多施以彩绘，是现存中国道教石刻中造像最为集中、数量最大、反映神系最完整的一处石刻群。

三清古洞

北山石刻

北山位于大足县城西北1.5km处，石刻开凿于892—1162年。北山石刻共有摩崖造像近万尊，主要为世俗祈佛出资雕刻。造像题材51种，以当时流行的佛教人物故事为主，是佛教世俗化的产物，不同于中国早期石窟。北山造像以雕刻精细、技艺高超、俊美典雅而著称于世。

转轮经藏窟

❈ 皖南古村落—西递和宏村 Ancient Villages in Southern Anhui—Xidi and Hongcun

皖南古村落—西递和宏村于2000年11月作为文化遗产被列入《世界遗产名录》。皖南古村落是指安徽省长江以南山区范围内，具有共同地域文化背景的历史传统村落，位于安徽省黟县境内的西递和宏村是其中最具有代表性的两座古村落，以世外桃源般的田园风光、保存完好的村落形态、工艺精湛的徽派民居而闻名天下。

皖南古村落的选址、布局和建筑形态，都以周易风水理论为指导，体现了"天人合一"的中国传统哲学思想和对大自然的向往与尊重。典雅的明、清民居建筑群与大自然紧密相融，创造出一个个既合乎科学，又富有情趣的生活居住环境，是中国传统民居的精髓。

西递村

西递村距黟县县城8km，始建于北宋皇祐年间（1049—1054年），距今已有近千年的历史。整个村落呈船形，四面环山，两条溪流从村北、村东经过村落在村南会源桥会聚。村落保存有完整的明清古民居124幢，祠堂3幢，包括凌云阁、刺史牌楼、瑞玉庭、桃李园、东园、西园、大夫第、敬爱堂、履福堂、青云轩、膺福堂等，层楼迭院，青瓦白墙，高屋大堂，石雕砖镂，堪称徽派明清古民居建筑艺术之大成。

宏村

宏村距黟县县城10km，始建于南宋绍兴元年（1131年），现存明清时期古建筑137幢。古宏村人按照"仿生学"原理，规划建造了牛形村落和人工水系。整个村庄宛若一头斜卧山前溪边青牛，引清泉为"牛肠"，在流入村中前在被称为"牛胃"的半月形池塘（月沼）沉淀过滤，"牛肠"复又绕屋穿户从家家门前流过，使得村民"家家门巷有清渠"，最后流向村外被称作 "牛肚"的南湖，再次过滤流入河床，这种别出心裁的村落水系设计，成为当今"建筑史上一大奇观"。

刺史牌坊

刺史牌坊位于西递村口，是明万历六年（1578年）为西递村人胡文光所建的功德牌坊。胡文光担任过万载县县令，后官升至奉直大夫、朝列大夫。为官期间，筑城墙，修学校，做了不少利国利民的好事。刺史牌坊高12.3m，宽9.95m，三间四柱五楼顶，正楼匾雕"恩荣"二字。

承志堂

宏村中的承志堂，是清末大盐商汪定贵住宅，建于清咸丰五年（1855年）。整栋建筑为木结构，内部砖、石、木雕装饰，建筑面积3 000m²，有7个楼层、9个天井、大小房间60间。承志堂气势恢弘，工艺精细，其正厅横梁、斗拱、花门、窗棂上的木刻，层次繁复，人物众多，人不同面，面不同神，完整地体现了中国古代徽派木雕的特色和技艺。

❋ 明清皇家陵寝 Imperial Tombs of the Ming and Qing Dynasties

明清皇家陵寝中，明显陵、清东陵、清西陵于2000年11月作为文化遗产被列入《世界遗产名录》，明十三陵和明孝陵于2003年作为明清皇家陵寝扩展项目被列入《世界遗产名录》，盛京三陵于2004年作为明清皇家陵寝的扩展项目被列入《世界遗产名录》。

明清时代是帝王陵寝建设的辉煌时期。明朝共有16位皇帝，除建文帝朱允炆因"靖难之役"下落不明没有营建陵园外，其余15帝都依制建造了陵园。清代帝王陵寝，从建陵年代和地理位置上可分为关外盛京三陵、清东陵和清西陵三个陵区。

明清帝陵选址，依照风水理论，讲究背有所依，前有所望，山环水绕，聚气纳势，在景色秀丽之处建陵。明清采用多位皇帝集中于一个陵区的安葬方式，形成规模庞大的帝王陵园，地上地下双重建筑群。石像生排列神道两侧，布设陵门、碑亭、殿堂、石供案、方城明楼，后为巨大的宝城宝顶封土，地下修建有结构复杂的地宫，是中国丧葬艺术的最高表现形式和建筑典范。

明孝陵

明孝陵位于南京市东郊紫金山南麓独龙阜玩珠峰下，建于明洪武十四年（1381年），为明开国皇帝朱元璋和马皇后的合葬陵。因马皇后谥"孝慈"，故陵号孝陵。修建历时30余年，现存地面建筑有下马坊、大金门、四方城及神功圣德碑、石翁仲、大石桥、宝城宝顶等。

明孝陵石像路

明十三陵

明十三陵位于北京市昌平区境内、燕山山脉延伸的天寿山南麓，是明朝迁都北京后13位皇帝陵墓所在的大型皇家陵园，总面积120km²，群山环绕，碧水荡漾，绿树之中，红墙黄瓦，风景优美。建筑自石牌坊开始，设置统一的神道，有大宫门、碑亭、石像生、龙凤门。各陵规制相同，呈长方形，前为祭祀殿堂，后为宝成宝顶封土，下为地宫，以长陵规模最为宏伟。

清东陵

清东陵位于河北遵化市西北部昌瑞山下，是满清入关后第一座皇室陵园，南北长125km，东西宽20km，共建有帝陵5座、后陵4座、妃园寝5座、公主园寝1座，埋葬5帝、15后、141个妃嫔及皇子、公主共161人。其中5座皇帝陵分别为顺治帝孝陵、康熙帝景陵、乾隆帝裕陵、咸丰帝定陵和同治帝惠陵。

清西陵

清西陵位于河北易县城西15km永宁山下，占地面积达100km²，是清代自雍正起四位皇帝的陵寝之地。共有14座陵墓，包括雍正的泰陵、嘉庆的昌陵、道光的慕陵和光绪的崇陵，还有3座后陵以及若干座公主、妃子园寝。泰陵是清西陵中建筑最早、布局与形制最符合中国"风水"观，规模最大、功能最完备的帝陵。

❀ 龙门石窟 Longmen Grottoes

龙门石窟于2000年11月作为文化遗产被列入《世界遗产名录》，位于河南省洛阳市南郊12.5km处，伊水河两岸，始凿于北魏孝文帝迁都洛阳（493年）前后，历经东魏、北齐、北周、隋、唐四百余年的大规模营造，形成伊阙两山、佛龛密布的壮观态势。

龙门石窟南北长约1 000m，现存石窟佛龛2 345个，题记和碑刻3 600余品，佛塔50余座，佛像97 300余尊，其中以北魏时期的宾阳洞、古阳洞、莲花洞、药方洞和唐代的奉先寺、潜溪寺等最具有代表性。龙门石窟所创造的艺术造像成为研究我国艺术发展的重要实物资料，许多题记、碑刻也是十分宝贵的书法艺术珍品，是中国石刻艺术最高峰的代表。

宾阳三洞

宾阳三洞为典型北魏洞窟，中洞开凿于500—523年。主佛释迦牟尼和二弟子、二菩萨造像，面相清瘦修长，衣着整齐稠密，体现了北魏造像的艺术特色。窟顶雕刻的莲花宝盖和十个伎乐供养天人，工艺精湛，栩栩如生。南北二洞始刻于北魏，至唐初才得以完成，合称宾阳三洞。

莲花洞

莲花洞为龙门石窟中北魏晚期石窟的代表。主佛为释迦牟尼立像，高5.1m，头部和双手被毁，可能为持锡杖化缘像。洞壁周围，佛龛众多，形式不一，装饰华丽，刻工精细。尤其是窟顶镌刻一硕大莲花，周围用高浮雕形式塑造出大型飞天，婀娜多姿，优雅传神。

奉先寺

奉先寺位于龙门石窟西山中段，开凿于唐高宗初年，于675年竣工，面宽36m，进深41m，是龙门石窟最大的露天佛龛。雕刻有卢舍那佛和弟子、菩萨、天王、力士等九尊造像。其中卢舍那大佛，高达17.14m，面容丰腴，体态饱满，比例匀称，神情祥睿，尽显唐风艺术手法。弟子持重温顺，菩萨端庄矜持，天王立眉怒目，力士威武刚健，与主佛一起构成龙门石窟的标志性形象。

奉先寺

❋ 青城山—都江堰 Mount Qingcheng and the Dujiangyan Irrigation System

青城山—都江堰于2000年11月作为文化遗产被列入《世界遗产名录》。

青城山位于四川都江堰市西南15km处，主峰海拔2 434m。因山体岩壁高耸，远观顶平如城，林木生长茂盛，终年青翠欲滴，故称青城山，有"青城天下幽"之赞誉。张道陵创立道教时在青城山设坛布道，是中国道教文化的重要发祥地之一，被列为道教的"第五洞天"。晋唐以后青城山道观林立，极盛时多达100余处，现存有建福宫、天师洞、上清宫、玉清宫等多处道观建筑群。

青城山

都江堰位于岷江出山处，是我国古代著名的水利工程，修建于公元前256年左右的战国时期，引岷江水灌溉农田，化水害为水利，使成都平原获得"天府之国"的美誉。都江堰水利工程是世界最佳水资源利用的典范，是人类文明和聪明智慧的结晶，在世界科学技术史上独树一帜，在世界水利史上具有开创性。

都江堰水利工程

都江堰水利工程包括鱼嘴、飞沙堰和宝瓶口三个主要组成部分：鱼嘴是分水工程，将岷江分为内江和外江，内江灌溉，外江排洪；飞沙堰是分水堤坝中的泄洪道，还可减少泥沙在灌区淤积；宝瓶口是灌区的进水口，有控制进水流量的作用。围绕对工程修建者、蜀郡太守李冰的祭祀和传说，形成了伏龙观、二王庙等庙宇，以及安澜桥、玉垒关和玉垒故道等景观，使都江堰水利工程已经成为一个富有历史价值、科技价值和美学价值的综合性文化遗产。

都江堰水利工程

二王庙

二王庙位于岷江东岸、玉垒山麓，是李冰及其子二郎的祭祀庙宇，创建于南北朝时期，清代重修。庙内石壁嵌治水格言"深淘滩、低作堰""遇弯截角、逢正抽

二王庙

心"等字诀。建筑依山就势，逐步抬升，错落有致，张弛有度，朱檐飞翘，雄踞江滨，林木蔽日，气象幽清。

建福宫

建福宫位于四川省青城山丈人峰下，原名丈人祠、丈人观，始建于唐代。建福宫有三重大殿：第一殿供奉着护法尊神王灵官及财神；第二殿供奉五岳丈人宁封子，内侧供奉慈航真人；后殿内有道教教主太上老君、东华帝君及王重阳祖师三尊神像。宫周林木苍翠，浓荫蔽日，环境清幽。

天师洞

天师洞，又称常道观，位于青城山腰，是张道陵当年传道之地，青城山最大的道教建筑。天师洞主要有山门、青龙殿、白虎殿、三清殿、古黄帝祠、三皇殿、天师洞等建筑。主殿三清殿，一楼一底，楼上为无极殿，楼下供须弥座彩塑三清造像，正中悬挂康熙皇帝手书"丹台碧洞"匾额。三皇殿建于高台之上，殿内供奉有伏羲、神农、轩辕三皇唐代石刻造像各一尊。

天师洞三清大殿

✤ 云冈石窟 Yungang Grottoes

云冈石窟于2001年12月作为文化遗产被列入《世界遗产名录》，位于山西省大同市以西16km处的武周山南麓，始凿于北魏兴安二年（453年），大部分完成于北魏迁都洛阳之前

（494年）。后世多次修缮，辽金时期规模最大。云岗石窟东西绵延1 000m，现存主要洞窟53个，小窟龛1 100个，造像51 000余尊。著名洞窟有昙曜五窟、五华洞五窟、第五六双窟等。

云岗石窟多大型造像，呈雄伟气魄，见壮观震撼，显艺术魅力。大佛可高达十多米，菩萨力士形象生动，飞天凌空姿态飘逸，蟠龙狮虎栩栩如生，花纹蔓草刻工精细。雕刻技艺继承秦汉传统，吸纳外域精华，创造独特风格，代表了公元5世纪至6世纪时杰出的佛教石窟艺术成就，是中国佛教艺术第一个巅峰时期的经典杰作，起到了承上启下的作用。

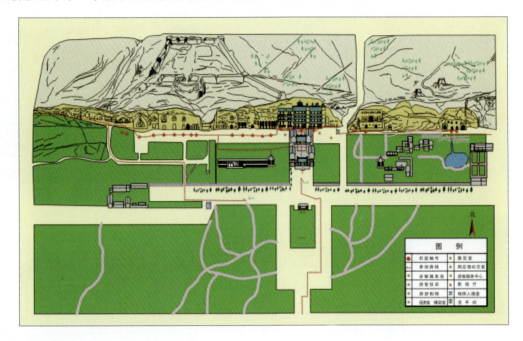

昙曜五窟

昙曜五窟指第16~20窟，是云冈石窟中开凿最早的五个石窟。始凿于460年，由佛教领袖"沙门统"昙曜负责，故称之。五个石窟中央都雕刻了巨大的如来佛像，高度在13m以上。第19窟主佛高达16.7m，为云冈石窟第二大佛。第20窟露天结跏趺坐释迦牟尼佛，高13.7m，是云冈石窟的象征。这一时期雕像面相丰满，目大眉长，鼻梁高隆，直通额际，口唇较薄，嘴角微微上翘，呈微笑之意，肩宽胸挺，躯肢健壮，具有宏伟气概。

昙曜五窟（18窟）　　　　昙曜五窟（19窟）　　　　　　　　昙曜五窟（20窟）

云岗第5、6双窟

云岗石窟第5、6窟毗连为一组双窟，窟前为顺治八年（1651年）修建的五间四层木构楼阁。第五窟中央主佛，外貌经唐代泥塑彩装，高达17m，为云岗石窟最大佛像。第六窟中央为方形重檐塔柱，四面雕有佛像，上檐四角各雕一九层小塔，驮于象背之上，窟顶为三十三天神，周壁上为佛教造像，下部为佛祖生平故事。此双窟规模宏伟，雕饰瑰丽，为云岗石窟之艺术精华。

✤ 高句丽王城、王陵及贵族墓葬 Capital Cities and Tombs of the Ancient Koguryo Kingdom

高句丽王城、王陵及贵族墓葬于2004年7月作为文化遗产被列入《世界遗产名录》。高句丽是公元前1世纪至7世纪时期生活在东北地区的古老民族。汉武帝时设立玄菟郡，高句丽为县。汉元帝建昭二年（公元前37年），夫余人朱蒙在此建国，故称高句丽。高句丽存续于汉唐期间，前后历经705年。国力强盛时，范围包括吉林东部、辽宁东北部和朝鲜半岛北部。

高句丽作为古代东北最具特色与影响的民族和地方政权之一，创造了具有民族特色的文化，特别是坚固的山城、雄伟的陵墓、辉煌的古墓壁画，成为华夏文明的重要组成部分。主要的历史遗迹成为该段历史无可替代的实物见证，具有重要的历史文化价值，体现了人类创造性和智慧的杰作，反映了汉民族对其他民族文化的影响以及风格独特的壁画艺术，展现了人类的创造与大自然的完美结合。

将军坟

将军坟位于集安市东北约4km的龙山脚下，呈方锥形，有"东方金字塔"之称。推算为高句丽王朝第二十代王长寿王之陵。将军坟用1 100余块修凿工整的长方形花岗岩石条垒筑而成，中间以卵石、沙砾填充，边长31.58m，高12.4m。墓室位于第五级中部，长宽各5m，高5.5m，墓室顶部以整块巨石加盖。墓葬远望如丘，是集安上万座高句丽古墓中方坛阶梯石室墓的代表，也是中国现存最为宏伟的古墓之一。

将军坟

盔式壁画墓

盔式壁画墓是高句丽王室及贵族墓葬，其艺术水准堪与敦煌壁画相媲美。前期壁画主要为反映高句丽上流社会生活的家居、出行、狩猎、娱乐等写实画面。中期壁画出现四神图，一些墓中并有佛、菩萨等佛教文化内容，中原文化影响逐渐增加。晚期壁画流行四神、仙人乘鹤骑龙、神怪图等。壁画色彩浓重绚丽，线条遒劲而又富有变化，装饰富丽堂皇，布局严谨，代表了高句丽壁画艺术的水平。

五盔坟

好太王碑

好太王碑位于集安市区东4km的禹山脚下，为纪念第十九代王"好太王"而镌刻，是存世较少的古代少数民族碑刻。碑体为一方柱形角砾凝灰岩，稍加修琢而成，无碑首，碑座埋于土，高6.39m，宽1.35~2m不等。碑文共44行，每行41个字，计1 775个字。碑文记述了高句丽建国神话，称颂太王攻掠64城和1 400多个村庄的业绩，最后刻记330户"国烟"和"看烟"（守墓奴）摊派情况。

好太王碑

五女山城

五女山城位于辽宁桓仁县，是高句丽第一代王城"纥升骨城"的部分遗址。城依山势而建，呈不规则楔形，南北长1540m，东西宽350~550m，分作山腰外城和山顶内城两部分。东、西、北三面都是百尺峭壁，南面为险峻陡坡。目前城内发现了3处大型建筑遗址以及城墙、哨所、兵营、蓄水池等遗址。

✤ 澳门历史城区 The Historic Centre of Macao

澳门历史城区于2005年7月15日作为文化遗产被列入《世界遗产名录》。

澳门历史城区是以澳门旧城区为核心，覆盖范围包括妈阁庙前地、亚婆井前地、岗顶前地、议事亭前地、大堂前地、板樟堂前地、耶稣会纪念广场、白鸽巢前地等多个广场空间，以及妈阁庙、港务局大楼、郑家大屋、圣老楞佐教堂、圣若瑟修院及圣堂、岗顶剧院、何东图书馆、圣奥斯定教堂、民政总署大楼、三街会馆（关帝庙）、仁慈堂大楼、大堂（主教座堂）、卢家大屋、玫瑰堂、大三巴牌坊、哪吒庙、旧城墙遗址、大炮台、圣安多尼教堂、东方基金会会址、基督教坟场、东望洋炮台（含东望洋灯塔及圣母雪地殿圣堂）等二十多处历史建筑。

澳门历史城区是中国境内现存年代最远、规模最大、保存最完整和最集中的中西建筑互相辉映的历史城区之一，是西方宗教、建筑文化在中国和远东地区传播的重要历史见证。

澳门大三巴牌坊

澳门大三巴牌坊为1580年修建的圣保禄大教堂前壁，是澳门标志性名胜古迹。牌坊高约27m，宽23.5m，共分五层，镌刻有各种精美雕像，栩栩如生，保留传统更有创新，展现欧陆建筑风格又继承东方文化传统，体现了中西文化特色的结合。

澳门大三巴牌坊

妈阁庙

妈阁庙

妈阁庙原称妈祖阁，俗称天后庙，位于澳门东南部，枕山临海，倚崖而建，是澳门三大禅院中最古者，初建于明弘治元年（1488年），距今已有五百多年历史。整座庙宇包括石殿、大殿、弘仁殿和观音阁4座主要建筑，庙内供奉妈祖娘娘。

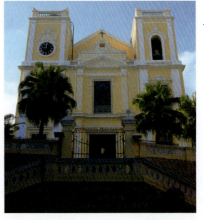

圣老楞佐教堂

圣老楞佐教堂位于风顺堂街，是澳门三大古教堂之一，华人称为"风顺堂"，有祈求"风调雨顺"之意，创建于16世纪中叶，是为纪念老楞佐而建的。教堂外观在欧洲古典式的基础上，带有巴洛克建筑风格。

圣老楞佐教堂

圣奥斯定教堂

圣奥斯定教堂

圣奥斯定教堂位于岗顶前地二号，是澳门最古老的教堂之一，也是澳门首间以英语传道的教堂，由西班牙奥斯定修士于1586年修建，1825年重修。外形庄严雄伟，内部宽敞阔大，有三条石柱相间的侧廊，大理石建成的祭坛上有耶稣雕像。

✤ 安阳殷墟 Anyang YinXu

安阳殷墟于2006年7月作为文化遗产被列入《世界遗产名录》，位于河南省安阳市西北洹水两岸，是商王朝最后一座都城"殷"之所在，使用长达270多年，见证了商王朝由盛至衰直至灭亡的发展历史。周灭商后渐趋荒芜，故称殷墟，遗址总面积超过36km^2。

经过多次考古发掘，殷墟先后发现了商代宫殿宗庙建筑基址、王陵大墓、贵族墓葬、祭祀坑、手工作坊等遗址，出土了数量惊人的甲骨文、青铜器、玉器、陶器、骨器等精美文物，全面系统地展现出3 300年前中国一代都城的风貌，为这一重要的历史阶段提供了坚实证据。殷墟作为中国第一个有文字记载并经甲骨文及考古发掘证实的都城遗址，以其重要的历史、文化、科学和艺术价值，成为人类文明进程中一个重要的里程碑。

商代宫殿宗庙建筑基址

商代宫殿宗庙建筑基址位于洹河南岸小屯村、花园庄一带，是殷商考古所发现的最大宫殿基址，南北长1 000m，东西宽650m，总面积达71.5公顷，已发现大型夯土建筑基址110余座。这些建筑基址形制阔大、气势恢弘、布局严整，"前朝后寝、左祖右社"格局依次排列，是中国古代早期宫殿建筑的代表。

王陵大墓

王陵大墓位于洹河北岸侯家庄、武官村的高地上，面积达11.3公顷，共发现有12座王陵，多为

"亚""中"字形大墓，是中国目前已知最早的王陵墓葬群。墓内椁室、棺木极尽奢华，随葬器物精美，显示出墓主人的尊贵和威严。王陵大墓的埋葬制度、分布格局、随葬方式等，也开创了中国帝王陵寝制度的先河。

✤ 开平碉楼与村落 Kaiping Diaolou and Villages

开平碉楼与村落于2007年6月作为文化遗产被列入《世界遗产名录》。

开平碉楼分布于广东开平市一些村镇，是一种集防卫和居住功能于一体、中西建筑艺术集一身的多层塔楼式建筑，现保存有1 833座。根据研究，开平碉楼最迟在明代后期已经产生，其建筑风格既有中国传统的硬山顶式、悬山顶式，也有中西合璧的古罗马式、中东式、美国式、英国式、德国堡垒式、教堂式等。既有中国传统的泥楼、青砖楼，也有西方的钢筋水泥楼。开平碉楼是融多种建筑艺术于一体的华侨乡土建筑群体，也是地域性历史文化在建筑上的反映，成为表现中国华侨历史、社会形态与文化传统的一种独具特色的群体建筑形象，被誉为"华侨文化典范之作""令人震撼的建筑文艺长廊"。

马降龙碉楼群

百合镇马降龙碉楼群，有13座碉楼，多建于20世纪二三十年代，有中国硬山顶式，英德古堡式和欧美别墅式等模式。墙体结构有泥木结构、砖木结构、混凝土钢筋结构。门窗都用较厚的铁板所造，十分坚固。

迎龙楼

迎龙楼位于赤坎镇三门里，是开平现存最早碉楼，建于清初。迎龙楼是典型的传统式碉楼。楼高三层，高约10m，占地面积152m^2。下两层为明代红泥砖砌筑而成，第三层为青砖加建。四角各有一个落地式方形塔楼，设有射击孔。迎龙楼造型简洁大气，风格拙朴，基本没有受到外来文化的影响。

南楼

南楼位于开平市赤坎镇腾蛟村，建于1912年。楼高7层19m，占地面积39m^2，钢筋混凝土结构，每层设有射孔和探照灯。抗战时期，七名司徒氏自卫队队员曾在此坚守八天九夜阻击日军，最后被捕遭日军残暴杀害。

✤ 福建土楼 Fujian Tulou

福建土楼于2008年7月作为文化遗产被列入《世界遗产名录》。福建土楼建筑产生于宋元时期，成熟于明末、清代和民国时期，是闽南山区客家人为了维护自身文化和生存安全而创造出的独特建筑形式。

土楼有圆形、方形、交椅形三种，外墙以竹片、木条为筋骨，以生土、细沙、石灰为原料，拌入糯米汁和红糖，捶打压实，夯筑而起，厚度可达1m，高大坚硬，下部无窗，犹如城堡。内设楼层，层分房间，可供数代数十户人共同居住。土楼内环多建议事堂、祭祀祠堂等公用设施。

现存土楼主要分布在闽南南靖、永定、华安等县，由"六群四楼"组成，包括永定县的初溪、洪坑、高北土楼群及衍香楼、振福楼，南靖县的田螺坑、河坑土楼群及怀远楼、和贵

楼，华安县的大地土楼群。这些土楼散落在绿水青山间，组成人与自然和谐的奇妙景观，是东方血缘伦理关系和聚族而居传统文化的历史见证，体现了大型生土建筑的艺术成就。

永定客家土楼

永定客家土楼几乎集中了所有土楼的丰富形态，有各式土楼30多种、23 000多座，遍布乡村，形成一个个依山傍水、错落有致、布局合理、与大自然和谐统一的土楼群。以历史悠久、规模宏大、结构奇巧、种类齐全、数量众多、内涵丰富等特点闻名于世，被称为世界古民居建筑的"活化石"。

漳州土楼

漳州土楼分布于漳州西北山区，共有800多座。以生土为主要材料，掺以石灰、细沙、糯米饭、红糖、竹片、木条等，经反复舂压夯筑而成，一般高三层至五层。主要包括华安大地土楼群、河坑土楼群、田螺坑土楼群、顺裕楼、怀远楼、和贵楼等。漳州土楼因造型奇异、风格独特而被誉为"神话般的山区建筑"。

❖ 中国的人类口头与非物质文化遗产 China Intangible Cultural Heritage

昆曲

昆曲于2001年5月入选第一批"人类口头和非物质遗产代表作"名录。

昆曲又称昆剧，元末明初产生于江苏昆山一带，是我国古老的戏曲声腔。元末顾坚等人

整理和改进南曲原有腔调，称为"昆山腔"，为昆曲之雏形。明嘉靖年间，戏曲音乐家魏良辅对昆山腔声律和唱法进行了改革，吸取了海盐腔、弋阳腔等南曲的长处，发挥昆山腔自身流丽悠远的特点，又吸收了北曲结构严谨的特点，造就了一种细腻优雅，集南北曲优点于一体的"水磨调"，称为昆腔。昆曲的伴奏乐器，以曲笛为主，辅以笙、箫、唢呐、三弦、琵琶等，抒情性强，动作细腻，歌唱与舞蹈的身段结合得巧妙而和谐。

明末清初昆曲逐渐向湖南、四川、贵州、北京、河南、河北、广东、福建等地传播，发展成为全国性剧种，衍生出许多流派，成为全国影响最大的声腔剧种，是现今中国乃至世界现存最古老的戏曲形态。

昆曲《牡丹亭》剧照

中国古琴艺术

中国古琴艺术于2003年11月入选第二批"人类口头和非物质遗产代表作"名录。

古琴，亦称瑶琴、玉琴、七弦琴，是中国最古老且富有民族色彩的弹拨乐器。古琴西周时期已广为流传，并与瑟、鼓等乐器在祭祀时演奏。汉魏六朝是古琴艺术发展的重要时期，著名古琴曲《广陵散》则是本时期的代表作。唐代是古琴艺术的鼎盛时期，古琴艺术得到了空前的发展，对后世古琴音乐的继承发展具有深远意义。宋、元时期琴坛上出现了欣欣向荣的景象，由宫廷向民间蔓延，大量吸收民间音乐精华。明、清时期，以地方色彩为主要特征的流派相继产生。

古琴是最古老也是最纯粹的华夏本土乐器，为文人四艺之首。有着三千年悠久历史的古琴音乐，具有潇洒飘逸的风格特点和感人至深的艺术魅力，是中国传统音乐的重要组成部分，体现了中国音乐艺术的至高境界。

新疆维吾尔木卡姆艺术

新疆维吾尔木卡姆艺术于2005年11月入选第三批"人类口头和非物质遗产代表作"名录。

新疆维吾尔木卡姆艺术，是一种集歌、舞、乐于一体的大型综合艺术形式，是"十二木卡姆""刀郎木卡姆""吐鲁番木卡姆""哈密木卡姆"的总称，主要流行于各维吾尔族聚居区。

维吾尔木卡姆艺术肇始于民间文化，发展于绿洲城邦国廷

木卡姆"纳瓦木卡姆"

及都府官邸，经过整合发展，形成了多样性、综合性、完整性、即兴性、大众性的艺术风格，并成为维吾尔族文化的杰出代表。特别是"十二木卡姆"，继承和发扬了古代西域音乐中的《龟兹乐》《疏勒乐》《高昌乐》《伊州乐》《于田乐》等音乐传统，对中国音乐的发展产生过积极的影响。

新疆维吾尔木卡姆艺术体裁多样，节奏错综复杂，曲调极为丰富。生动的音乐形象和音乐语言，深沉缓慢的古典叙诵歌曲，热烈欢快的民间舞蹈音乐，流畅优美的叙事组歌，在艺术成就上是无与伦比的。

蒙古族长调民歌

蒙古族长调民歌由中国与蒙古两国联合申请，于2005年11月入选第三批"人类口头和非物质遗产代表作"名录。

蒙古族长调民歌是一种具有鲜明游牧文化特征的独特演唱形式，以草原人特有语言述说着蒙古民族对历史文化、人文习俗、道德、哲学和艺术的感悟。蒙古语中长调称"乌日图道"，意即长歌，是相对短歌而言，字少腔长，曲调悠长。据考证，在蒙古族形成时期长调民歌就已存在，距今已有上千年的历史。

长调歌词以描写草原、骏马、骆驼、牛羊、蓝天、白云等为主。旋律悠长，意境舒缓，声多词少，气息绵长，宜于叙事，长于抒情，尤以"诺古拉"（波折音或装饰音）演唱所形成的华彩唱法最具特色。蒙古族长调民歌，与草原环境和民族生活息息相关，承载着民族历史，是民族精神性格的标志性展示。

蒙古族长调《初升的太阳》

登封“天地之中”历史建筑群

“天地之中”历史建筑群于2010年8月1日巴西利亚第34届世界遗产大会上，被正式列入《世界遗产名录》。申遗的内容主要是8处11项：观星台、中岳庙、太室阙、启母阙、少室阙、会善寺、嵩阳书院、嵩岳寺塔、少林寺常住院、塔林、初祖庵等，其历经汉、魏、唐、宋、元、明、清，构成了一部中国中原地区上下两千年形象直观的建筑史，是中国时代跨度最长、建筑种类最多、文化内涵最丰富的古代建筑群，是中国先民独特宇宙观和审美观的真实体现。

观星台

观星台位于登封市城东南15km处告成镇，同周公测景台、周公庙一起组成一座完整的院落，现存建筑有：照壁、大门、戟门、周公测景台、周公祠、观星台、帝尧殿等中轴线建筑和明清碑刻17通。观星台为元代著名天文学家郭守敬所建，在世界科技史、建筑史上占据重要地位，也是登封嵩山作为“天地之中”的重要历史见证。郭守敬通过在观星台的实地观测，于至元十七年（公元1280年）编制出了当时世界上最先进的历法——《授时历》，其精确度与现行公历仅相差26秒，创制时间却早了300年。

中岳庙

中岳庙即指嵩山中岳庙，位于河南嵩山南麓的太室山脚下，距河南省登封市城东4km。中岳庙的前身为太史祠，始建于秦（公元前221—前207年），为祭祀太室山神的场所。它北倚黄盖峰，面对玉案山，西有望朝岭，东有牧子岗，群山环抱，布局严谨，规模宏伟，红墙黄瓦，金碧辉煌，总面积11万m^2，为中州祠宇之冠，也是五岳中现存规模最大、保存较完整的古建筑群，也是河南省规模最巨、最完整的古代建筑群。如此宏大而又幽雅庄严的庙宇在全国是罕见的。

嵩阳书院

嵩阳书院位于嵩山南麓峻极峰下，是中国创建最早、影响最大的书院之一。它始建于北魏太和八年（484年），经历代重修，目前书院保持了清代（1644—1911年）建筑布局，中轴建筑共分五进院落，

由南向北依次为大门、先圣殿、讲堂、道统祠和藏书院，中轴线两侧有配房和西院敬义斋等，共有古建筑25座108间。2001年被国务院公布为第五批全国重点文物保护单位。嵩阳书院因其独特的儒学教育建筑性质，被专家称为研究中国古代书院建筑、教育制度以及儒家文化的"标本"。

汉三阙

汉三阙（太室阙、少室阙、启母阙）建于东汉年间（118—123年），是中国仅存的时代最早的庙阙实物，代表了中国古代国家级祭祀礼制建筑的典范，是我国1961年3月公布的首批国家级文物保护单位，足见国家对其保护的重视。阙又称门观，是我国古代一种标志性的礼制建筑，雕刻于汉三阙上的图画、篆书、铭文十分精美，是研究建筑史、美术史和东汉社会史的珍贵资料。

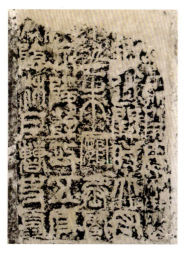

嵩岳寺塔

嵩岳寺塔位于河南登封市城西北5km处嵩山南麓峻极峰下嵩岳寺内，建于北魏正光年间（520—525年），是中国现存年代最早的砖塔，属全国重点文物保护单位，该塔历经1 400多年风雨侵蚀，仍巍然屹立，是中国现存最早的砖塔。嵩岳寺塔为砖筑密檐式塔，也是唯一的一座十二边形塔，其近于圆形的平面，分为上下两段的塔身，都与印度"stupa"相当接近，是密檐塔的早期形态。

会善寺

会善寺始建于北魏孝文帝时期（471—499年），寺内现存元、明、清时期建筑9座，是唐代天文学家一行和尚的出家修行之所，现存元代建筑是当时最典型的代表作。

少林寺

少林寺位于嵩山脚下，始建于北魏太和十九年（495年），是著名的禅宗祖庭和武林圣地。少林僧人日常起居和进行佛事活动的常住院，以及少林寺初祖庵、塔林等宗教建筑，作为登封历史建筑的一项，成为了新的世界文化遗产。少林寺初祖庵建于宋代，其建筑内的石雕、木构、壁画均为罕见精品。少林寺塔林是少林寺历代和尚的坟墓，现有塔232座。

✤ "中国丹霞"

"中国丹霞"于2010年8月1日巴西利亚第34届世界遗产大会上，被正式列入《世界遗产名录》。中国丹霞由湖南崀山、广东丹霞山、福建泰宁、江西龙虎山、贵州赤水、浙江江郎山中国南方湿润区6个著名的丹霞地貌景区组成，提名地总面积82 151公顷，缓冲区总面积136 206公顷。

中国丹霞是一个由陡峭悬崖、红色山块、深切峡谷、壮观瀑布及碧绿河溪构成的景观系统，集地质多样性、地貌多样性、生物多样性及景观珍奇性于一体，其突出的自然遗产价值表现在：

（1）中国丹霞盆地演化清楚地记载了白垩纪以来中国南方区域地壳演化的历史，发育了一种具有全球性突出普遍价值的特殊地貌景观。

（2）中国丹霞突出而完整地代表了最具世界特色的由东南季风驱动下发育的亚热带常绿阔叶林的生物群落结构及演替的生理生态过程。

（3）中国丹霞记录了中生代白垩纪以来欧亚板块华南区域陆壳断陷盆地的地质历史和地球中生代以来古地理环境及古气候变迁历史。

（4）中国丹霞展示了早白垩世陆相火山爆发、晚白垩世炎热干旱气候条件下的膏盐沉积、风沙堆积和恐龙灾难、盆地隆升与地壳形变等重大地质事件的重要证据。

（5）中国丹霞孕育了世界上已知丹霞（红层）地貌中分布最密集、造型最精美的地貌形态，包含了多种典型而突出的珍稀濒危生物物种及栖息地。

赤水丹霞

贵州赤水是四川盆地和云贵高原结合部的中国最大的丹霞分布区。高原的剧烈抬升与流水的强烈下切造成了地形的巨大反差，发育了最为典型的阶梯式河谷与最为壮观的丹霞瀑布群，成为青年早期——高原峡谷型丹霞的代表。提名地保持了最完整、具有代表性的中亚热带森林生态系统和物种多样性，形成"丹山""碧水""飞瀑""林海"有机结合的丹霞景观。

赤水丹霞

泰宁丹霞

福建泰宁盆地记录了白垩纪以来华南板块东部大陆边缘活动带的演化历史，丹霞地貌区保存了清晰的古剥夷面，被密集的网状峡谷和巷谷分割为破碎的山原面。独特的崖壁洞穴群、密集的深切峡谷曲流和原始的沟谷生态构成罕见的自然特征，成为青年期低海拔山原峡谷型丹霞的代表。峡谷急流与密集峰丛紧密结合，山水景观优美，保持了生态环境的原生性、生物和生态多样性。

福建泰宁

崀山丹霞

湖南崀山处于华南板块与扬子板块交汇处和中国地势的二、三阶梯过渡地带，经历了多次间歇性地壳抬升。崀山以圆顶密集式丹霞峰丛——峰林为特点，如万笋插天，若万马奔腾；巷谷、线谷和天生桥规模宏大；植被"生态孤岛效应"和生境狭窄特有现象突出，是丹霞植物群落演替系列最完整的地区和动植物协同进化的代表地。在系列提名地中是壮年期峰丛——峰林地貌的代表及丹霞主要类型和基本特征的模式地。

广东丹霞山

广东丹霞山是中国丹霞地貌的命名地及主要类型和基本特征的模式地，发育在南岭褶皱带中央的构造盆地中，具有单体类型的多样性和地貌景观的珍奇性，是丹霞地貌发育到壮年中晚期簇群式峰丛—峰林型丹霞的代表。在系列提名中热带物种成分最多，沟谷雨林特征最突出，是丹霞生物谱系、丹霞"孤岛效应"与"热岛效应"研究的模式区域。

湖南崀山　　　　　　　　　　　　　　　　　　广东丹霞山

龙虎山丹霞

江西龙虎山所在的信江盆地，相继发生了早白垩世火山活动、晚白垩世膏盐沉积和风沙堆积以及恐龙灾变等重大地质事件，记录了该地区白垩纪重要地质演化。突出的侵蚀残余峰丛、峰林、孤峰、残丘组合特征，表明这里属于壮年晚期——老年早期疏散峰林宽谷型丹霞的代表。区内保留了难得的低海拔中亚热带常绿阔叶林，是重要的珍稀濒危物种重要的栖息地。悬崖洞窟中众多的古代悬棺群、中国道教祖庭的文化景观等巧妙结合，构成一幅多彩多姿的山水画卷。

江西龙虎山

江郎山丹霞

浙江江郎山所在的峡口盆地是一个位于深断裂上的构造盆地。坚硬的方岩组火山碎屑构成的红层，是江郎山孤石撑天的物质保障。抗侵蚀性不同的岩石由于受到差异性侵蚀而形成地貌上凸出于古代剥夷面上的孤峰。除了孤峰以外，地貌特征还包括狭窄的巷谷、巨大的近垂直的石墙。这里主要处于丹霞地貌发展的老年期，耸立在海拔500米古剥夷面之上的三片孤石，讲述了一个老年期——高基座蚀余孤峰型丹霞的科学故事。

浙江江郎山

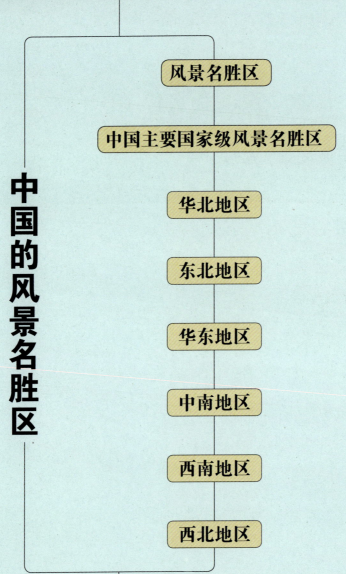

中国的风景名胜区

风景名胜区

中国主要国家级风景名胜区

华北地区

东北地区

华东地区

中南地区

西南地区

西北地区

中国的风景名胜区

❈ 风景名胜区

　　风景名胜区是指具有观赏、文化或者科学价值，自然景观、人文景观比较集中，环境优美，可供人们游览或者进行科学考察和文化活动的区域。

国家级风景名胜区

九寨沟风景名胜区

　　国家级风景名胜区是由省级政府提出申请，经国务院相关部门论证审查，最后报国务院批准公布的风景名胜区。国家级风景名胜区要求自然景观和人文景观能够反映重要自然变化过程和重大历史文化发展过程，基本处于自然状态或者保持历史原貌，具有国家级的代表性。

国家级风景名胜区标志

　　国家级风景名胜区的标志为圆形，中部的山水和长城图案象征着我国优美的自然风景和悠久的历史及名胜古迹，两侧由银杏叶和茶树叶组成的环形象征着风景名胜区具有优良的自然生态环境和景观，外围下部为汉字"中国国家级风景名胜区"，上部为英文名称"NATIONAL PARK OF CHINA"（意译为"中国国家公园"）。

国家级风景名胜区标志

风景名胜区景观特点

　　风景名胜区的自然和人文景观往往具有以下特点：（1）开发历史悠久，景观美学价值突出，景观知名度高；（2）景观综合性强，自然景观与人文景观相互辉映，物质实体与精神文化相互依存；（3）具备多种旅游审美功能，可观赏，可游憩，可科考，可探险，可娱乐，可消遣，可健身，可悦情；（4）景观资源急需保护，生态脆弱性、遗存有限性和人为破坏性都要求加大各类景观资源的保护力度。

衡山　　　　　　　华山

✤ 中国主要国家级风景名胜区

　　从1982年至今，国务院共公布了6批、187处国家级风景名胜区。这些风景名胜区是我国自然景观优美、历史景观丰富的集中区域，代表了中国自然环境的主要特点和中国历史的发展历程，具有十分突出的历史文化价值、美学鉴赏价值和科学文化价值，大多为旅游的热点地区。

【华北地区】

石花洞风景名胜区溶洞景观

北京石花洞风景名胜区（第4批，2002年公布）

　　石花洞风景名胜区位于北京市房山区境内，面积84.66km²，是中国北方岩溶洞穴的典型代表，2005年被评为"中国最佳溶洞奇观"。洞体为多层结构，分为上下7层，其中1~6层为溶洞景观，7层为地下暗河。石花洞现已对外开放1~4层，120余处景观，分为16个厅堂、10大奇观。

河北北戴河风景名胜区（第1批，1982年公布）

　　北戴河风景名胜区位于秦皇岛市西南，渤海之滨，西起戴河口，东到鹰角石，长约10km，宽仅2km。这里

北戴河风景名胜区海滨风光

冬无严寒，夏无酷暑，空气清新，适于避暑，被称为中国的"夏都"。海滨风景优美，奇山怪石和名胜古迹繁多，有东联峰山、鹰角亭等北戴河24景。

山西恒山风景名胜区（第1批，1982年公布）

恒山风景名胜区位于山西北部，主峰在浑源县城南，海拔2 017m，气势雄伟，绵恒百里。相传舜帝巡视天下时见其雄伟之势，遂封为北岳。恒山古有十八胜景：磁峡烟雨、云阁虹桥、岳顶松风、云路春晓、虎口悬松、果老仙迹、幽窟飞石、夕阳返照、断崖啼鸟、凌空悬寺等，大多现在仍然可见。此外还有彩陶文化、青铜器遗址、汉嵀县古城遗址、内长城以及古墓葬等古迹。

恒山风景名胜区悬空寺

内蒙古扎兰屯风景名胜区（第4批，2002年公布）

扎兰屯风景名胜区位于呼伦贝尔大草原南部，山清水秀，景色宜人，素有"塞外苏杭"的美誉，居住着蒙古、达斡尔、鄂伦春、鄂温克、朝鲜等21个少数民族。著名的吊桥公园、秀水山庄、喇嘛山等景点充分展示出自然、古朴的特色。已经开辟出历史文化观光、避暑休闲度假、登山探险、雅鲁河漂流、森林生态及科学考察等不同特点的五条旅游线路。

扎兰屯风景名胜区雅鲁河风光

【东北地区】

千山风景名胜区

辽宁千山风景名胜区（第1批，1982年公布）

千山风景名胜区位于鞍山市东南20km，面积44km²，最高峰仙人台海拔708m。全山有山峰近千座，故名千山。繁荣时期曾有7寺、9宫、12观和10庵等建筑。整个风景区分为北、中、南、西4个游览区，拥有奇峰、怪石、苍松、梨花四大自然景观，向有"无峰不奇，无石不峭，无寺不古"的美誉。

辽宁金石滩风景名胜区（第2批，1988年公布）

金石滩风景名胜区位于大连市金州区，海陆面积约110km²，由山、海、滩、礁组成。在长达8km的海岸线上，山海相连，礁石林立，风景秀美，各种海蚀崖、海蚀洞、海蚀柱等海岸地貌千姿百态，被专家学者称为"海上石林""天然地质博物馆"，其中龟裂石形成于6亿年前，是目前世界上块体最大的奇石。

金石滩风景名胜区

松花湖风景名胜区

吉林松花湖风景名胜区（第2批，1988年公布）

松花湖风景名胜区位于吉林市郊，丰满水电站大坝将松花江拦腰截断，形成了长200km，最宽处10km的松花湖，最大蓄水量可达100多亿m³。湖面碧波荡漾，烟波浩渺，两岸群山环立，峰峦叠嶂，山上林木茂密，四季景色各异，景色十分秀丽。

吉林八大部—净月潭风景名胜区（第2批，1988年公布）

八大部—净月潭风景名胜区位于长春市境内，面积200km²。景区由伪满州帝国宫殿、伪国务院及其下属"八大部"等历史建筑与山清水秀的净月潭自然风光组合而成。净月潭位于市区东南，分为潭北山色、潭南林海、月潭水光和潭东村舍四个景区，夏季可划船、钓鱼、游泳，冬季可以滑冰、滑雪、冰撬、冰帆等。

八大部—净月潭风景名胜区

【华东地区】

江苏太湖风景名胜区（第1批，1982年公布）

太湖风景名胜区位于江苏省苏州、无锡两市境内，包括13个景区和两个独立景点，总面积达3 091km²，是我国最大的风景名胜区。太湖景区有48岛72峰，山水结合，层次丰富，形成了一幅"山外青山湖外湖，黛峰簇簇洞泉布"的自然画卷。太湖沿岸和湖中诸岛，有大批古迹遗址、名寺古刹、古典园林等。

太湖风景名胜区——鼋头渚

安徽九华山风景名胜区（第1批，1982年公布）

九华山风景名胜区位于安徽池州市境内，是中国四大佛教名山之一，面积174km²，分为11大景区。境内群峰竞秀，怪石林立，由99座山峰、99座寺庙及众多的溪流、瀑布、幽洞、奇松、怪石构成。十王、天台、莲花等九大主峰如九朵莲花，李白有"天河挂绿水，绣出九芙蓉"之诗句。

九华山风景名胜区——天台峰

浙江杭州西湖风景名胜区（第1批，1982年公布）

杭州西湖风景名胜区位于杭州市区西面，面积60.04km²，其中湖面面积5.6km²，苏堤与白堤把全湖隔为外湖、里湖、岳湖、西里湖和小南湖五个部分。西湖风光秀丽，景色迷人，苏东坡称为"水光潋滟晴方好，山色空濛雨亦奇。欲把西湖比西子，淡妆浓抹总相宜"。清康熙帝南巡时题西湖10景，勒石镌碑纪念，沿用至今。

杭州西湖风景名胜区——三潭印月

浙江普陀山风景名胜区（第1批，1982年公布）

普陀山风景名胜区位于舟山群岛的普陀岛上，是中国四大佛教名山之一，面积12.93km²，素有"海天佛国""南海圣境"之称。其中普济寺、法雨寺和慧济寺为普陀三大寺，规模宏大，建筑考究，山石林木，寺塔崖刻，梵音涛声，皆充满佛国神秘色彩。岛上树木丰茂，古樟遍野，鸟语花香。

浙江普陀山

福建鼓浪屿—万石山风景名胜区（第2批，1988年公布）

鼓浪屿风景名胜区——日光岩

鼓浪屿—万石山风景名胜区位于厦门岛南部，面积245.74km²，包括万石山山体及海滨、鼓浪屿和厦门湾的大部分海域和岛礁。鼓浪屿景区的主要有日光岩、菽庄花园、皓月园、毓园、郑成功纪念馆、厦门博物馆、华侨亚热带引种园等。万石山山峦叠嶂，林木繁盛，景色优美，特别是奇岩怪石更为引人入胜。

山东崂山风景名胜区（第1批，1982年公布）

崂山风景名胜区位于青岛东部的黄海之滨，素有"海上名山第一"之称。风景区面积446km²，由9个风景游览区和5个风景恢复区及外缘陆海景点三部分组成。崂山主峰拔海而立，山海相连，雄山险峡，水秀云奇，自古被称为"神仙窟宅""灵异之府"。山上奇石怪洞，清泉流瀑，峰回路转，人文景观和自然景观交相辉映。

崂山风景名胜区——奇石清泉

【中南地区】

湖南衡山风景名胜区（第1批，1982年公布）

衡山风景名胜区位于衡阳市境内，中国五岳之一。主峰祝融峰，海拔1 290m，俯压群山，相传舜帝南巡和大禹治水都来过这里。衡山以"五岳独秀风光好，历史悠久名气大，佛道并存影响广，中华寿岳众人仰"而著称于世。衡山四时景色各极其胜，初春可玩味繁花，盛夏可观看云海，金秋可远眺日出，冬日可欣赏雪景。祝融峰之高、藏经殿之秀、方广寺之深、水帘洞之奇为衡山"四绝"。

衡山风景名胜区——祝融峰

广东肇庆星湖风景名胜区（第1批，1982年公布）

肇庆星湖风景名胜区——七星岩

肇庆星湖风景名胜区位于广东肇庆市，包括七星岩（市区北约4km处）和鼎湖山（市区东北18km处）两部分。七星岩素有"岭南第一奇观"之称，七座石灰岩山峰如北斗排列，旖旎多姿，集"桂林之山、杭州之水"于一地，自古以来就有"峰险、石异、洞奇、庙古"之说。鼎湖山景区为岭南四大名山之一，传说黄帝铸鼎于此故名，山峰耸立，飞瀑跌宕，林木葱茂，有"沙漠带上的绿洲"之誉。

广西桂林漓江风景名胜区（第1批，1982年公布）

桂林漓江风景名胜区是世界上规模最大、风景最美的岩溶山水游览区，中国十大风景名胜区之一。以桂林市区至阳朔县的漓江两岸自然风光为主，从桂林叠彩山到阳朔碧莲峰，水程83km，习称百里漓江，是岩溶地貌发育最典型、丰富和集中的地带，为桂林山水精华所在，被誉为"山水画廊""梦幻仙境"。漓江风光千百年来引无数文人墨客、宦官政要陶醉痴迷，留下众多诗词文赋、传说故事和画图。

桂林漓江风景名胜区——阳朔遇龙河

海南三亚海滨风景名胜区（第3批，1994年公布）

三亚海滨风景名胜区
——南天一柱

海南三亚海滨风景名胜区位于海南岛的南部，由陆域和海域两部分组成，总面积231.08km²，范围包括亚龙湾、天涯海角、南山—海山奇观三个独立的景区，以及鹿回头公园、崖州古城、落笔洞、椰子洲四个独立的景点。明媚的阳光、洁白的沙滩、碧蓝的海水，是人们日光浴、海水浴、沙浴的理想之地，也是冬泳避寒的绝佳场地，每年吸引大批游客前往。

【西南地区】

重庆芙蓉江风景名胜区（第4批，2002年公布）

芙蓉江风景名胜区位于重庆武隆县境内，面积150km²。芙蓉江为为乌江支流，融山、水、洞、林、泉、峡为一体，集雄、奇、险、秀、幽、艳于一身，是一个以碳酸盐岩溶地貌为特征的江峡型游览区。景区规模宏大的"U"形峡谷，景色秀丽，山清、水秀、崖雄、峰奇、峡幽、洞深、滩险、流急、瀑飞、泉涌，加之水鸟飞舞，钟乳垂挂，飞泉流瀑，高山翠峡，伟峰石笋，横亘10余里而不绝。

芙蓉江风景名胜区——龙孔飞瀑

四川蜀南竹海风景名胜区（第2批，1988年公布）

蜀南竹海风景名胜区位于宜宾市境内，核心景区44km²。景区内共有竹子400余种，7万余亩，是我国最大的集山水、溶洞、湖泊、瀑布于一体，还有丰富的人文景观的原始"绿竹公园"。竹海风光，四季不同。春季，金笋齐拔，百花争艳；夏季，新竹添翠，沁人心脾；秋季，红叶点缀，色彩斑斓；冬季，万岭雪飘，银装素裹。

蜀南竹海风景名胜区
——竹海碧湖

贵州黄果树风景名胜区（第1批，1982年公布）

黄果树风景名胜区位于贵州省镇宁布依族自治县城西南15km的白水河上，河水流经黄果树地段，因河床断落而形成九级瀑布，黄果树瀑布是其中最大的一级。黄果树瀑布高77.8m、宽101.0m，是我国最大的瀑布，也是世界著名大瀑布之一。跌落于断崖，鸣响于山间，只见云垂烟接，珠帘钩卷，倾入瀑下犀牛潭中，景色十分壮观。蓝天白云下，瀑布与天生桥、水帘洞等景观，组合成一幅绮丽多彩的自然景象。

黄果树风景名胜区——黄果树大瀑布

云南大理风景名胜区（第1批，1982年公布）

大理风景名胜区位于云南大理白族自治州。面积为1 016.03km^2，是以苍山洱海为中心的山岳—湖泊型风景名胜区。苍山挺拔壮丽，主峰海拔4 112m，山上有3 000多种植物，是我国植物资源宝库。洱海为高山淡水湖，湖面海拔1 966m，碧水清波，山水相映，明媚秀丽。在下关至上关之间，还分布着古南诏德化碑、大理三塔和蝴蝶泉等名胜古迹。

大理风景名胜区——大理三塔

西藏雅砻河风景名胜区（第2批，1988年公布）

雅砻河风景名胜区位于西藏雅鲁藏布江中游河谷地带，面积1 580km^2，是西藏古代文明的摇篮，藏民族的发祥地。江河两岸，地势平坦，气候宜人，土地肥沃，村庄毗连，一派典型的藏南田园风光。这里所保留的中世纪建筑风俗的民居以及民风民俗、宗教活动等，都具有鲜明的藏民族特色。

雅砻河

【西北地区】

陕西华山风景名胜区（第1批，1982年公布）

华山风景名胜区位于陕西省华阴市境内，五岳之一，主峰（南峰）海拔2 154.9m，为五岳之最高。华山为花岗岩山地，势如刀削，壁立万仞，悬崖环绕，路陡峰耸，素有"奇险天下第一山"之称。秦始皇、汉武帝、武则天、唐玄宗都曾到华山巡游或进行过大规模祭祀活动，山麓修建了有"小故宫"之称的西岳庙建筑群。文人墨客咏诵华山的诗歌、碑记和游记不下1 200余篇，摩岩石刻多达千余处。

华山风景名胜区北峰至金锁关段景观

陕西黄帝陵风景名胜区（第4批，2002年公布）

黄帝陵风景名胜区
——陵墓碑亭

黄帝陵风景名胜区位于黄陵县的桥山，面积3.3km²，由陵墓区和轩辕庙两部分组成。黄帝陵位于桥山之巅，古柏参天，沮水回绕，气势壮观。陵冢位于山顶平台中部，高3.6m，周长48m。黄帝庙位于桥山之麓，庙前印池碧波架龙桥，庙门高阶大柱显宏伟，殿堂多进，尤其以祭拜大殿最为壮观。庙院内黄帝手植柏，高19m，下围10m，中围6m，为群柏之冠。大殿西阶下将军柏，传为汉武帝远征朔方收兵回还时，驻跸挂甲处。

新疆天山天池风景名胜区（第1批，1982年公布）

天山天池风景名胜区位于天山博格达峰的北侧沟谷，以天池为中心，包括天池上下4个完整的山地垂直自然景观带，是一处以高山湖泊、云杉林和雪山景观为特色的旅游胜地。天池传说为西王母的"瑶池"，实为一冰蚀湖，湖面面积4.9km²，呈半月形，最深处约105m。湖水明亮清澈晶莹如玉，四周群山环抱雪峰高耸，湖滨绿草如茵野花似锦，云杉、塔松漫山遍岭遮天蔽日，有"天山明珠"盛誉。

天山天池风景名胜区

青海青海湖风景名胜区（第3批，1994年公布）

青海湖风景名胜区位于青海省东北部的大通山、日月山和青海南山之间，面积达4 456km²，湖面海拔3 196m，最深32.8m。风景名胜区以高原湖泊为主体，兼有草原、雪山、沙漠等景观。这里地域辽阔，苍茫无际，烟波浩渺，碧波连天，草原广袤，河流众多，水草丰美，环境幽静。青海湖是候鸟迁徙的停留之处，每年四五月份，多达十万余只天鹅、斑头雁。棕头鸥、鸬鹚等来此繁殖。

青海湖风景名胜区——鸟岛

甘肃麦积山风景名胜区（第1批，1982年公布）

麦积山风景名胜区位于天水市区东南45km，面积215km²。麦积山为丹霞地貌，山势浑圆，如麦积堆，一峰崛起，丹崖环绕，高达80m，山势险峻，绿树成荫，环境清幽。麦积山石窟开凿于山体四周的丹崖之上，层层叠叠，上下错落，窟龛密布，状如蜂巢，以泥塑彩绘造像而著名。现存北魏、西魏、北周、隋、唐、五代、宋、元等多个时代的洞窟194个，各类造像7 000余尊，壁画1 300m²，是中国四大佛教石窟之一。

麦积山风景名胜区——麦积山石窟

宁夏西夏王陵风景名胜区（第2批，1988年公布）

西夏王陵风景名胜区位于银川市西约35km的贺兰山山麓，在方圆50km²的陵区内，9座帝王陵布列有序，200余座陪葬墓规模宏大，是中国现存规模最大、地面遗迹保存最完整的帝王陵园之一。陵邑位于陵区北部，总面积约60 000m²，四周筑有夯土城墙、广场、道路、院落、水井和房屋等遗迹都清晰可见。西夏王陵建筑以及出土文物，是党项文化与汉族文化相融合的产物，也是西夏社会经济发展的重要见证。

西夏王陵风景名胜区——西夏王陵墓冢

地质公园

地质公园

中国的世界地质公园

中国的国家地质公园

地质公园

地质公园

地质公园是联合国教科文组织在地质遗址保护计划中提出的概念。它是指有一个明确边界且面积足够大，由一系列具有特殊科学意义、稀有性和美学价值，并能够代表某一地区的地质历史、地质事件和地质作用的地质遗址，或拼合成一体的多个地质遗址所组成的区域。

世界地质公园

1992年法国地质遗迹保护研讨会上，国际地质学家发表了地质遗产权利宣言，提出地质遗迹的保护问题。1996年联合国教科文组织正式提出建立世界地质公园，以有效地保护地质遗产。2002年5月，联合国教科文组织地学部公布了《世界地质公园工作指南》。世界地质公园的建立，由各国政府组织申报，联合国教科文组织邀请国际地质科学联合会等组织的专家实地考察，并经专家组评审通过，最后经联合国教科文组织批准予以公布。

中国国家地质公园

我国地质遗迹保护始于1987年的《关于建立地质自然保护区规定（试行）》。1999年11月，中国国土资源部通过十年地质遗迹保护规划，决定建立国家地质公园。2000年8月，成立了国家地质公园领导小组和专家评审委员会，正式创建了国家地质公园的申报和评审机制。从2001年开始，国土资源部组织开始了国家地质公园的申报和评审工作。到目前为止，先后批准建立的国家地质公园共138处。

中国国家地质公园徽标

中国国家地质公园类型

按地质公园的景观资源进行类型划分，形成了以下分类体系：

大类	类	亚类
地质构造大类	地层类	区域剖面
	地层——构造类	区域剖面
	构造类	推覆构造
		区域构造
古生物大类	古动物类	恐龙
		古生物群
		生物礁
	古植物类	古植物
环境地址大类	火山类	古火山遗迹
	冰川类	古冰川遗迹
		现代冰川
	地质灾害类	滑坡
		山崩
风景地貌大类	花岗岩类	花岗岩峰林
		花岗岩石林
	砂岩砾岩类	砂砾岩峰林
		丹霞地貌
		雅丹地貌
	碳酸盐岩类	溶洞地貌
		石林地貌
		峡谷地貌
		天生桥地貌
	变质岩类	大理岩石林
		大理岩天生桥
	黄土类	梁峁地貌
		沟谷地貌
	峡谷类	峡谷
	洞穴类	洞穴
	水景类	瀑布

中国的世界地质公园

　　中国为了加强地质遗迹的保护，在大力创建国家地质公园的同时，积极申报世界地质公园。到2009年8月为止，全世界共有63个世界地质公园，分布在全球18个国家。其中中国申报批准4批22个世界地质公园，是拥有世界地质公园数量最多的国家。

安徽黄山世界地质公园（2004年批准）

黄山世界地质公园——花岗岩峰林

　　黄山世界地质公园位于风光秀丽的皖南山区，主体面积为154km²，属花岗岩峰林景观，以雄峻瑰奇而著称，山体峰顶尖陡，峰脚直落谷底，形成群峰峭拔的花岗岩山地地貌形态。奇松、怪石、云海和丰富的水景及其组合，表现了黄山的特质，构成了一座集山、水、人文、动植物为一体的大型花岗岩区天然博物馆。

江西庐山世界地质公园（2004年批准）

　　庐山世界地质公园位于九江市境内，飞峙长江之滨，紧傍鄱阳湖，园区总面积500km²，核心山体面积302km²。庐山是一座地垒式变质岩断块山体，周围断裂发育，塑造出峭壁悬崖，与低岗丘陵平原分界明显。第四纪时期山地冰川发育，冰川遗迹和地貌是我国东部中纬度地区的典型代表。庐山多险绝胜景，命名的山峰有171座，以"雄、奇、险、秀"闻名于世。

庐山世界地质公园
——地垒断块山地景观

河南云台山世界地质公园（2004年批准）

　　云台山世界地质公园位于修武县境内，地处太行山区南部，园区面积190km²，发育了较完整的元古代和中生代浅海沉积环境的地台型沉积地层，下部为片麻岩，上部为紫红色石英砂岩，在流水侵蚀作用下，丹崖耸立，峡谷深切，鬼斧神工，令人叹止。

云南石林世界地质公园（2004年批准）

石林世界地质公园位于石林县境内，面积400km²，是世界上唯一以石林发育遗迹和石林景观系列展现地球演化历史的喀斯特地貌区。沉积于晚古生代的地表石灰岩，在长期降水和地表水的溶蚀下，沿裂隙侵蚀下切，形成石芽和溶沟，犬牙交错，群石林立。石林世界地质公园属于石芽溶沟地貌中的典型代表，石芽相对高差可达30~40m。

石林世界地质公园
——石林景观

云台山世界地质公园
——红石峡深切峡谷

广东丹霞山世界地质公园（2004年批准）

丹霞山世界地质公园位于仁化县，面积290km²，是丹霞地貌命名地，也是发育最典型、类型最齐全、造型最丰富的丹霞地貌分布区。丹霞山红色砂砾岩形成于山间盆地，属于洪积相沉积，总厚度达700m，岩性坚硬，垂直节理发育，在流水侵蚀下造就了红层峰林式结构，有大小石峰、石堡、石墙、石柱等600余座，山石相生，高低参差，错落有序，造型奇绝，鬼斧神工，气象万千。

丹霞山世界地质公园——阳元石

湖南武陵源世界地质公园（2004年批准）

武陵源世界地质公园位于湖南省西北部，总面积3 600km²，属石英砂岩峰林地貌。巨厚的泥盆纪石英砂岩，沉积层理平整，垂直节理交错，长期抬升和风化，塑造出石柱林立、石峰高耸、断崖绝壁、如垒如筑的景观形态，其规模之大、形态之奇、气势之宏，极具代表性和典型性。峰林奇石与古树名木、云气烟雾、流泉飞瀑、珍禽异兽相配合，置身其间犹如到了一个神奇的世界和趣味天成的艺术山水长廊。

武陵源世界地质公园峰林景观

五大连池世界地质公园
——翻花熔岩

黑龙江五大连池世界地质公园（2004年批准）

五大连池世界地质公园位于五大连池市，面积720km²，拥有12座百万年前喷发的火山锥和两座1712—1721年喷发的火山锥，后者喷发的火山熔岩堵塞了白河河道形成了5个串珠状熔岩堰塞湖，故名。大面积的熔岩覆盖，塑造出熔岩台地、火山喷气锥、熔岩隧道等熔岩地貌及绳状熔岩、翻花状熔岩、火山弹、浮岩等各种形态的熔岩景观。

河南嵩山世界地质公园（2004年批准）

嵩山世界地质公园地处登封市境内，面积450km²，出露35亿年以来各个地质时代地层，清晰地保存着发生在距今25亿年、18亿年和5.43亿年，分别被命名为"嵩阳运动""中岳运动""少林运动"三次前寒武纪全球性地壳运动所形成的地质遗迹，被地质工作者誉为"天然地质博物馆"和"地学百科全书"。

嵩山世界地质公园——三皇寨

浙江雁荡山世界地质公园（2005年批准）

雁荡山世界地质公园的主体位于乐清市境内，面积294.6km²，是亚洲大陆边缘巨型火山带中白垩纪火山的典型代表，中生代先后经历了四次酸性岩浆喷发，记录下火山爆发、地表塌陷、熔岩覆盖、地表隆起等一系列的地质过程，形成了流纹岩景观，以峰奇、嶂奇、洞奇、水秀而有"天下奇秀"之誉。灵峰、灵岩峭壁和190m大龙湫瀑布并称雁荡三绝。

雁荡山世界地质公园——剪刀峰

福建泰宁世界地质公园（2005年批准）

泰宁世界地质公园位于泰宁县境内，面积492.5km²，断陷山间小盆地白垩纪沉积了陆相红色地层，发育了广泛的丹霞地貌，是我国类型最齐全、造型最丰富的湖上丹霞地貌分布区，以典型青年期丹霞地貌为主体，兼有火山岩、花岗岩、构造地貌等多种地质遗迹，自然生态良好，人文景观丰富。

泰宁世界地质公园——大金湖丹霞山峰景观

内蒙古克什克腾世界地质公园（2005年批准）

克什克腾世界地质公园位于内蒙古克什克腾旗，面积5 000km²，地处内蒙古高原、大兴安岭山脉和燕山山脉的结合部，山地花岗岩石林地貌及地质构造为主要特色之一，保留有大量第四纪冰臼群。公园地质遗迹异常丰富，是探索内蒙古高原隆起和中国北方环境演化的自然博物馆。

克什克腾世界地质公园
——峰林景观

四川兴文世界地质公园（2005年批准）

兴文世界地质公园位于兴文县城南30km处，面积约156km²，发育了巨厚的石灰岩地层，形成了"地球特大漏斗""中国最大的石海"和"中国最长的游览洞穴"等地质地貌景观资源。公园内石海起伏，洞穴套嵌，天坑深邃，石林耸立，峡谷深幽，河流曲折，瀑布跌落，湖泊点缀，树木茂密，自然景观与独特的古代僰族文化、苗族文化，共同构成了一幅完美的山水画卷。

兴文世界地质公园
——夫妻峰

南阳恐龙蛋化石

河南伏牛山世界地质公园（2006年批准）

伏牛山世界地质公园位于南阳市境内，面积1 340.93km²，由南阳恐龙蛋化石群国家级自然保护区、宝天曼世界生物圈自然保护区等6个自然保护区和森林公园、地质公园组成，是地壳板块构造运动、造山运动和以恐龙蛋化石为代表的古生物遗迹保存最完整的区域，揭示了古中国大陆25亿年的地质演化过程。

山东泰山世界地质公园（2006年批准）

泰山世界地质公园位于泰安市，在太古代经历了剧烈的地壳抬升和沉降，终于在3 000万年前形成了今天的泰山，泰山岩群是华北地区最古老的地层，记录了自太古代以来漫长而复杂的演化历史，是探索地球早期历史奥秘的天然实验室。泰山地区的寒武纪片麻岩群是华北台地的基底，地层剖面出露齐全，化石丰富，保存完好。泰山杂岩形成于太古代，年龄在20亿年左右。

泰山世界地质公园——十八盘裂谷

河南王屋山—黛眉山世界地质公园（2006年批准）

王屋山—黛眉山世界地质公园位于济源市西北和洛阳市新安县北部，由王屋山、黛眉山和黄河谷地三个地貌单元组成，面积986km²，核心区面积273km²，是以裂谷构造、地质工程景观为主，以典型地质剖面、古生物化石景观、地质地貌景观为辅，以生态人文相互辉映为特色的综合型地质公园。

王屋山—黛眉山世界地质公园
——天坛山

广东—海南雷琼世界地质公园（2006年批准）

雷琼世界地质公园——火山口

雷琼世界地质公园位于琼州海峡两岸，面积为405.88km²，属于雷琼陆谷火山带，共有101座火山。火山类型几乎涵盖了玄武质岩浆爆发与蒸汽岩浆爆发的所有类型，其数量之多，类型之多样，保存之完整，为中国第四纪火山带之首。

北京房山世界地质公园（2006年批准）

房山世界地质公园位于北京市西南部，面积953.95km²，展现了华北地区数十亿年以来地球演化发展的历史，发育的喀斯特地貌和多种化学沉积类型的溶洞洞穴景观，是北方地区半干旱半湿润温带型喀斯特景观的典型代表，是一座集旅游观光、科研与科普教育于一体的天然地质博物馆。

房山世界地质公园——喀斯特山峰

黑龙江镜泊湖世界地质公园（2006年批准）

镜泊湖世界地质公园位于宁安市南部牡丹江上游，面积1 400km²。湖区面积约79.3km²，蜿蜒长达45km，由玄武岩浆堰塞牡丹江河道而形成，是中国最大的火山堰塞湖，湖水经熔岩堤坝外泄形成

壮观的吊水楼瀑布景观。还拥有火山口地下森林、地下熔岩洞穴等岩浆地貌景观，沿岸岩石地层形成年代跨度6.8亿年。

镜泊湖世界地质公园——吊水楼瀑布

江西龙虎山世界地质公园（2008年批准）

龙虎山世界地质公园位于鹰潭市境内，面积380km²，侏罗纪晚期到早白垩纪（1.5亿—0.9亿年前）接受了河湖相泥砂岩沉积和火山喷发物，晚白垩纪（0.9亿—0.67亿年前）盆地扩大接受了河湖相紫红色砂砾岩沉积，形成了类型多样、完整序列的丹霞地貌，以及包括峰墙、石林、峰丛等23种丹霞地貌景观，尤以壮年期地貌为主体。龙虎山是道教文化的发祥地之一，文化遗存丰富。

龙虎山世界地质公园——丹霞单面山体

四川自贡世界地质公园（2008年批准）

自贡世界地质公园位于自贡市大安区，面积56.62km²，包括大山铺恐龙化石群遗迹园区、自贡盐业科技园区、荣县青龙山恐龙化石群遗迹园区。已发掘的2 800m²范围内，共发现200多个古生物个体的上万件骨骼化石，其中有恐龙及鱼类、两栖类、龟鳖类、鳄类等18个属21个种，是世界上最重要的恐龙化石遗址之一。自贡的盐业开发历史悠久，也是中国最早开采天然气的地方。

自贡世界地质公园
——恐龙骨骼化石遗迹

内蒙古阿拉善沙漠世界地质公园（2009年批准）

阿拉善沙漠世界地质公园
——沙山沙湖

阿拉善沙漠世界地质公园位于内蒙古阿拉善盟境内，面积4 020km²，是中国唯一一个世界级沙漠地质公园。特殊的地理位置、地质构造、生态环境和气候条件，使该公园形成了以沙漠、戈壁为主体的地貌景观，融沙漠、戈壁、花岗岩风蚀地貌以及古生物化石于一体，是研究沙漠形成、发展、演化的天然博物馆。

陕西秦岭终南山世界地质公园（2009年批准）

秦岭终南山世界地质公园位于秦岭山脉中段，西安市区南部。早古生代加里东运动使秦岭北部发生褶皱，晚古生代海西运动使秦岭南部发生褶皱，中生代燕山运动使秦岭南北断裂发育，地壳抬升形成北仰南倾的褶皱构造山地。终南山为秦岭山脉核心区段，是秦岭山地地质运动、地层出露、岩石岩性等地质现象的典型例证，是我国东西向构造带运动的典型代表，拥有太白山花岗岩、翠华山山崩等一系列地质景观。

秦岭终南山世界地质公园
——翠华山山崩

✤ 中国的国家地质公园

【地层类】

天津蓟县国家地质公园（2002年批准）

蓟县国家地质公园位于天津市蓟北山区，面积342km²，主要地质遗迹为中上元古界地层剖面和古生物化石，地质时限长达10亿年（距今18亿—8亿年），是我国北方唯一记录中上元古界地球演化、地质历史的国家地质公园，岩层齐全、出露连续、保存完好、界限清楚，具有极大的科学研究价值。

蓟县国家地质公园出露地层剖面

【构造类】

四川龙门山国家地质公园（2001年批准）

龙门山国家地质公园位于彭州—绵竹之间，面积约1 900km²。龙门山构造带的地质构造运动比较活跃，2008年5月12日汶川大地震就发生在此带上。龙门山国家地质公园是该构造带的缩影，公园推覆构造形成的"飞来峰"景观，具有地质学的典型意义。公园内还分布有古冰川遗迹、典型地层剖面以及丰富的动植物资源。

龙门山国家地质公园
——飞来峰

【古生物类】

澄江动物化石群国家地质公园
——古莱德利基虫化石

云南"澄江动物化石群"国家地质公园（2001年批准）

"澄江动物化石群"国家地质公园位于澄江县帽天山地区，总面积18km²，主要地质遗迹为澄江动物化石群，为早寒武纪（距今5.3亿年）的海绵动物、腔肠动物、软体动物、节肢动物等的化石，有40多个门类100多个品种，是世界上目前所发现的最古老、最完整的软体动物化石群。

【火山类】

福建漳州滨海火山国家地质公园（2001年批准）

漳州滨海火山国家地质公园位于漳浦、龙海的滨海，总面积318.64km²，园区内保留了第三纪（距今2 460万年前）中心式火山喷发构造遗迹以及后期风化侵蚀的火山地貌景观。拥有世界罕见的柱状玄武岩、古火山口、串珠状火山喷气口群和玄武岩西瓜皮构造，是一座天然火山地质博物馆。玄武岩柱状节理形成的六边形巨型石柱达140万根，组成壮观的"海上石林"。

漳州滨海火山国家地质公园
——玄武岩石柱

【冰川类】

四川海螺沟国家地质公园（2002年批准）

海螺沟国家地质公园位于贡嘎山东坡，面积350.3km²，是海拔最低的山岳冰川之一，以现代冰川、温泉及高山峡谷为主要地质地貌特色。地质公园还有热矿泉群以及保存较完好的第四纪古冰川遗迹、完整的垂直自然带谱与多样性很强的高山生态系统的组合。

海螺沟国家地质公园——冰川

【地质灾害类】

西藏易贡滑坡国家地质公园（2002年批准）

易贡滑坡国家地质公园位于波密与林芝交界处，总面积为2 160km²，是一个以罕见的巨型高速滑坡地质灾害遗迹为主体的地质公园。园区具有国内最大的海洋性冰川，是融雪山群、堰塞湖、冰湖、峡谷、瀑布、泥石流沟、角峰、铁山、温泉等地质地貌景观为一体的综合性地质博物馆。

易贡滑坡国家地质公园

【丹霞地貌类】

安徽齐云山国家地质公园（2002年批准）

齐云山国家地质公园位于黄山市境内，面积110km²，属峰丛式丹霞地貌，有三十六奇峰、七十二怪崖，集奇、险、秀、美于一身。区内奇峰峥嵘、怪石嶙峋、丹崖危立、赤壁叠嶂、千姿百态，代表了晚白垩世以来在地形发展过程中正在进行的地质作用模式之一。

齐云山国家地质公园——丹霞赤峰

【雅丹地貌类】

敦煌雅丹国家地质公园——雅丹地貌

甘肃敦煌雅丹国家地质公园（2002年批准）

敦煌雅丹国家地质公园位于敦煌市西北，面积398km²，是全球规模最大、地质形态发育最成熟、最具观赏价值的雅丹地貌类地质公园。雅丹地貌是干旱区发育于湖积平原的风蚀地貌类型之一，干涸的湖底泥质沉积物在风力的吹蚀下，形成垄脊和沟槽相间分布、顺风向延伸的地貌形态。

伊春花岗岩石林国家地质公园
——花岗岩石林地貌

【花岗岩类】

黑龙江伊春花岗岩石林国家地质公园（2004年批准）

伊春花岗岩石林国家地质公园位于伊春市境内，面积近170km²，为距今2.08亿—2.50亿年印支运动期花岗岩石林地质遗迹。石林由五条山脉、近百座石峰、石柱、石岩、石洞构成，类型齐全，发育典型，造型丰富。这里树在石上长，石在林中藏，公园集山、水、林、泉、石、洞、峰、谷于一身。

枣庄熊耳山国家地质公园
——双龙大裂谷

【石灰岩类】

山东枣庄熊耳山国家地质公园（2002年批准）

枣庄熊耳山国家地质公园位于枣庄市北部，面积98km²，以岩溶地质地貌和抱犊崮地貌为特色。区内山峦叠嶂，沟壑纵横，有大小山头40多座，岩溶地貌十分发育，千奇百怪的溶洞群，奇形怪状的钟乳石，天成奇绝的双龙大裂谷，展示了北方喀斯特的形态特征。

【变质岩类】

河北涞源白石山国家地质公园（2002年批准）

涞源白石山国家地质公园位于涞源县南部，面积54km²，以白云质大理岩构造峰林、石柱为特征，辅以十瀑峡花岗岩瀑布群和拒马河源构造泉群等地质遗迹。白石山下部为肉红色花岗岩基座，中部为白色大理岩围腰，上部为灰色塔形山峰，集红色、白色、灰色于一体，浑然雄伟，景观独特。

涞源白石山国家地质公园
——大理岩峰林

【黄土类】

陕西洛川黄土国家地质公园（2002年批准）

洛川黄土国家地质公园地处洛川县城东南，面积8.2km²，以黄土剖面和黄土地质地貌景观为特色，沟谷切深在80～140m之间；谷坡坡度30°～60°，受重力和地表地下水作用，沟谷内黄土滑坡、崩塌发育，沟头溯源侵蚀强烈，各时期黄土地层出露齐全，层位稳定，是中国黄土沉积的标准剖面，真实记录了第四纪以来古气候、古环境、古地理、古植被以及重要地质事件等多方面的信息。

洛川黄土国家地质公园

【洞穴类】

广西百色乐业大石围天坑群国家地质公园（2004年批准）

百色乐业大石围天坑群国家地质公园——天坑

百色乐业大石围天坑群国家地质公园位于乐业县同乐镇，面积175km²，为世界第二大天坑，为石灰岩溶蚀形成的大规模竖井，长约600m，宽约420m，深度约613m，天坑中生长茂密的地下原始森林，发育典型，形态壮丽，被岩溶地质专家称为世界第一天坑群，也被誉为"天坑博物馆"。

【峡谷类】

四川乐山大渡河峡谷国家地质公园（2002年批准）

乐山大渡河峡谷国家地质公园

乐山大渡河峡谷国家地质公园位于乐山市西南大渡河段，以大渡河大峡谷和大瓦山玄武岩地质地貌为特色，集峡谷、急流、奇峰、湖泊、典型地质剖面、珍稀动植物、历史文化古迹和藏族民族风情于一体。大峡谷东西长17km，最大谷深2 690m，总面积约404km²。

中国主要的国家级自然保护区 —— 自然保护区

森林生态系统类保护区

草原与草甸生态系统类保护区

荒漠生态系统类保护区

内陆湿地生态系统类保护区

海洋海岸生态系统类保护区

野生动物类保护区

野生植物类保护区

地址遗迹类保护区

古生物遗迹

自然保护区

✤ 自然保护区

自然保护区是指对有代表性的自然生态系统，珍稀濒危野生动植物物种的天然集中分布区和有特殊意义的自然遗址等保护对象所在的陆地、水体或海域，依法划出一定的面积，予以特殊保护的管理区域。

自然保护区往往是一些珍贵、稀有的动植物物种的集中分布区，候鸟繁殖、越冬或迁徙的停歇地，以及某些饲养动物和栽培植物野生近缘种的集中产地，具有典型性或特殊性的生态系统。保护区要求在不影响保护的前提下，把科学研究、教育、生产和旅游等活动有机地结合起来，使它的生态效益、社会效益和经济效益都得到充分展示。

根据《中华人民共和国自然保护区条例》，凡符合下列条件之一者应设立自然保护区：（1）典型的自然地理区域，有代表性的自然生态系统区域，或已经遭受破坏但保护能够恢复的同类自然生态系统区域；（2）珍稀、濒危野生动植物物种的天然分布区域；（3）具有特殊保护价值的海域、海岸、岛屿、湿地、内陆、水域、森林、草原和荒漠；（4）具有重大科学价值的地质构造、著名溶洞、化石分布区、冰川、火山、温泉等自然遗产；（5）经国务院或省、自治区、直辖市人民政府批准，需要予以特殊保护的其他自然区域。

自然保护区分类

类别	类型	保护对象
自然生态系统类	森林生态系统	保护地带性或区域性森林群落及其生态系统
	草原与草甸生态系统	保护地带性草原和非地带性草甸及其生态系统
	荒漠生态系统	保护荒漠地域生态系统
	内陆湿地及水域	保护内陆各种水域及其水生生态系统
	海洋海岸生态系统	保护海洋水域及滨海地域及其海洋、海岸生态系统

野生动植物类	野生动物	保护珍稀动物物种及其栖息环境
	野生植物	保护珍稀、孑遗或有特殊价值的野生植物物种及其生境
自然遗迹类	地质遗迹	保护重要地质活动、地质事件的遗迹及其特殊地貌景观
	古生物遗迹	保护古生物演变、生长、繁衍等活动遗迹

中国自然保护区徽标

中国自然保护区徽标为圆形，以绿色为主色调，象征着绿色的自然生态环境。主体前景是一双手，背景是地球的图形。通过相互交握的手，利用明暗以及色彩的差异，勾勒出一条由远及近奔腾不息的河流。远处的蓝天一望无际，近处的绿地欣欣向荣，体现了自然环境的优美和谐。双手体现出保护的含义，表达了自然保护需要人人参与的深层含义。标识周边是自然保护区的中英文名称，底纹用中国传统图案云水纹作为装饰，强调了地域性和唯一性。

中国自然保护区徽标

世界人与生物圈保护区网络

生物圈保护区，是根据"世界生物圈保护区网络章程框架"设立，在联合国教科文组织"人与生物圈计划"范围内得到国际上承认的自然保护区。生物圈保护区组成的世界范围网络，称为"世界人与生物圈保护区网络"。人与生物圈计划已有100多个国家参加。中国于1972年参加这一计划并当选为理事国，1978年成立了中华人民共和国人与生物圈国家委员会。到2009年8月，中国已有28个自然保护区被纳入了世界人与生物圈保护区网络。

中国国家级自然保护区

根据《中华人民共和国自然保护区条例》，我国的自然保护区分为国家级自然保护区和地方级自然保护区。国家级自然保护区由所在省、自治区、直辖市人民政府或国务院有关自然保护区行政管理部门提出申请，经国家自然保护区评审委员会评审，由国务院环境保护行政主管部门进行协调并提出审批建议，报国务院批准公布。国家级自然保护区由所在省级人民政府有关部门或国务院有关部门管理，设立专门管理机构，配备专业技术人员，负责具体的管理工作。

中国主要的国家级自然保护区

1956年批准建立的广东肇庆鼎湖山自然保护区，是我国第一个国家级自然保护区。截至2008年年初，中国自然保护区数量已达到2 531个（不含港澳台地区），总面积151.88万km^2，约占我国陆地领土面积的15.19%。在现有的自然保护区中，国家级自然保护区303个，占保护区总数的11.97%，面积93.66万km^2，约占我国陆地领土面积的9.8%。保护对象涉及各类自然生态系统和珍稀动植物物种及其栖息和生长环境，有效地遏制了自然生态环境的继续恶化，濒危的动植物种群得到了保护并有所恢复，自然保护事业获得了极大的发展。

【森林生态系统类保护区】

吉林长白山自然保护区

长白山自然保护区位于安图、抚松、长白3县交界处，面积2 000km^2，主要保护对象为中温带山地森林生态系统、自然历史遗迹和珍稀动植物，自下而上有4个垂直结构明显的自然景观带。长白山的植物多达1 400多种，有“温带生物资源基因库”之称，野生动物有400多种。主要珍稀动植物有东北虎、梅花鹿、紫貂、金钱豹、红松、长白落叶松等。1980年被纳入“世界人与生物圈保护区网络”。

长白山自然保护区
——天池及高山草甸

内蒙古赛罕乌拉自然保护区

赛罕乌拉自然保护区位于巴林右旗的北部，面积1 004km^2，是一个以内陆中温带森林生态系统保护为主，同时保护草原、湿地生态系统及珍稀动植物的自然保护区。区内有野生维管束植物85科319属665种，其中国家保护植物9种。有哺乳动物6目14科37种，其中3种为国家二级保护哺乳动物。鸟类17目46科148种，列为国家重点保护的有28种。2002年被纳入“世界人与生物圈保护区网络”。

赛罕乌拉国家级自然保护区
——草原及湿地

湖北神农架自然保护区

神农架自然保护区位于房县、兴山、神农架3县（林区）境内，面积740km²，主要保护对象为北亚热带山地森林生态系统及特有、珍稀物种。神农架以峰、垭、云；洞、树，号称"神农五奇"，有32种树为国家重点保护植物，有33种树系神农架所特有。动物有570多种，昆虫27目，约占全国昆虫种类的81.8%。1989年被纳入"世界人与生物圈保护区网络"。

神农架自然保护区

河南宝天曼自然保护区

宝天曼自然保护区位于南阳市内乡县，面积120km²，属北亚热带和暖温带森林生态系统类型自然保护区，区内共有植物2 911种，被誉为"天然的特种宝库""植物王国"。其中国家保护的珍稀濒危植物29种，已发现的动物种类260余种，有30余种动物已列入国家重点保护动物。2001年被纳入"世界人与生物圈保护区网络"。

宝天曼自然保护区——山地森林

贵州茂兰自然保护区

茂兰自然保护区位于荔波县境内，面积200km²，主要保护对象为中亚热带喀斯特森林生态系统和珍稀濒危野生动植物。2007年获联合国教科文组织审定为世界自然遗产，是"中国南方喀斯特"世界自然遗产的组成部分，是我国亚热带乃至世界上同纬度地区残存下来的、绝无仅有的一片十分集中且原生性强又比较稳定的喀斯特森林生态系统。1996年被纳入"世界人与生物圈保护区网络"。

茂兰自然保护区——喀斯特森林

广东鼎湖山自然保护区

鼎湖山自然保护区位于肇庆市境内，是1956年我国建立的第一个自然保护区，是全球17个热带生态系统定位研究站中最靠北的一个，面积为11.4km²，主要保护对象是南亚热带常绿季雨林生态系统，被誉为北回归线上的"绿色宝库"。保护区有植物2 400多种，动物250多种。珍稀植物有木荷、乌榄、格木、子京、苏铁、桫椤，珍稀动物有苏门羚、白鹇等。1980年被纳入"世界人与生物圈保护区网络"。

鼎湖山自然保护区——鼎湖

云南西双版纳自然保护区

西双版纳自然保护区位于西双版纳傣族自治州，面积2 000km²，是我国热带森林生态系统和多种动植物的综合自然保护区。这里的高等植物有4 000多种，属于国家重点保护的一、二类植物几乎有一半分布在这里。动物以鸟类最丰富，有400多种，占全国鸟类总数的1/3。1992年被纳入"世界人与生物圈保护区网络"。

西双版纳自然保护区景观图

海南尖峰岭自然保护区

尖峰岭自然保护区位于海南岛西南部乐东黎族自治县境内，面积约1 600公顷，保护对象主要是热带原始雨林和栖息于此的长臂猿、孔雀雉等珍稀动物，是我国现存面积最大、保存最好的热带原始森林。保护区内植被类型齐全且成系列，野生物种丰富，有国家重点保护植物32种，又有多达20余种罕见的国家级保护动物。保护区蝴蝶资源特别丰富，种数多达449种，居中国自然保护区之冠。

尖峰岭自然保护区

新疆博格达峰自然保护区

博格达峰自然保护区位于新疆中部天山东段，由天池自然保护区和中国科学院阜康荒漠生态站两部分组成，主要保护中温带山地垂直地带生态系统。植被垂直分布明显，自上而下可分为6个自然景观垂直带。雪山、森林、草原、荒漠、绿洲、天池及天鹅、雪鸡、雪豹等濒危动物在保护区聚集，对于我国内陆山地生态系统的研究意义重大。1990年被纳入"世界人与生物圈保护区网络"。

博格达峰自然保护区——草原雪峰

西藏珠穆朗玛峰自然保护区

珠穆朗玛峰自然保护区位于西藏自治区西南隅，是世界上海拔最高的自然保护区，面积33 819km²，主要保护对象为极高山、高山、高原生态系统。区内划分为七个核心保护区和五个科学实验区。国家一级重点保护动物有长尾叶猴、熊猴等，国家重点保护植物有长蕊木兰、西藏延龄草等。其中特有种雪豹已被列为珠穆朗玛峰自然保护区标志性动物。2004年被纳入"世界人与生物圈保护区网络"。

珠穆朗玛峰自然保护区
——珠峰

四川亚丁自然保护区

亚丁自然保护区位于稻城县，面积7 323km²，主要保护极高山、高山自然生态系统以及境内丰富的动植物资源、复杂多样的生物基因、罕见的自然景观。独特的地质、地貌与气候条件，使亚丁自然保护区至今还保存着原始状态的自然生态系统，成为世界上非常重要的地质历史博物馆和物种基因库。区内有高等植物1 151种，有野生动物约200种。2003年被纳入"世界人与生物圈保护区网络"。

亚丁自然保护区——高山生态

【草原与草甸生态系统类保护区】

锡林郭勒草原自然保护区——温带草原

内蒙古锡林郭勒草原自然保护区

锡林郭勒草原自然保护区位于锡林浩特市境内，面积10 786km²，主要保护对象为温带疏林草原、温带典型草原和温带草甸草原生态系统。锡林郭勒草原是我国乃至亚欧大陆典型的温带草原生态系统，极好的展示了草原生态系统的经度地带性变化。区内草类资源丰富，是我国和世界的第一个草地类型的自然保护区。代表性植物有：沙地云杉、药用植物大针茅、狐芽、冰草、艾蒿、黄芪、甘草等。1987年被纳入"世界人与生物圈保护区网络"。

青海三江源自然保护区

三江源自然保护区位于青藏高原的腹地，面积302 500km²，是世界上海拔最高、面积最大、类型最丰富的自然保护区，是世界高海拔地区生物多样性特点最显著的地区，被誉为高寒生物自然种质资源库，为中亚高原高寒环境和世界高寒草原的典型代表。区内国家保护植物有3种，国家重点保护动物有69种。

青海三江源自然保护区

【荒漠生态系统类保护区】

宁夏沙坡头自然保护区

沙坡头自然保护区位于中卫市境内、腾格里沙漠南端，面积137km²，主要保护对象为温带沙漠自然生态系统，保护特有的沙地野生动物、植物及其生存繁衍的环境。区内种子植物有453种，其中裸果木、沙冬青等11种为国家重点保护植物；脊椎动物有145种，昆虫有800多种，其中黑鹳、金雕、岩羊等12种为国家重点保护动物，具有重要的保护和科研价值。

沙坡头自然保护区——腾格里沙漠沙丘

【内陆湿地生态系统类保护区】

湖北洪湖湿地自然保护区

洪湖湿地自然保护区——野生鸟类

洪湖湿地自然保护区位于荆州市境内，面积370km²，是我国内陆湿地系统保存较为完好、水质优良的大型淡水湖区，主要保护对象为水生、陆生生物及生态环境共同组成的湿地生态系统、淡水资源和生物种群的多样性。区内有各种植物472种，各类动物774种，其中白鹳、黑鹳、中华秋沙鸭、水杉等动植物均被列入国家重点保护动植物名录。洪湖湿地也被誉为"鱼米之乡""世界濒危物种的重要栖息地"。

【海洋海岸生态系统类保护区】

海南大洲岛自然保护区

大洲岛自然保护区位于万宁市东部的海面上，面积70km²，主要保护金丝燕及海洋海岛生态系统。大洲岛属热带季风性气候，为我国仅存的金丝燕栖息地。该保护区的建立，对保护和恢复金丝燕种群以及近海海洋生态系统的保护，都有着重要意义。大洲岛附近海域水质奇优，透明度达20余米，是天然的海水浴场。

大洲岛自然保护区
——珊瑚礁

【野生动物类保护区】

四川卧龙自然保护区

卧龙自然保护区位于汶川县境内，面积2 000km²，主要保护大熊猫等珍稀动物及其西南高山林区自然生态系统。卧龙自然保护区以"熊猫之乡""宝贵的生物基因库"享誉中外。这里从山麓到山顶形成了五个完整的垂直分布带谱。主要珍稀动植物有大熊猫、金丝猴、羚羊、小熊猫、白唇鹿、四川红杉、岷江柏、独叶草等。1980年被纳入"世界人与生物圈保护区网络"。

卧龙自然保护区
——野生大熊猫

陕西佛坪自然保护区

佛坪自然保护区位于佛坪县西北部，面积290km²，主要保护对象为大熊猫及其栖息地。保护区内动植物种类繁多，有高等植物1 583种，其中有太白红杉、秦岭冷杉、独叶草等22种国家重点保护珍惜植物；有大熊猫、金丝猴等国家保护动物43种。秦岭南坡是野生大熊猫分布的最北区域，佛坪自然保护区是秦岭大熊猫分布的中心地区，也是全国三个重点大熊猫自然保护区之一。2004年被纳入"世界人与生物圈保护区网络"。

佛坪自然保护区
——大熊猫

陕西洋县朱鹮自然保护区

洋县朱鹮自然保护区位于洋县的秦岭南坡浅山丘陵区，面积375km²，主要保护对象为朱鹮及其栖息地。洋县是世界上唯一的朱鹮野生繁殖地域。自1981年5月在洋县境内重新发现世界上唯一幸存的7只野生朱鹮种群以来，经过不懈的努力，野生朱鹮种群的总数量已增加到300余只，开始向周边区域人工放飞，是世界上抢救和保护濒危物种的成功范例之一。

洋县朱鹮自然保护区——朱鹮

江苏盐城沿海滩涂珍禽自然保护区

盐城沿海滩涂珍禽自然保护区位于盐城市东部沿海，面积4 530km²，主要保护对象为丹顶鹤等珍禽及滩涂湿地生态系统。这里有盐蒿滩、草滩、芦苇沼泽7万多公顷，为鸟类提供了良好的栖息地，是全球最大的丹顶鹤越冬地（最多时有1 000多只），也是我国沿海最大的一块滩涂湿地。珍稀动物除丹顶鹤外，还有白鹳、白鹤、白肩雕、白头鹤、白枕鹤、黑鹤、灰鹤、天鹅等。1992年被纳入"世界人与生物圈保护区网络"。

盐城沿海滩涂珍禽自然保护区
——丹顶鹤群

【野生植物类保护区】

贵州梵净山自然保护区

　　梵净山自然保护区位于江口、印江、松桃三县交界处，面积410km²，拥有亚热带完整生态系统，主要保护黔金丝猴和珙桐等珍稀动植物。梵净山有世界上同纬度保存最完好的原始森林，14亿—10亿年前的古老地层，繁衍着2 600多种生物，其中不乏7 000万—200万年前的古老动植物种类，成为人类难得的生态王国。1986年被纳入"世界人与生物圈保护区网络"。

梵净山自然保护区——珙桐

黑龙江丰林自然保护区

　　丰林自然保护区位于伊春市，面积184km²，主要保护对象为原始红松母树林。这里有植物2 000多种，其中一半为东亚特有种，如红松、沙冷杉、臭冷杉、红皮云杉等。利用价值最大的是红松，而其自然生长需100年—200年时间才能达到20m～30m高，因而成为丰林主要保护对象。1997年被纳入"世界人与生物圈保护区网络"。

丰林自然保护区——红松纯林

南麂列岛自然保护区——海湾

浙江南麂列岛自然保护区

　　南麂列岛自然保护区位于平阳县东南海面，主要保护对象是海洋贝藻类及其海洋生态环境。保护区陆域面积11.1km²，由大小52个岛屿组成。列岛风光秀丽，有各类景观180多处，宽广的大沙岙沙滩，三盘尾的天然草坪，巧夺天工的天然壁画，风浪雕蚀的奇特礁石，令人神驰的鸟岛、蛇岛、蜈蚣岛、水仙花岛各具特色。1997年被纳入"世界人与生物圈保护区网络"。

新疆甘家湖梭梭林自然保护区

　　甘家湖梭梭林自然保护区位于乌苏、精河两县（市）境内，面积1 040km²，主要保护对象为干旱环境下的梭梭林生态系统。保护区保存有世界上最完整的、面积最大的原始白梭梭林，其控制范围内覆盖物种超过270种，其中濒危物种达32种，野生植物有43科，以藜科、十字花科、菊科、蓼科、柽柳科、禾本科、豆科等种类多，占优势。

甘家湖梭梭林自然保护区

【地质遗迹类保护区】

陕西太白山自然保护区

　　太白山自然保护区位于太白、周至、眉县3县交界处，太白山体上部，总面积569km²，主要保护第四纪冰川遗迹及暖温带森林生态系统。太白山为秦岭最高峰，海拔3 767m，3 000m以上有明显古冰川活动遗迹，在高山区遗留下来了多种冰川地貌，如冰蚀湖、冰碛物、石海等。区内动植物种类繁多，资源丰富，现有种子植物1 550种，苔藓植物300余种，其中特有种150多种。有兽类60多种，鸟类230种，昆虫1 435种，国家级保护动物10多种。

太白山自然保护区
——大爷海（冰蚀湖）

【古生物遗迹】

河南南阳恐龙蛋化石群自然保护区

　　南阳恐龙蛋化石群自然保护区位于南阳市西峡县，面积780km²，区内恐龙蛋化石群分布之广、窝穴之密、年代之久、数量品种之多、保存之完美、类型之多样、含蛋层数之多、成窝性之好，以及恐龙蛋共生的特点，堪称世界之最。已查明有8科12属25种之多，占世界已知50种恐龙蛋化石的一半，是世界上罕见的古生物地质遗迹奇观和自然历史宝库中的珍品。

南阳恐龙蛋化石群自然保护区
——长形恐龙蛋化石

中国湿地保护区

湿　地

中国第一批国际重要湿地

中国第二批国际重要湿地

中国第三批国际重要湿地

中国第四批国际重要湿地

中国湿地保护区

❖ 湿地

湿地是指天然或人工的、永久性或暂时性的沼泽地、泥炭地和水域，蓄有静止或流动、淡水或咸水水体，包括低潮时水深浅于6m的海水区。另外，还包括了临近湿地的河滨和海岸地区，以及岛屿或湿地范围内低潮超过6米的海域。

中国湿地面积非常广阔，从热带到寒温带、从沿海到内陆、从平原到高原山区，都有湿地分布，总面积在6 500万公顷以上，位居亚洲第一位、世界第四位。湿地拥有众多野生动植物资源，是许多珍稀水禽的繁殖和迁徙地；湿地还有强大的生态净化作用。因此湿地有"地球之肾"的美名。

中国重要湿地分布图

沼泽湿地 　　　　　　　　　　河流湿地 　　　　　　　　　　湖泊湿地

湿地的分类

　　湿地基本上分五大类：近海及海岸湿地、河流湿地、湖泊湿地、沼泽湿地、库塘湿地。

　　中国近海与海岸湿地主要分布于沿海的11个省（自治区、直辖市）和港澳台地区，包括浅海滩涂、珊瑚礁、河口水域、三角洲、红树林等湿地生态系统；河流湿地包括永久性河流湿地、季节性或间歇性河流湿地和泛滥平原湿地；湖泊湿地有永久性淡水湖湿地、季节性淡水湖湿地、永久性咸水湖湿地和季节性咸水湖湿地；沼泽湿地主要分布在东北三江平原和青藏高原等地；库塘湿地属于人工湿地，是为灌溉、水电、防洪等目的而建造的人工蓄水设施而形成的湿地。

湿地生物多样性

　　湿地是地球上生物多样性最丰富的区域之一。中国湿地动植物物种极为丰富。据调查估计，有湿地哺乳动物65种、湿地鸟类300种、爬行类50种、两栖类45种、鱼类1 040种。中国湿地还有许多高等植物1 548种，包括被子植物1 332种、裸子植物10种、蕨类植物39种和苔藓植物167种。中国湿地生物中包括有许多濒危、珍贵和稀有、特有物种，如白鱀豚、白鲟、丹顶鹤、扬子鳄、水松等。中国正在致力于湿地的保护，先后划建了一批湿地类型自然保护区，提出了湿地生物多样性的保护对策。

丹顶鹤

扬子鳄

✤ 中国第一批国际重要湿地

1992年，中国有6个湿地型自然保护区被列入国际重要湿地名录，它们是：黑龙江扎龙自然保护区、青海鸟岛自然保护区、海南东寨港红树林自然保护区、江西鄱阳湖自然保护区、湖南东洞庭湖自然保护区和吉林向海自然保护区。1997年香港回归后，米埔—后海湾湿地成为中国的第7个国际重要湿地。

扎龙自然保护区
——河流湿地及丹顶鹤

青海鸟岛自然保护区

鸟岛自然保护区位于青海湖西部，地处布哈河口，面积536km^2。布哈河是青海湖湟鱼每年溯流产卵繁殖的主要河道，为鸟类提供了丰富的食物。春天成群结队的候鸟返回故乡，在鸟岛上营巢产卵，孵幼育雏。主要的4种大型水鸟鱼鸥约9 000多只，鸬鹚近5 000只，斑头雁12 100余只、棕头鸥21 300多只。迁徙途径此区停歇的水禽有近20种，数量达7万多只。冬季有大天鹅在此越冬，数量最多时达1 540多只。

黑龙江扎龙自然保护区

扎龙自然保护区位于乌裕尔河（嫩江支流）下游，齐齐哈尔市东南30km，面积约2 100km^2，这里河道纵横，湖泊沼泽星罗棋布，湿地生态保持良好。保护区内有多种高等植物67科468种、鱼类9科46种、鸟类48科260多种，主要的保护对象是丹顶鹤、白枕鹤及其他野生珍禽，被誉为鸟和水禽的"天然乐园"。

鸟岛自然保护区

吉林向海自然保护区

向海自然保护区位于吉林省通榆县，面积1 054.67km^2，发源于大兴安岭南麓的霍林河流到这里，河水漫散，形成了大面积芦苇沼泽湿地。夏季这里一派生机，草原、湖泊、沼泽、沙丘、榆林、灌丛交错相映，鱼虾畅游，水禽嬉戏，还有上万公顷国家一级保护植物蒙古黄榆，有丹顶鹤、白鹤、蓑羽鹤、东方白鹳、大鸨等多种国家重点保护动物。

向海自然保护区
——丹顶鹤雏鸟

鄱阳湖自然保护区

鄱阳湖自然保护区位于江西省永修县境内，面积约224km²。受修河水系和赣江水系影响，枯水期水落滩出，形成草洲河滩与9个独立的湖泊，丰水期溶为一体形成一片汪洋。湖泊中有122种鱼类，是迁徙水禽及其重要的越冬地，保护区共有鸟类近250种，其中水禽108种。据1998年冬观测，越冬的候鸟近10万只，其中白鹤1 500多只、白枕鹤1 000多只、小天鹅2 000多只、白琵鹭2 000多只、雁鸭类各3万多只。

鄱阳湖自然保护区——湿地鸟群

米埔—后海湾国际重要湿地

米埔—后海湾湿地位于香港西北部，面积15.4km²，是中国南方典型的河口红树林滩涂湿地生态系统。保护区水深一般不超过6m，潮汐退却时显露大片滩涂，为迁徙水禽保留了优良的天然觅食地。区内还保留着基围虾塘，既是传统滨海养殖方式，也为大量迁徙过境的候鸟提供了充足的食物。这里是人工湿地与自然生态环境和谐共存、相互补充的典型湿地保护模式。

米埔—后海湾国际重要湿地——红树林

海南东寨港自然保护区

东寨港自然保护区位于海南省琼山县，面积54km²，主要保护对象是以红树林为主的北热带边缘河口港湾和海岸滩涂生态系统及越冬鸟类栖息地。有红树林植物26种，半红树林和红树林伴生植物40种，占中国红树林植物种类的90%。该地栖息的鸟类有159种，其中列为中澳保护候鸟协定有35种，列入中日保护候鸟协定有75种，是国际性迁徙水禽的重要停歇地和连接不同生物区界鸟类的重要环节。

东寨港自然保护区——红树林

✳ 中国第二批国际重要湿地

2002年，我国申报的第二批国际重要湿地中，有14处湿地被批准列入国际重要湿地名录，它们是：黑龙江洪河自然保护区、黑龙江三江自然保护区、黑龙江兴凯湖自然保护区、内蒙古达赉湖自然保护区、内蒙古鄂尔多斯自然保护区、辽宁大连斑海豹自然保护区、江苏大丰麋鹿自然保护区、江苏盐城沿海滩涂珍禽自然保护区、上海崇明东滩自然保护区、湖南南洞庭湖自然保护区、湖南西洞庭湖自然保护区、广东湛江红树林自然保护区、广东惠东港口海龟自然保护区和广西山口红树林自然保护区。

黑龙江三江国家级自然保护区

三江国家级自然保护区位于黑龙江省抚远县，面积1 644km^2，是东北面积最大的高纬低地湿地，由黑龙江、乌苏里江水系交织而成，湖泊、岛屿星罗棋布，荒草、沼泽一望无际，是东北亚鸟类迁徙的重要通道。每年春季东方白冠、丹顶鹤等珍稀鸟类都会在此处繁衍栖息。区内野生植物资源也比较丰富，保留了三江平原原始野生生物特有的遗传基因。

三江国家级自然保护区——高纬湿地

黑龙江兴凯湖国家级自然保护区

兴凯湖国家级自然保护区位于密山市境内，面积2 224.88km^2，其草甸、沼泽、湖泊和森林组成了一个完整复杂的湿地生态系统，物种多样性十分丰富，几乎容纳了三江平原的所有重要物种。本区是南北候鸟迁徙的停歇地和留鸟的栖息地，鸟类有180余种，其中丹顶鹤、白鹤、天鹅、白枕鹤和白尾海雕等为国家重点保护野生动物，尚有本地区特有植物兴凯松。2007年被纳入"世界人与生物圈保护区网络"。

兴凯湖国家级自然保护区
——湿地植物与鸟类

内蒙古达赉湖国家级自然保护区

内蒙古达赉湖国家级自然保护区
——湿地鸟类

达赉湖国家级自然保护区位于满洲里市呼伦贝尔草原西部，面积7 400km²。该湿地是由达赉湖水系形成的集湖泊、河流、沼泽、灌丛、苇塘湿地为一体的综合性湿地生态系统，具有干旱草原区湿地的典型特征。保护区内有种子植物448种，鱼类30种，兽类35种，鸟类297种（包括丹顶鹤等国家一级保护鸟类8种，白琵鹭等国家二级保护鸟类28种）。2002年被纳入"世界人与生物圈保护区网络"。

辽宁大连斑海豹国家级自然保护区

大连斑海豹国家级自然保护区位于大连市长兴岛附近，是我国唯一国家级斑海豹自然保护区，面积117km²。长兴岛海域冰面宽阔，结冰时间长，鱼虾十分丰富，是斑海豹繁衍生息的天然港湾。在斑海豹不同的生命周期中，栖息环境条件不同：产仔时需要在浮冰上；换毛时需要岸滩或沼泽地；休息或晒太阳时需要在岩岸；捕食和交配是在水中进行。

大连斑海豹国家级自然保护区——斑海豹

江苏大丰麋鹿国家级自然保护区

江苏大丰麋鹿国家级自然保护区——麋鹿

大丰麋鹿国家级自然保护区位于江苏省大丰市东南，面积780km²，主要湿地类型包括滩涂、时令河和部分人工湿地，还有大量林地、芦荡、沼泽地、盐裸地和森林草滩。保护区里成群结队的珍禽飞鸟，碧波万顷的芦荡，构成了一幅令人陶醉的生态风景画。保护区有千余头麋鹿，俗称"四不像"，角似鹿非鹿，头似马非马，身似驴非驴，蹄似牛非牛，是我国的特产种，具有显著的生态、社会和经济价值。

惠东海龟自然保护区

广东惠东港口海龟国家级自然保护区

惠东港口海龟国家级自然保护区位于广东省惠东县境内，面积4km^2，是我国目前唯一的国家级海龟自然保护区。这里海底平坦，海水、沙滩环境质量良好，饵料丰富，一直以来是幼龟和雌龟栖息地，也是中国大陆唯一的绿海龟按期成批洄游产卵的场所。海龟属国家二级重点保护野生动物，该保护区的建立对保护和恢复海龟种群具有重要意义。

广西山口红树林国家级自然保护区

山口红树林国家级自然保护区位于合浦县，面积40km^2，保护区内分布着发育良好、结构典型、连片较大、保存较完整的天然红树林湿地，有红海榄、木榄等12种红树林植物，其中连片的红海榄纯林和高大通直的木榄在我国极为罕见。红树林中还栖息着儒艮、白海豚、文昌鱼、中国鲎、马氏珍珠贝、黑脸琵鹭、黑嘴鸥等多种海洋生物和鸟类。2000年被纳入“世界人与生物圈保护区网络”。

广西山口国家级自然保护区
——山口红树林

中国第三批国际重要湿地

2005年，我国申报的第三批国际重要湿地中，有9处被列入国际重要湿地名录，它们是：辽宁双台河口湿地国家级自然保护区、云南大山包湿地、云南碧塔海湿地、云南纳帕海湿地、云南拉什海湿地、青海扎凌湖湿地、青海鄂凌湖湿地、西藏麦地卡湿地和西藏玛旁雍错湿地。新的9处国际重要湿地中，7处分布于青藏高原地区，对高原生态系统以及全球生态系统建设有着重要的意义。

双台河口湿地国家级自然保护区
——双台河口湿地

辽宁双台河口湿地国家级自然保护区

双台河口湿地位于辽宁省辽东湾北部，面积约1 280km^2，平均海拔2m，是中国暖温带最年轻、最广阔、保护最完整的湿地，也是中国高纬度地区面积最大的芦苇沼泽区，属于河口湿地类型，拥有大面积的碱蓬、滩涂和浅海海域，是丹顶鹤、白鹤、黑嘴鸥及雁鸭类、鹭类及多种雀形目鸟类的栖息和繁殖地，也是全国斑海豹繁殖的最南限。

碧塔海

云南碧塔海湿地

　　碧塔海湿地位于云南迪庆藏族自治州，面积1 985公顷，平均海拔 3 568m，属于保存较为完整的封闭型高原淡水湖泊湿地。碧塔海湿地内分布着许多珍稀物种，是中甸叶须鱼、中甸重唇鱼等珍稀鱼类的栖息地，也是包括黑颈鹤在内的多种珍稀鸟类重要停歇地和越冬地。作为青藏高原的重要汇水区，对长江中下游蓄水防洪、调节水量平衡起着重要作用。

云南拉什海湿地

拉什海湿地

　　拉什海湿地位于我国著名的旅游胜地丽江古城附近，玉龙雪山脚下，面积3 560公顷，平均海拔3 100m，属沼泽、水面和湖周森林构成的高原淡水湖泊湿地类型，是黑颈鹤、斑头雁、大天鹅等国家重点保护野生动物的栖息地和越冬地。这里是我国新特有植物的中心区域，是云贵高原特有的海菜花群落分布上限地点，也是金沙江流域的汇水区，在保持水土、控制洪水方面发挥重要作用。

青海鄂凌湖湿地

　　鄂凌湖（藏语意为蓝色长湖）湿地位于青海省中南部，面积659.07km^2，平均海拔4 268m，是黄河源区第一大淡水湖，对调节黄河源头水量、滞留沉积物、净化水质、防洪蓄水和调节气候具有重要作用。鄂凌湖湿地是三江源自然保护区的核心区，属于高原淡水湖泊沼泽湿地。因进湖泥沙少，湖水呈青蓝色，湖中盛产冷水性无鳞鱼类，湖心小岛栖息着多种候鸟。

鄂凌湖湖滨牧场

西藏玛旁雍错湿地

玛旁雍错湿地位于西藏阿里地区，面积737.8km²，平均海拔4 700m，是地球上高海拔地区淡水蓄积最多的湖泊之一，也是西藏高原最具代表性的湖泊湿地。这里栖息着黑颈鹤、斑头雁等大量水禽，也是藏羚羊、野牦牛等珍稀野生动物种群向西藏喜马拉雅山脉迁徙的主要走廊之一，对维持当地生物多样性具有重要意义。

玛旁雍错湿地

❖ 中国第四批国际重要湿地

2008年我国申报的第四批国际重要湿地中，有6处被列入国际重要湿地名录，它们是：上海长江口中华鲟湿地自然保护区、广西北仑河口国家级自然保护区、福建漳江口红树林国家级自然保护区、湖北洪湖湿地省级自然保护区、广东海丰公平大湖省级自然保护区、四川若尔盖湿地国家级自然保护区。其中有4个地处我国东南部沿海，属于海岸湿地和河口湿地类型。

上海长江口中华鲟湿地国家级自然保护区

长江口中华鲟湿地位于上海市东北，地处长江入海口，面积约276km²。湿地内多为5米以内水深的咸淡水交汇水域，存在众多的沙质暗滩，是世界上最大的河口湿地之一，也是中国为数不多和较为典型的咸淡水河口湿地。该水域是中华鲟集中产卵及幼鱼生长的场所，也是其他鱼类洄游的重要通道和索饵产卵的重要场所，具有重要的科学研究和生态、文化、社会价值。

上海长江口中华鲟湿地自然保护区河口湿地

广西北仑河口国家级自然保护区

北仑河口自然保护区位于广西壮族自治区防城港市，南濒北部湾面积30km²。保护区湿地为滨海红树林湿地生态系统，分布有面积较大、连片生长的红树林群落，素有"海上森林"之称。保护区也是海洋生物生殖洄游、候鸟迁徙、海洋动物觅食、繁殖和栖息的重要场所，对维护南海海区的生态平衡和生物多样性有重要意义，对防止国土流失、保护领土和领海权益也具有非常重要的战略意义。

北仑河口国家级自然保护区
——滨海湿地

四川若尔盖湿地国家级自然保护区

若尔盖湿地自然保护区位于四川省西北部，面积1 665.70km²，是世界上面积最大、保存最完好的高原泥炭沼泽湿地，重点保护对象是高原高寒沼泽湿地生态系统及黑颈鹤，是世界上唯一的高原鹤类黑颈鹤在中国最集中的分布区和最主要的繁殖地之一，被誉为"中国黑颈鹤之乡"。作为重要的水源涵养区，黄河流经这里后，径流量大幅度地增加，有"中华水塔"和"中国西部高原之肾"之称。

若尔盖湿地

湖北洪湖湿地国家级自然保护区

洪湖湿地自然保护区位于洪湖市西南部，水域辽阔，水草丰茂，水质清澈，物产丰富，自古素有"鱼米之乡"的美誉。保护区面积348km²，是以保护湿地生态系统和生物多样性、未受污染的淡水资源为对象的湿地自然保护区。洪湖是众多湿地迁徙水禽的重要栖息地和越冬地，也是湿地生物多样性和遗传多样性重要区域，是长江中游华中地区湿地物种"基因库"。

洪湖湿地

森林公园

森林公园

中国国家级森林公园

山地山峰型国家森林公园

山地峡谷型国家森林公园

高原草原型国家森林公园

平原丘陵型国家森林公园

海滨海岛型国家森林公园

湖泊水库型国家森林公园

特殊地貌型国家森林公园

温泉瀑布型国家森林公园

植物种群型国家森林公园

风景园林型国家森林公园

人文历史型国家森林公园

SENLIN GONGYUAN

森林公园

✤ 森林公园

　　森林公园是依托森林景观、森林环境和生物多样性，具有优美自然风景、良好生态环境、丰富人文资源、科学教育价值和游览休憩价值的一定规模的林区地域，经过科学保护和适度建设，为人们提供旅游、观光、休闲和科学教育的特定场所。中国的森林公园由各级政府批建，以其优美的环境、奇特的风光、清新的空气满足了人们回归自然的渴望，激发起了人们对大自然热爱和保护的热情。此外，森林公园也是进行科学考察研究、科普教育活动的理想场所。

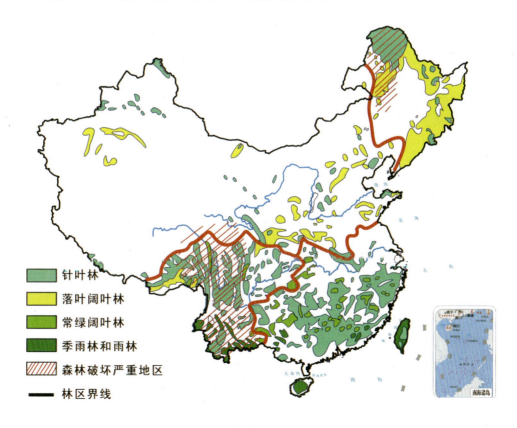

中国森林分布图

我国森林公园特点

我国的森林公园具有以下特点：（1）景观丰富性——拥有热带雨林、亚热带常绿阔叶林、温带落叶阔叶林、山地垂直林带等地带性森林景观，同时还有竹海、红树林、针叶林等特殊森林群落；（2）变化动态性——随四季的气候变化，森林景观具有明显的季相变化；（3）综合和谐性——往往拥有各种丰富的山景、石景、水景和珍稀动物，同时也有大量历史文化遗存和特色民俗风情，是自然与人文相互依存、和谐完美的具体体现。

我国森林公园类型

根据我国目前已建立的森林公园的分布区位和景观特色，大致可分为以下11种类型：山地山峰型、高原草原型、平原丘陵型、山地峡谷型、海滨海岛型、湖泊水库型、特殊地貌型、温泉瀑布型、植物种群型、风景园林型、人文历史型。另外还有依托于城市的城郊型森林公园、城区园林型森林公园等。

我国森林公园分区

根据《森林公园总体设计规范》（1996年）的要求，森林公园可以设计以下功能区：（1）游览区——由自然山水、特色森林组成的观光游览性旅游区域；（2）野营区——在平坦的林地之中设立的野营、露宿旅游活动区域；（3）生态保护区——用于水土保持、水源涵养、林种保护等生态保护功能区域；（4）商品生产区——用于森林种植、养殖、加工的商品生产区域；（5）生产经营区——用于林业的幼苗抚育、更新植树、封山育林的森林生产业经营区域；（6）狩猎区——用于狩猎旅游的区域；（7）游乐区——限于在城郊型森林公园内，适当建立的游乐、健身、运动等区域；（8）服务接待区——用于服务接待且设施集中布局的区域；（9）行政管理区——管理机构所在区域；（10）居民住宅区。

针叶林

阔叶林   混交林

❋ 中国国家级森林公园

　　我国的森林公园可分为三级：国家级森林公园、省级森林公园和市（县）级森林公园。国家级森林公园设立，由省级林业部门提出申请和相关材料，经国家林业局审查批准。批建条件是：森林景观特别优美，人文景观比较集中，观赏价值、科学价值和文化价值很高，具有一定的区域代表性，旅游服务设施齐全，享有较高的知名度。1982年8月31日，张家界成为我国第一个国家级森林公园。截至2008年年底，共有国家级森林公园709处，国家级森林旅游区1处，公园经营面积达到1 143万公顷。

❋ 山地山峰型国家森林公园

　　我国是一个多山的国家，山地山峰型国家森林公园众多，成为我国森林公园的主体，如黄山、恒山、嵩山、泰山、崂山、五台山、九华山、雁荡山、九嶷山、大别山等均批建为国家森林公园。山地山峰型国家森林公园，地形相对高差大，森林景观的立体性突出，垂直地带的变化明显，森林植被的类型多样，山、峰、谷、石景观组合完善，佛寺、道观、民居等历史文化遗存丰富，观赏价值和科学价值很大。

天津九龙山国家森林公园

　　九龙山国家森林公园是天津市面积最大的山地国家森林公园。公园东北部连绵耸立着九条山脊，恰似九龙聚首，故名九龙山。公园总面积2 126公顷，集古洞、幽林、奇峰、秀水为一体，森林环境优美，自然风光奇特，人文景观丰富。茂密的森林中栖息繁衍着400多种野生动物和昆虫。优美的森林环境使这里成为中小学生夏令营、登山比赛、军事训练、野生动植物考察实习等的理想境地。

九龙山国家森林公园

辽宁大孤山国家森林公园

　　大孤山国家森林公园位于辽宁省东沟县西南部，南濒黄海，面积466.67公顷，系长白山山脉和千山山脉的余脉。由于地壳变迁和千百万年的风剥雨蚀，呈现出奇峰深壑、怪石峻峭的奇丽景观，园内生长着松、柏、槐、杨等上百种树木，还栽有牡丹、樱花、丁香、迎春、海棠等数十种花卉。山景、海景、树景与别具风格的古建筑群等风光相呼应，呈现"山压河流""峰逼澜回"之山水胜境。

大孤山国家森林公园——古树

江西梅岭国家森林公园

梅岭国家森林公园位于南昌市西北郊，为中低山森林公园。百座山峰各具特色，"梅岭"翠竹生幽，"狮子峰"险峻难攀，"紫阳山"秀丽多姿，"罗汉岭"利于观景。梅岭以"盆景樟""石中兰""树生竹"为奇，被誉为"梅岭三绝"。传说这里是"九龙聚首，凤凰饮水"之地，"雄、秀、奇、幽"的山水和美丽的传说，以及多位历史名人的名篇佳作，给后人留下了丰富的自然、人文景观。

梅岭国家森林公园——翠竹溪流

坎布拉国家森林公园——丹霞山地

青海坎布拉国家森林公园

坎布拉国家森林公园位于青海省黄南藏族自治州境内，由山地、风蚀残丘、山间小盆地相间组成，以奇特的"丹霞"地貌、茂密的森林植被、古老的宗教文化、雄伟的电站大坝、绮丽的峡谷库区及独特的藏族风情所构成，集自然景观和人文景观于一身，是开展旅游、朝拜、观光、度假、野营和生态旅游的理想胜地。

❉ 山地峡谷型国家森林公园

山地峡谷型森林公园也分布于山区，但主要立地条件为沟谷地形，尤其是障谷、峡谷等封闭地形区。森林植被生长于谷地和两侧谷坡，景观视角较低，视野遮挡明显，无开阔远观之利，但倍显幽闭、幽深、幽郁、幽静、幽美、幽情。山地峡谷型国家森林公园主要有山西太行峡谷森林公园、辽宁天桥沟森林公园、黑龙江日月峡森林公园、浙江溪口森林公园、重庆小三峡森林公园、甘肃天祝三峡森林公园、陕西金丝大峡谷森林公园等。

山西太行峡谷国家森林公园

太行峡谷国家森林公园地处山西省南部的太行山地中，海拔800～1739m，相对高差达1 000m以上，森林覆盖率达74.9%。园内自然景观和人文景观资源十分丰

太行峡谷国家森林公园

富，有绿浪滔天的林海、刀削斧劈的悬崖、千姿百态的山石、如练似银的瀑布、碧波荡漾的深潭、雄奇壮丽的庙宇、引人入胜的溶洞号称"太行大峡谷"。此外，这里还有亚洲第一、世界一流的国际滑翔基地鲁班村南教场。

重庆小三峡国家森林公园

小三峡国家森林公园位于大宁河下游，由龙门峡、巴雾峡、滴翠峡三段峡谷组成。峡内有峻岭奇峰、激流险滩、飞瀑清泉、钟乳倒悬，还有谜存千古的巴人悬棺、船棺，以及古栈道、石孔等。这里独特的感受有四"趣"：峡壁擦身而过的幽深之趣；伸手可抚透绿河水的碧水之趣；观看猴子在两岸峡壁上攀越的动物之趣；观看古栈道与悬棺及古朴的民风、习俗的古风之趣。人与自然和谐相处，相依成趣。

小三峡国家森林公园

❖ 高原草原型国家森林公园

高原地形起伏较小，视野开阔，植被以草原为主，但在一些河道沟谷、缓丘山岭也有一定规模的森林植被分布，由此形成森林公园的立地基础。该类型国家森林公园，主要有内蒙古的海拉尔国家森林公园和乌素图国家森林公园，河北的木兰围场国家森林公园等。高原草原型森林公园，其乔木景观与草原景观相互配合，呈现出旷野之势，林木婆娑，草地如茵，令人顿生心旷神怡之感。

内蒙古海拉尔国家森林公园

海拉尔国家森林公园位于内蒙古海拉尔市西郊，在清朝曾被列为呼伦贝尔八景之一，是我国唯一以樟子松林天然景观为主体的国家级森林公园。夏天，这里有绿树、野果、山花；冬天，到处白雪皑皑、苍松挺立。园内有距今几千年前北方草原细石器时期文化遗址，对研究中国古人类的社会形态极具参考价值。还有侵华日军的工事遗址，作为历史的见证，这里已被批准为市级爱国主义教育基地。

海拉尔国家森林公园——樟子松林

木兰围场国家森林公园——森林草原

河北木兰围场国家森林公园

　　木兰围场国家森林公园位于承德北部，又名塞罕坝国家森林公园。原是清帝秋季围猎的场所，水草丰美、珍禽异兽众多；自然环境淳朴、野趣天成的旅游胜地。盛夏时节，这里气候清凉宜人，绿草如茵，鲜花似锦，游人在观光、骑马、采集鲜花、蘑菇之余，还可体验滑草的乐趣。隆冬时分，白雪皑皑，银装素裹，在林海深处，又是人们滑雪、狩猎的黄金季节。这里是"塞外九寨"，被誉为"中国秋季最美的地方"。

❖ 平原丘陵型国家森林公园

　　平原丘陵型国家森林公园主要分布于我国的东北平原、华北平原、长江中下游平原和江南丘陵地区，地势低平和缓，相对高差不大，水热条件优越，林木苍翠欲滴，成为平原丘陵区的"绿岛"。该类国家森林公园有江苏虞山森林公园、上海佘山森林公园、山东抱犊崮森林公园、山东黄河口森林公园、河南黄河故道森林公园、黑龙江乌苏里江森林公园等。

山东抱犊崮国家森林公园

　　抱犊崮国家森林公园位于枣庄市东北20km处，属于山东丘陵区。森林植被面积大，主要树种为侧伯、刺槐、楸树等珍贵树种和多种杂木树种。群山之中一峰突起，如擎天柱直插霄汉，这便是抱犊崮。相传昔有王老汉抱犊耕种其上，故名。抱犊崮绿树如茵，气候宜人，森林覆盖率65%，是国家重点防护林区域之一。园区内湿度大，含氧量高，负离子比重大，空气质量好，是不可多得的天然氧吧。

抱犊崮国家森林公园——丘陵森林

河南黄河故道国家森林公园

　　黄河故道国家森林公园位于商丘市以北11km处的黄河故道上，是我国罕见的平原人工林国家森林公园。环境优美，景色秀丽，碧水荡漾，清澈见底，鱼翔浅底，芦苇茂盛，一年四季候鸟栖息，成为独特的"北国

黄河故道国家森林公园

水乡"。故道南岸绵延横亘着被誉为"水上长城"的黄河故堤,平均高出地面13m,构成了独特的黄河"悬河"景观。

✤ 海滨海岛型国家森林公园

在特定的海洋环境影响下,海滨和海岛地区往往形成大面积生长的独特林带,如热带海岸的红树林、海南的椰林等森林景观。与此同时,为了防止海浪、海潮及其台风的影响,沿海防风林带的建设也取得了非凡的成绩。所以,沿海的天然林和人工林是创建海滨海岛型森林公园的景观基础。海滨海岛型森林公园,森林景观与蓝天白云、碧水阳光、沙滩岩礁相互组合,形成独特的海滨森林风景线。我国海滨海岛型森林公园主要有河北海滨森林公园、辽宁大连旅顺口森林公园和长山群岛森林公园、山东长岛森林公园、山东刘公岛森林公园、山东日照海滨森林公园、广东南澳海岛森林公园等。

辽宁大连长山群岛森林公园

大连长山群岛国家森林公园

大连长山群岛森林公园位于我国黄海北部海域,辽东半岛的东侧,由112个岛、坨、礁组成,是我国八大群岛之一。这里不仅森林景观优美,自然风光奇特,而且有清澈的海湾,平缓的沙滩,奇异的礁石,以及"海上日出""珠子拜年""龙兵过海""海市蜃楼"等壮丽景观。海岛上有由奇礁异石组成的海蚀、海积地貌景观。

广东南澳海岛森林公园

南澳海岛国家森林公园地处南澳岛西部,这里风光旖旎,景色秀美,最迷人之处是青澳湾,素有"东方夏威夷"之称。南澳岛有"海、山、史、庙"相互交叉的特色,蓝天、碧海、绿岛、金沙、白浪是南澳生态环境的主色调。园区有"天然植物园"和"候鸟天堂"之称的岛屿自然保护区,有亚洲第一岛屿风电场,还有总兵府、南宋古井、太子楼遗址以及众多的文史、古迹、寺庙等,构成了一道亮丽的海岛风景线。

南澳海岛国家森林公园——黄花山

❖ 湖泊水库型国家森林公园

湖泊水库型森林公园，是依托大面积的内陆天然水面或人工水面而创建的森林公园。湖滨地带或库区周围，往往山峦起伏，水热组合较好，有利于森林植被的生长。湖光山色，山湖叠影，林木倒映，碧波荡漾，大面积水体的存在使森林景观更多了灵性和层次。该类型的国家森林公园有内蒙古达尔滨湖森林公园、吉林净月潭森林公园和松花湖森林公园、江苏太湖西山森林公园、浙江千岛湖森林公园、江西鄱阳湖森林公园、河南铜山湖森林公园、西藏巴松湖森林公园、新疆天池森林公园等。

吉林松花湖国家森林公园

松花湖地处长白山山脉的西侧，是丰满水电站形成的人工湖，全长180km，呈狭长形，两岸地形极为复杂，沟叉港湾众多，百里湖区蜿蜒曲折，形如一条由东南向西北闪光的巨龙，卧于吉林大地上。湖岸水洗风沐，漾红溢绿，蓝天碧水，白帆点点，鱼越平湖，鸟鸣长天。周围森林茂密，野生动物资源丰富。湖中渔产丰饶，以白鱼、鲫鱼尤为著名。这里还有全国最大的冰雪运动训练基地——青山滑雪场。

天池国家森林公园

新疆天池国家森林公园

新疆天池是一个天然高山湖泊，处于天山东段最高峰博格达峰下，湖水清澈，晶莹如玉，群山环抱，绿草如茵，素有"天山明珠"盛誉。走进天池湖畔茂密的原始森林，只见苍劲挺拔、郁郁葱葱的雪岭云杉，在人们头顶上撑起了一把墨绿色的巨伞。天池是野生动植物的乐园，这里生长着有雪莲、党参、贝母等药用植物，栖息着雪豹、北山羊等国家一级保护动物。

松花湖国家森林公园

❈ 特殊地貌型国家森林公园

特殊地貌型森林公园，创建于我国的一些奇特地貌类型区域，如岩溶地貌大型竖井（天坑）形成的地下森林、火山地貌的火山口森林、丹霞地貌的赤壁城堡森林、石英砂岩地貌的峰林森林、花岗岩地貌的崖壁森林等。特殊地貌型国家森林公园主要有黑龙江火山口森林公园、河北磬槌峰森林公园、湖南天门山森林公园、湖南张家界森林公园、海南火山森林公园、广西黄猿洞天坑森林公园、新疆科桑溶洞森林公园等。

黑龙江火山口森林公园

火山口国家森林公园位于黑龙江省宁安市境内，园区面积8 965公顷，其中水面417公顷，是一个以湖光山色为主的自然风光旅游胜地。有7个直径大小不等的火山口及岩浆流淌形成的地下溶洞群，在火口内形成的阔叶红松林俗称"地下森林"。这里有鸟类、兽类数十种。生长的荷花被专家确定为黑龙江红莲，距今已有1.35亿年，被称为"生物界的活化石"。

黑龙江火山口国家森林公园
——火山口

广西黄猿洞天坑国家森林公园

黄猿洞天坑国家森林公园位于广西乐业县境内，是集天坑、溶洞、森林、兰花、瀑布于一体，具有"奇、秀、幽、野"等特色的森林公园。公园获得"中国兰科自然保护区""中国青少年科学考察探险基地""中国兰花之乡""中国兰科植物研究基地"和"国际岩溶与洞穴科考探险基地"等称号，是浏览观光、休闲度假、天坑攀岩、科普考察最为理想的场所。

黄猿洞天坑国家森林公园
——"地下森林"

❖ 温泉瀑布型国家森林公园

温泉瀑布型森林公园不仅拥有茂密的森林植被和植物景观，而且拥有动感极强、神奇有趣、吸引眼球的瀑布、喷泉等水体景观，不仅增加了森林公园的观赏价值，而且还可以具备健身康体、疗疾治病的特殊功效，使森林公园旅游的内容更加丰富，参与性和体验性更强。温泉瀑布型国家森林公园的代表有海南蓝洋温泉森林公园、广西九龙瀑布群森林公园、广西龙胜温泉森林公园、陕西太平森林公园等。

海南蓝洋温泉国家森林公园

蓝洋温泉国家森林公园位于海南儋州市，面积5 660.3公顷。由莲花岭等数十座形貌奇特的山峦环抱，峰岭起伏、层峦叠嶂、沟谷纵横，裸露的岩石奇形异状、千姿百态，引人遐想。热带季雨林、次生阔叶林、各类经济林、果木林等植被丰富多彩。公园境内莲花山中溪泉密布，水潭众多，瀑布气势磅礴。莲花山下的蓝洋温泉有10多处自然泉眼、日流量800万kg以上，水温40℃~93℃，无色无味无毒，含有多种对人体有益矿物质，可防治多种疾病。

蓝洋温泉国家森林公园

广西九龙瀑布群国家森林公园

九龙瀑布群国家森林公园位于东距南宁118km的镇龙山山麓。九龙瀑布以"群"为特色，园区内水源极为丰富，终年流水不断，汇流成瀑，形成大大小小共20多处瀑布。得天独厚的地质构造和水流的长期侵蚀，形成了各显丰姿的瀑与瀑之间的无数浅滩和深潭，这里山雄瀑奇、谷幽林茂，空气清新湿润，游人漫步林间，可以领略到原始古朴的风情，体味到大自然母亲怀抱的温馨，是人们避暑、观光、游览、探险、度假的好地方。

九龙瀑布群国家森林公园

植物种群型国家森林公园

植物种群型森林公园是依托某些特殊的植物群落创建的森林公园。这些森林公园一方面可以向游客展示十分壮观的纯种森林景观；另一方面对于物种的研究和保护有着十分重要的价值。国家森林公园中，对于珍贵植物种群的保护内容很多，代表性的如贵州百里杜鹃森林公园、贵州茶山竹海森林公园、新疆塔里木胡杨森林公园、内蒙古额济纳胡杨森林公园等。

贵州百里杜鹃国家森林公园

百里杜鹃国家森林公园位于贵州西北部黔西、大方两县交界处，是迄今为止中国已查明的面积最大的天然杜鹃林带，被誉为“世界上最大的天然花园”。每年3月下旬至4月末，各种杜鹃花先后开放，漫山遍野，千姿百态，铺山盖岭，色彩缤纷。其品种之多，分布之密集，美学价值、观赏价值之高，艺术感染力之强，为中国乃至世界罕见。百里杜鹃不仅是杜鹃花的世界、杜鹃花的海洋，也是参天古树云集、山水林洞辉映、珍禽异兽栖息、民族风情浓郁的原始森林园区。

百里杜鹃国家森林公园——杜鹃盛开

新疆塔里木胡杨森林公园

塔里木胡杨森林公园——胡杨林

在我国最长的内陆河塔里木河畔，分布着世界唯一的原始胡杨森林公园。胡杨是世界上最古老的一种杨树，具有极强的生命力，它“活着一千年不死，死了一千年不倒，倒了一千年不烂”。被地质学家称为“第三世纪活化石”。在胡杨森林公园，你会发现道路两边满目沧桑，胡杨高大粗壮的身躯却豪气万丈，不免让人心生感慨，“不到大漠，不知天地之辽阔；不见胡杨，不知生命之辉煌”。

❋ 风景园林型国家森林公园

　　风景园林型森林公园多位于城市近郊或远郊区，有的源于开发悠久的历史风景名山，有的源于城市绿化建设中形成的大面积城市绿地。该类森林公园都是经过人们的精心营造，采用了中国古典园林的构景手法，叠山置石，梳脉理水，布设亭榭，栽植植物，具有天然森林景观与园林构景手法相互结合的特征。在历史风景名山基础上创建的有：北京西山森林公园、江苏无锡惠山森林公园、浙江兰亭森林公园、安徽琅琊山森林公园；在城市绿化中新营造的国家森林公园如：辽宁本溪环城森林公园、黑龙江哈尔滨森林公园、江苏徐州环城森林公园、福建福州森林公园、河南开封森林公园等。

惠山国家森林公园

江苏惠山国家森林公园

　　惠山国家森林公园位于无锡市城区西侧，面积933.33公顷。惠山为天目山余脉，毗邻大运河，山顶九峰并立，蔚为壮观。因山上多泉，故以"九龙十三泉"而名扬天下，素有"江南第一山"之誉。当你走进园区，大片的绿草夹杂着泥土的芬芳扑面而来，香樟、杜英、银杏、水杉等40万株乔木错落有致，条条小路逶迤曲折。园内人文景观也很丰富，有建于南北朝的寺庙、命名于唐代的"天下第二泉"、宋代的东坡诗石及元代、明代的寺塔等。

浙江兰亭国家森林公园

　　兰亭国家森林公园位于绍兴市区西南12km的会稽山北麓，面积670公顷。森林公园内崇山峻岭，林茂竹翠，溪流淙淙，鸟语花香，是一个集森林景观、山水景观和兰亭书法、印山越国王陵、名人文化的休闲度假型国家森林公园。古有王羲之"崇山峻岭，茂林修竹，清流激湍、映带左右"的千古绝句，今有费孝通"山明水秀，人杰地灵，自古风流，钟情兰亭"的赞美名诗。

兰亭国家森林公园
——兰亭

❖ 人文历史型国家森林公园

　　人文历史型森林公园的森林植被和景观，是由历史上传统文化的发展而逐渐形成的。如河北清东陵森林公园的森林，就是人们对墓葬陵园的营造形成的。云南巍宝山森林公园的森林植被，则是道教文化的长期营造。陕西楼观台森林公园的密林修竹，源于老子出函谷，在此著《道德经》的历史。森林的培育是为宗教修行、先祖祭祀、名人崇拜等活动创造出氛围和环境，森林景观是烘托主体文化的主要手段。因此该类森林公园文化积淀十分浓厚，人工构景手法也比比皆是，在历史价值、文化价值和审美价值等诸方面都表现突出。

河北清东陵国家森林公园

　　清东陵国家森林公园位于河北省遵化境内，植被良好，种类繁多，既有整洁美观、苍劲幽雅、四季常青的人工油松和侧柏林，也有层次丰富、色彩斑斓的天然林，构成了一个难得的天然生态乐园。园内有碧波荡漾的人工湖，更有雄伟肃穆的清代15座陵寝，安葬着161位帝、后、妃及皇子、公主。清东陵是一块难得的"风水"宝地，可谓山清水秀，风貌独特，气候宜人，实乃人间之胜景，旅游休闲的理想场所。

清东陵国家森林公园——陵墓神道

陕西楼观台国家森林公园

　　陕西楼观台国家森林公园，位于周至县境内。园内森林繁茂，山清水秀，环境优美，文物古迹众多，生物资源丰富，地热温泉富集，民俗风情浓郁，构成了"古、秀、幽、奇"的风景特色，素有"天下第一福地""洞天之冠"的美誉。公园目前开放的景点有50余处：主要有我国北方规模最大、品种最多的竹类品种园；有国宝大熊猫、金丝猴、金毛扭角羚等珍稀野生动物的珍兽馆；有我国最古老的、距今三千余年的道教祖庭——老子说经台，为道教发祥地，史称"仙都"；以及对人体有益的地热温泉等，是休闲度假、探险考察、教学科研的好地方。

楼观台国家森林公园

参考文献

1.林崇德主编：《中国少年儿童百科全书》，浙江教育出版社，2006。

2.中国大百科全书出版社编辑部编：《中国大百科全书》，中国大百科全书出版，1985。

3.中国大百科全书出版社编辑部编：《中华百科全书》，中国大百科全书出版，2008。

4.程力华主编：《中国儿童百科全书》，中国大百科全书出版社，2001。

5.纪江红主编：《中国学生学习百科》，北京出版社，2005。

6.刘以林主编：《中华学生百科全书》，北京燕山出版社，1996。

7.北京出版社编委会编：《中国青少年科学探索百科全书》（上中下），北京出版社，
  2004。

8.中国百科大辞典编委会编：《中国百科大辞典》，中国大百科全书出版社，2003。

9.宋立涛主编：《中国青少年百科全书》（共4册），西北大学出版社，2002。

10.贾文红著：《中国青少年百科全书》，光明日报出版社，2002。

11.纪江红主编：《中国青少年百科全书》，北京出版社，2004。

12.华远路主编：《中国百科》，海燕出版社，2003。

13.纪江红主编：《中国少年科学探索百科全书》，北京出版社。

14.中国大百科全书出版社编辑部编：《中国大百科全书》，中国大百科全书出版社，
  1993。

15.暮宾编著：《风景名胜区自主游》，石油工业出版社，2005。

16.张家林主编：《世纪版少年儿童百科全书》，天津人民美术出版社，2003。

17.石宗宾著：《中国少年儿童百科全书》，内蒙古少年儿童出版社，2002。

18.中国小百科全书编纂委员会编：《中国小百科全书》，北京电子出版物出版中心，
  2002。

19.张佩瑶主编：《牛津少年儿童百科全书》（9卷），辽宁教育出版社，2002。

20.纪江红主编：《中国儿童科学探索百科全书》，北京电子音像出版社。

21.邢涛、纪江红主编：《奥秘世界百科全书》，北京出版社，2004。

22.内蒙古人民出版社编委会编：《学生探索百科全书》，内蒙古人民出版社，2003。

23.李杰主编：《学生百科全书》，黑龙江美术出版社，2005。

24.冯海著：《学生百科全书》（四卷），黑龙江人民出版社，2004。

25.纪江红著：《学生探索百科全书》，北京出版社，2005。

26.李丕福著：《中国风景辞典》，黑龙江人民出版社，2003。

27.胡琳著：《黄龙风景名胜区》，中国水利水电出版社，2007。

28.章沧授著：《安徽山水旅游文化》，安徽大学出版社，2006。

29.中国编写组编：《走遍中国》，中国旅游出版社，2006。

30.中国编写组编：《走遍北京》，中国旅游出版社，2006。

31.颜京宁著：《走进青海》，机械工业出版社，2003。

32.张立主著：《风光如画国家级风景名胜区全览》，石油工业出版社，2000。

33.周沙尘著：《百处中国重点风景名胜区》，中国青年出版社，1995。

34.陈诒主著：《温岭风景名胜》，浙江摄影出版社，1996。

35.蓝怀昌主编：《广西名胜风景大观》，广西教育出版社，1994。

36.李佐贤等著：《北京新名胜》，中国国际广播出版社，1986。

37.杨茵主编：《中国风景名胜》，中国民族摄影艺术出版社，2004。

38.章志彪著：《世界科技全景百卷》，中国建材工业出版社，2006。

39.【英】克里斯·伍德福德著：《透视科技小百科》，明天出版社，2004。

40.林媛、古倩著：《自助走中国》，中国轻工业出版社，2003。

41.李杰主编：《中国地理图鉴》，黑龙江美术出版社，2005。

42.小小著：《南方北方游》（北方卷），中国电影出版社，2005。

43.小小著：《南方北方游》（南方卷），中国电影出版社，2005。

44.哈尔滨地图出版社编：《中国自然保护区》，哈尔滨地图出版社，2003。

45.哈尔滨地图出版社编：《中国国家森林公园》，哈尔滨地图出版社，2003。

46.王希杰著：《中华锦绣》，西安地图出版社，2004。

后 记

　　《中华人文自然百科》地理卷的编撰，耗时一年有余，终于落锤定稿。中华大地，浩瀚万里，地理环境复杂而多样，能够将如此美景集中展示给青少年读者，甚感欣慰。

　　去年年初，开始酝酿《地理卷》的编写，我和一些同仁反复讨论，最后确定了"以中国自然地理为主""地理学的科学性和地理知识的趣味性结合""超脱中学教材的课外读物"的撰写原则。据此我主持拟定了全书的章节和细目，并根据王树声等地理前辈的意见进行了反复修改，最终形成了全书撰写的框架系统。

　　到年中开始组织撰写初稿，初稿撰写分工为第一、九单元为宋保平，第二、三单元为郑翠莉和高恩绒，第四、五、六单元为刘青，第七、八单元为郎根栋，第十、十一、十二单元为汪新庄，第十三、十四单元为卢文石。他们根据撰写的原则和思路，广泛收集相关资料，认真整理文字和图片，反复修改，付出了辛勤的劳动和努力，形成了初稿。

　　初稿形成后，又一次听取了有关专家的意见。根据专家的审读意见，由我对全部初稿进行了统一的修改，部分条目进行了调整，形成了约二十余万字的二稿。为了和丛书的其他卷本规模相协调，出版社编辑同志提出了适当压缩字数的要求，为此我又对全部书稿进行了第二次和第三次修改，并对相关图片进行删减和调整，使内容更加精细，图文并茂提升了全书的可视性，形成目前呈现给读者的定稿。

　　在该书的撰写过程中，得到许多同仁、朋友的支持，在此深表感谢！

　　由于编者们的水平有限，本书可能存在一定的不足：一是在条目的选择上未必能够完全满足读者的需要；二是在内容的科学性上把握未必完全到位；三是追求的趣味性、生动性尚不满意；……诸如此类问题，还恳请读者不吝赐教。

宋保平

2010年8月